黑龙江省哲学社会科学研究规划项目（20JYC158）

融合出版背景下
学术期刊数字化转型发展研究

李照月 ◎ 著

中国国际广播出版社

序 言

在当今科技迅猛发展的背景下，各行各业纷纷展开数字化转型，以期适应时代的飞速变化。学术期刊是传播学术成果、推动科技进步的重要载体，其数字化转型涉及多个方面，如背景、意义、发展趋势、发展路径、版权保护、知识产权管理、国际化、公平性以及可持续发展等。只有全面深入地研究这些问题，才能为学术期刊的数字化转型提供有力的支持，推动出版行业的繁荣发展。在未来，我们期待看到学术期刊在数字化转型道路上取得更多的成果，为科技进步和人类社会发展贡献更大的力量。

本书将从多个角度深入探讨学术期刊的数字化转型，以期为业界提供有益的参考。首先，书中介绍了学术期刊数字化转型的背景和意义。科技浪潮的推进使学术期刊面临数字化转型的挑战，同时也赋予了期刊以新的发展机遇。深入剖析数字化转型对学术期刊的影响，有助于期刊出版单位找到适应当前环境的发展策略。其次，书中探讨了学术期刊数字化转型的发展趋势。大数据、云计算、区块链等新技术的发展和应用，为学术期刊数字化转型带来了新的机遇与挑战。期刊出版单位应关注这些新技术在学术期刊领域的应用，以及新技术对期刊运营、内容创作、传播方式等方面的影响。此外，本书还重点讨论了学术期刊数字化转型的发展路径。在数字化转型过程中，出版单位需探索新的发展路径与策略，加强数字化平台建设、多媒体融合和跨学科合作，利用人工智能与大数据分析等手段，提升期刊的学术影响力。同时，运用明确的数字化转型目标整合与优化数字化内容资源构建在线投稿与审稿机制，为学术期刊数字化转型提供有益的借鉴。在学术期刊数字化转型过程中，版权保护和知识产权管理也是不可忽视的重要环节。本书从创作者权益维护、知识创新推动、期刊竞争力提升等方面，阐述版权保护与知识产权管理的重要性。同时，探讨了数字化转型发展的版权保护策略与知识产权管理策略，为学术期刊在数字化转型过程中保护自身权益提供有益的指导。伴随科技的不断进步，本书将展望未来学术期刊数字化转型的发展趋势，期望学术期刊数字化转型迈向更高层次、更广领域。

本书深入地展示了学术期刊数字化转型的发展图景，并希望书中的探讨和分析能够为学术期刊数字化转型发展提供有益的参考和启示，助力出版行业持续发展与进步。为了实现这一目标，期刊出版单位应在数字化转型过程中密切关注行业发展动态、创新运营模式、加强知识产权保护并培养具有数字化素养的人才。只有这样，学术期刊才能在数字化转型的大潮中立于不败之地，为科技进步和人类社会发展继续贡献力量。在学术期刊数字化转型过程中，本书还关注了国际化趋势，在全球化背景下，学术期刊不仅需要面对国际竞争压力，同时也拥有了更多国际合作的机会。基于此，学术期刊出版单位应在数字化转型过程中积极探索如提升英文内容的占比、开展国际合作出版、加入国际学术联盟等国际化发展路径。在数字化转型过程中，要确保各类学术成果都能得到公平、广泛传播，避免因技术壁垒等因素导致学术资源不均衡现象。在此基础上，期刊单位还应关注可持续发展问题。数字化转型过程中，学术期刊出版单位应充分利用绿色、低碳的数字化技术，降低对环境的影响，注意数字化技术的发展给传统出版行业带来的冲击，以及可能产生的就业、经济等方面的影响，积极寻求转型升级的路径，实现可持续发展。

本书旨在全面解析融合出版背景下学术期刊数字化转型的内在逻辑和发展规律，深入探讨数字化转型对学术期刊内容创新、品牌建设、传播方式等的影响。通过系统梳理融合出版的内涵、特征与发展趋势，揭示数字化转型的必要性、路径和策略，为在数字化时代实现学术期刊高质量发展提供理论支持和实践指导。本书通过总结有效的数字化转型实践策略和推广成功案例经验，将为出版行业的数字化转型发展提供有益的借鉴和启示，推动出版业的创新与发展，为提升学术期刊在全球学术界的竞争力和影响力贡献力量。在理论层面，本书将丰富和完善学术期刊数字化转型的理论体系，为相关研究提供新的视角和思路，通过深入探讨融合出版背景下学术期刊数字化转型的内在逻辑和发展规律，为学术界提供更为全面和深入的理论支撑。

目 录

第一章 融合出版概述 / 001

第一节 融合出版的内涵与特征 / 001
一、融合出版的内涵 / 001
二、融合出版的特征 / 002

第二节 融合出版的发展现状和未来展望 / 006
一、融合出版的发展现状 / 006
二、融合出版的未来发展趋势 / 015

第三节 学术期刊的融合出版 / 021
一、出版传播方式的改变 / 021
二、出版内容形式的创新 / 022
三、出版流程的改进 / 022
四、学术期刊质量的进阶 / 022
五、出版商业模式的改变 / 023
六、创新内容的获取方式 / 023
七、出版时长的压缩 / 024
八、交互性的增强 / 024
九、关于版权保护的问题 / 025

第二章　学术期刊发展概况 / 026

第一节　学术期刊的类型与特点 / 026

　　一、学术期刊的分类方式 / 027

　　二、国内学术期刊的核心体系 / 041

　　三、学术期刊的特点 / 045

第二节　学术期刊的出版与发行 / 048

　　一、论文的投稿与审稿流程 / 049

　　二、论文的终审与定稿环节 / 050

　　三、论文编辑与排版 / 051

　　四、版面设计与校对 / 055

　　五、印刷与发行 / 056

　　六、沟通协作 / 058

第三节　学术期刊的读者与作者 / 058

　　一、读者与作者的互动关系 / 059

　　二、学术期刊的读者群体 / 059

　　三、学术期刊的作者构成 / 061

第四节　学术期刊的数字化转型 / 061

　　一、数字化向数智化转型 / 062

　　二、学术期刊数字化转型 / 067

　　三、学术期刊数字化建设 / 068

第五节　学术期刊数字化转型的发展方向 / 081

　　一、内容生产数字化 / 081

　　二、传播方式数字化 / 082

　　三、用户服务数字化 / 084

　　四、出版模式数字化 / 086

目 录

第三章 学术期刊数字化转型发展的必要性 / 088

第一节 数字化转型发展适应数字化时代需求 / 088
一、数字化转型提升出版效率和传播速度 / 088
二、数字化转型发展满足读者阅读需求 / 089
三、数字化转型发展推动学术研究进步 / 089

第二节 数字化转型发展提升传播效率和影响力 / 090
一、数字化引领传播方式的创新 / 090
二、学术期刊的智能化与网络化 / 090

第三节 数字化转型发展促进学术交流与合作 / 091
一、数字化技术推动学术交流的创新与发展 / 091
二、数字化技术推动学术合作迈向新阶段 / 092
三、数字化技术促进学术研究与发展革新 / 093
四、数字化技术推动学术期刊创新和发展 / 093

第四节 数字化转型提升学术期刊综合影响力 / 094
一、数字化转型提升读者体验 / 094
二、数字化转型提高学术影响力 / 096
三、数字化转型增强互动性 / 097
四、数字化转型提升可视化呈现 / 098

第四章 学术期刊数字化转型发展的路径与策略 / 099

第一节 学术期刊数字化转型发展路径 / 099
一、数字化平台建设 / 099
二、多媒体融合与跨学科合作 / 100
三、人工智能技术与大数据分析 / 100
四、协同共进模式 / 101

五、编辑队伍的技能提升与团队建设 / 101

六、绿色低碳模式 / 103

第二节 学术期刊数字化转型发展策略 / 104

一、数字化转型目标的明确 / 104

二、数字化内容资源的整合与优化 / 105

三、在线投稿与审稿机制的构建 / 109

四、数据解析与利用的深化 / 111

五、开放获取与协同共享的推进 / 113

六、用户体验与服务升级的深化 / 115

第五章 融合出版背景下学术期刊的数字化出版 / 118

第一节 融合出版与学术期刊数字化出版 / 118

一、融合出版与学术期刊数字化出版的关联 / 119

二、融合出版与学术期刊数字化出版的差异 / 120

第二节 技术驱动下的学术期刊数字化 / 122

一、学术期刊数字管理系统的构建 / 122

二、学术期刊中人工智能技术的应用 / 131

三、移动互联网与学术期刊的融合 / 133

四、学术期刊微信公众平台的运营 / 137

第三节 学术期刊数字化转型中的内容创新 / 148

一、内容形式创新 / 148

二、内容质量提升 / 149

三、个性化内容服务 / 149

四、内容交互性增强 / 150

第四节 平台建设与学术期刊数字化 / 150

　　　　一、学术期刊数字化平台建设 / 150

　　　　二、学术期刊数字化运营与管理 / 152

　　　　三、学术期刊数字化品牌建设 / 154

　　第五节　学术期刊数字化转型发展的政策、环境与人才培养 / 156

　　　　一、数字化转型发展的政策导向与环境基础 / 156

　　　　二、数字化转型发展中的行业协作与沟通 / 158

　　　　三、数字化转型发展的人才培养和团队建设 / 160

第六章　融合出版背景下学术期刊数字化转型发展的案例分析 / 163

　　第一节　学术期刊数字化转型发展的背景 / 163

　　　　一、技术进步是数字化转型发展的核心驱动力 / 163

　　　　二、阅读模式转变为数字化转型发展提供有利条件 / 166

　　　　三、传统学术期刊的局限性是推动转型发展的关键动因 / 168

　　第二节　学术期刊数字化转型实践之路 / 172

　　　　一、数字化采编系统 / 172

　　　　二、微信公众平台 / 175

　　第三节　出版机构数字化转型案例分析 / 177

　　　　一、上海大学期刊社数字化转型 / 177

　　　　二、《实用临床医药杂志》数字化转型 / 178

　　　　三、中信出版集团数字化转型战略 / 179

　　　　四、五大集群化试点单位 / 180

第七章　学术期刊数字化转型发展的版权保护与知识产权管理 / 183

　　第一节　版权保护与知识产权管理的重要性 / 183

　　　　一、创作者权益的维护 / 183

二、知识创新的推动 / 183

三、期刊竞争力的提升 / 184

四、行业进步的促进 / 184

第二节 数字化转型发展的版权保护策略 / 185

一、版权意识与版权制度 / 185

二、技术保障与版权管理体系 / 188

三、协同监管与弘扬学术诚信 / 192

第三节 数字化转型发展中的知识产权管理策略 / 195

一、政策制定与法规遵循 / 196

二、版权声明与授权协议 / 198

三、版权保护与侵权打击 / 199

四、技术保护与防范措施 / 201

第八章 融合出版背景下学术期刊数字化转型发展的影响因素 / 204

第一节 技术因素对学术期刊数字化转型发展的影响 / 204

一、新兴技术的发展动向 / 204

二、技术应用对期刊内容生产的影响 / 205

三、技术对学术期刊传播方式的影响 / 207

第二节 政策因素对学术期刊数字化转型发展的影响 / 209

一、政府政策和行业法律法规 / 209

二、数据安全法律法规体系 / 218

三、项目资金的支持与扶助 / 222

第三节 市场机制对学术期刊数字化转型发展的影响 / 227

一、市场需求与读者行为的变化 / 227

二、学术期刊的市场竞争态势 / 230

三、市场机制对学术期刊数字化转型的推动作用 / 231

第四节 学术期刊内部因素对数字化转型发展的影响 / 233
  一、学术期刊编辑人员的素质与能力 / 233
  二、学术期刊的内容品质与品牌塑造 / 235
  三、学术期刊的管理机制与创新能力 / 237

第九章 融合出版背景下学术期刊数字化转型发展的未来趋势展望 / 240

第一节 技术进步对学术期刊数字化转型发展的推动 / 240
  一、大数据和云计算技术在学术期刊中的应用前景 / 240
  二、区块链技术在学术期刊版权保护中的实践应用 / 247
  三、5G与物联网技术对学术期刊传播方式的影响 / 250
  四、数字出版技术对学术期刊全方位的影响 / 253

第二节 学术期刊数字化转型发展的市场趋势与商业模式 / 258
  一、学术期刊数字化转型发展的市场潜力 / 258
  二、学术期刊数字化转型发展的竞争格局 / 259
  三、学术期刊数字化转型的国际化发展 / 262
  四、学术期刊数字化转型发展的商业模式创新 / 264
  五、学术期刊数字化转型发展的盈利模式探索 / 268

第三节 学术期刊数字化转型发展的政策与法规因素 / 269
  一、学术期刊数字化转型发展的政策环境剖析 / 269
  二、学术期刊数字化转型发展的法规体系构建 / 270
  三、政策与法规对学术期刊数字化转型发展的影响因素 / 271

参考文献 / 277

第一章 融合出版概述

第一节 融合出版的内涵与特征

融合出版是一种新兴的出版形态，融合了传统出版业务、前沿技术和管理创新，核心目的在于推动出版业向数字化、网络化、智能化方向迈进，进而提升出版效率与质量，更好地满足读者日益多样化的阅读需求。在数字化与网络化时代背景下，融合出版已成为行业发展的重要趋势，其特性表现在以下几个方面：数字化和网络化的深度融合、跨媒体融合和资源共享、交互性和社交性的凸显、智能化和自动化的应用、多元化和开放性的展现。

一、融合出版的内涵

2014年8月，中央全面深化改革领导小组第四次会议审议通过了《关于推动传统媒体和新兴媒体融合发展的指导意见》，文件中强调了融合发展的必要性，并提出一系列具体目标和政策措施，旨在推动媒体行业创新发展，提高信息传播效率和覆盖范围，更好地服务公众。2015年3月，国家新闻出版广电总局与中华人民共和国财政部联合印发了《关于推动传统出版和新兴出版融合发展的指导意见》（简称《指导意见》），首次提出了出版融合发展的概念并明确指出，要推动传统出版与新兴出版在内容、渠道、平台、经营和管理等各个层面进行深度融合，实现出版内容、技术应用、平台终端和人才队伍的共享融通，从而构建一体化的组织结构、传播体系和管理机制。《指导意见》为传统出版影响力的网络空间延伸，以及传统出版与新兴出版的融合发展提供了明确的方向、任务和路径。2022年4月，中共中央宣传部印发了《关于推动出版深度融合发展的实施意见》，文件围绕出版业深度融合发展，提出了科学设定发展目标、统筹规划发展布局等具体策略，涵盖了战略谋划、内容建设、技术支撑、重点项目、人才队伍和保障体系等六大方面的20项措施，目的是加速出版业实现深度融合发展，提升整体竞争力和影响力，推动出版业的转型升级和高质量发展。

可以说，融合出版是近年来出版业面临的重要改革之一，是一种新兴的出版形态。融合出版是利用数字化和网络化技术，将传统的图书、期刊、音像制品等不同类型的产品进行集成和整合，从而与数字化、网络化、智能化等新技术相结合，形成一个统一的整体，涵盖内容、渠道、平台、经营等多个方面，涉及技术创新和管理创新。简而言之，融合出版是利用数字技术为内容赋能，将出版业务与新兴技术和管理创新相结合，实现内容与互联网载体之间紧密融合。数字化和网络化时代的新型出版方式，为融合出版提供了更全面、准确和便捷的信息服务，为出版行业带来了新的机遇和挑战，具有承上启下、继往开来的理论意义和实践价值，已成为继"数字出版"之后备受关注的出版形态。

二、融合出版的特征

数字化技术和互联网思维的日益发展以及数字阅读群体的逐步壮大，为数字出版市场提供了巨大的增长潜力。面对这一趋势，传统出版业亟须转型，积极拥抱新技术来应对数字化出版的挑战。立足自身独特的出版资源，传统出版从业人员应合理利用互联网、云计算、数字技术等前沿科技，推动出版业务进行数字化转型和升级。

（一）融合出版具有数字化和网络化的特性

在数字化和网络化环境下，传统出版与数字出版形成了互补共存的格局，二者融合的核心在于数字化技术，而互联网平台思维是实现融合的关键。互联网平台思维倡导开放、共享、共赢理念，利用构建多方参与的生态圈实现互利共赢，提升出版业效率，创造出更为丰富的内容形式，满足读者日益多样化的需求。运用数字化和网络化技术，出版业可以实现不同类型出版物的集成与整合，打破传统出版物的局限，为读者提供更为便捷的阅读和获取方式，结合大数据和人工智能等技术，进一步优化出版流程，提升出版效率和质量。例如，利用大数据分析市场需求、读者偏好等信息，为选题策划和编辑工作提供有力支撑；借助人工智能技术进行自动化校对、排版等工作，减轻编辑负担，提高出版效率等。在融合出版背景下，读者可以享受到更加个性化和定制化的阅读体验，出版机构运用大数据和人工智能等技术能深入分析读者的阅读习惯和兴趣偏好，为读者推荐更加精准的内容；读者也可以根据自己的需求，选择定制化的出版内容和服务，这是出版业适应时代发展的必然要求，也是满足读者需求、推动自身创新发展的关键。

（二）融合出版具有跨媒体融合和资源共享的特征

融合出版展现了跨媒体整合与资源共享的双重特性，涵盖了不同出版物的集结，是一种创新的出版思维，凸显了跨媒体融合的精髓。出版机构通过巧妙融合文字、图片、音频、视频等多元媒体要素，创造出更为多样的内容形态，实现多媒体光盘与互联网的资源共享。将传统图书编辑技艺与现代信息技术相结合，可以拓展出版物的传播渠道与覆盖范围，满足读者日益多样化的需求，同时也可以增强出版物的吸引力，扩大传播范围与影响力。例如，要想满足用户随时随地获取和阅读出版物，就需要重视掌上电脑和移动手机APP软件等数字阅读终端的开发和建设。跨界融合与合作推动了出版业与其他行业的深度交流和借鉴，而且融合合作不仅涉及内容创作，还延伸到技术研发、市场营销、版权保护等多个领域。例如，出版机构可以与影视、音乐、游戏等行业携手，共同研发多媒体产品和服务，实现资源共享和互利共赢。文字、图片、音频、视频等多媒体元素的融合使出版物的内容形式变得丰富多元，既保留了传统的文字叙述，又加入了生动的图片展示，还融入了引人入胜的音频和视频内容，丰富了出版物的形式与内容，为出版业注入了新的创新元素。

（三）融合出版展现出交互和社交的双重特质

交互性在于读者可依托新媒体平台与作者以及其他读者实时沟通，积极参与到内容的创作、分享和讨论中，提高读者的参与热情和黏性，出版内容因此而变得越发丰富和多元化。而社交性体现在借助社交媒体等渠道实现内容的迅速扩散与分享。融合出版赋予了出版物更多的交互与社交功能，读者能够利用在线评论、点赞、分享等手段与其他读者交流互动，分享自己的阅读感悟，从而有效扩大出版内容的影响力与传播范围，增强读者的参与感与归属感，提供给出版机构丰富的用户反馈与市场信息。在融合出版环境下，用户体验已成为竞争的关键要素，出版机构应密切关注用户需求和反馈，持续优化产品与服务，提升用户的阅读体验与满意度，通过提供个性化的推荐、便捷的购买途径以及优质的客户服务，赢得用户的信赖与支持。

（四）融合出版具有智能化和自动化的特征

随着机器学习技术的不断进步，人工智能与自动化技术已深度融入出版行业的多个环节，从而推动出版深度融合发展。智能化在融合出版中主要体现在利用先进的自然语言处理技术实现智能翻译文稿以及智能化处理文字、语音和图像，助力数字多媒体产品的制作，例如利用计算机文字识别技术可以对手稿、古籍等进行重新编纂出版；计算机语音处理技术能将创作作品以文字、语音等形式展现，实现新闻采访录音向文字稿件的快速转化。自动化也是融合出版的重要特征之一，市场上已出现一些自动化图文排版系统，这些系统能够自动进行版面排版和美化，甚至能生成整洁优雅的幻灯片并具备智能插入图片、图表等功能，大幅提高了出版工作的效率。智能化和自动化是融合出版的重要特征，这些工具和系统应用于内容推荐、编辑校对、排版设计、版权保护等多个环节，提升了出版流程的效率和准确性，也推动了出版行业的创新和发展，出版工作因而更加高效、便捷。

（五）融合出版具有多元化和包容性的特征

科技进步和媒体环境的改变为出版行业带来了全新的融合与创新机遇，这种融合体现在技术、平台和内容的多元发展上，深入出版理念和价值观念的核心。出版行业不再局限于传统的书籍、杂志等形态，而是积极拓展了电子书、有声书、互动内容等多样化形式，满足读者日益增长的阅读需求，促进不同文化间的交流与融合。融合出版打破了地域和文化的界限，增强了文化的包容性和多样性，更广泛地传播和分享了世界各地的优秀作品。在技术层面，数字化和网络化技术使得出版物更轻松地跨越国界，实现了全球范围内的传播和共享。出版机构也应关注本地化需求与文化差异，提供符合当地读者口味和习惯的内容与服务。在产品和平台方面，融合出版催生了丰富的获取信息的途径，如电子书、有声书、在线课程以及社交媒体内容等多元化新型出版形态，拓展了出版市场的边界。随着移动互联网的普及，出版物的传播渠道也越发多元化和便捷，人们可以随时随地利用手机、平板电脑等移动设备获取和分享信息，传播方式无疑更具包容性。在内容层面，融合出版倡导不同领域、文化和观点的交汇与碰撞，有力推动文化的多样性和包容性发展。融合出版高度重视用户需求和反馈，利用数据分析、用户调研等手段深入了解读者的阅读习惯和兴趣偏好，提供更为个性化、精准化的内容服务，而以用户为中心的理念正是融合出版多元化和包容性特征的集中体现。

第二节　融合出版的发展现状和未来展望

融合出版是近年来出版业发展的显著趋势，涵盖了传统出版和数字出版的交汇融合，代表了传统出版和新兴出版在内容创新、传播渠道、运营平台、商业模式和管理体系等多个层面上的深度整合，根本目的在于推动出版业的全面转型升级，实现更高质量、更有效率、更加可持续地发展。

一、融合出版的发展现状

近年来，为应对科技快速发展和读者需求多元化、个性化的挑战，国家积极出台政策文件，鼓励和支持出版业实现融合发展。大数据、云计算和人工智能等新兴技术，在出版领域的应用越发广泛。在此背景下，传统出版业为适应市场竞争，纷纷与新兴出版业展开合作，共同探索出版融合发展新模式。融合出版是利用和整合出版、发行、印刷等资源，构建涵盖编辑、印刷、发行的全面出版平台，以期优化出版流程、减少中间环节，节约成本、提高效率。在此过程中，数字出版得以迅速发展，越来越多的出版机构将传统出版物转化为数字形式，直接面向读者和用户，为读者提供更多选择，也为出版机构开拓出更广阔的市场。在教育出版领域，尽管纸质课本仍占据重要地位，但课件和延伸服务已逐步实现数字化，不仅丰富了教学内容，提高了教学效率，也进一步推动了出版融合深度发展。

（一）政策导向

我国政府为推动出版业的深度融合发展，已制定并实施了一系列政策，这些政策为出版业的转型升级提供了明确的方向，也为创新发展提供了坚实的支持。2010年8月，国家新闻出版总署印发的《关于加快我国数字出版产业发展的若干意见》中明确指出，数字出版产业因其独特的优势，已成为新闻出版业的新兴产业和主要发展方向，发展数字出版产业对于提升我国文化软实力、推动文化产业和国民经济的可持续发展具有深远意义。2015年3月，国家新闻出版广电总局与中华人民共和国财政部联合印发的《关于推动传统出版和新兴出版融合发展的指导意见》中，详细规划了出版业融合发展的总体要求、重点任务、政策措施和组织实施。其中，重点任务包括创新内容生产和服务、强化重点平台建设、扩展内容传播渠道、拓展新技术新业态、完善经营管理机制以及发挥市场机制作用等，并强调要始终坚持正确的政治方向和出版导向，将社会效益放在首位，实现传统出版与新兴出版的优势互补和一体化发展。2017年3月，国家新闻出版广电总局与中华人民共和国财政部联合印发《关于深化新闻出版业数字化转型升级工作的通知》(简称《通知》)，旨在总结并推广新闻出版业数字化转型升级的成果，提升技术应用水平和能力。《通知》明确了深化数字化转型升级的主要任务，包括优化软硬件装备、开展数据共享与应用、探索知识服务模式等，目的是通过技术手段的升级和创新，提高新闻出版业的生产效率、服务质量和市场竞争力。2022年4月，中共中央宣传部印发《关于推动出版深度融合发展的实施意见》，明确提出加强出版融合发展战略谋划的要求，包括坚持正确发展方向、科学设定发展目标、统筹规划发展布局等。同年5月，中共中央办公厅、国务院办公厅印发的《关于推进实施国家文化数字化战略的意见》中强调了数字化在文化领域的重要性，并提出推进实施国家文化数字化战略的目标和任务，包括加强文化数字化基础设施建设、推动文化产业数字化转型升级等，计划到"十四五"时期末，基本建成文化数字化基础设施和服务平台，形成线上线下融合互动、立体覆盖的文化服务供给体系。2023年2月，中共中央、国务院印发了《数字中国建设整体布局规划》(以下简称《规划》)，标志着中国在信息化发展道路上迈出了关键一步。《规划》详尽地描述了数字中国建设的总体目标、核心任务以及配套的保障措施，旨在推动信息技术与经济社会的深度融合，加速推进网络强国的建设发展进程。在设定总体目标方面，

《规划》明确提出，到2025年，中国将基本实现数字中国的框架搭建，届时信息基础设施将全面普及，数字经济的发展水平将得到显著提升，数字治理能力将得到明显增强，数字文化将蓬勃发展，人民群众的获得感、幸福感、安全感将得到显著提升。

1. 强化顶层规划，健全政策架构

为了保障出版融合发展顺利进行，政府相关部门站在战略的高度，精心设计并强化顶层规划，完善政策架构，明确具体、详尽的发展目标和实施路径，制定了一系列相互支持的政策与措施，保证协同融合发展，共同推动出版业的转型升级。政府还建立了健全的政策落实监督和评估机制，保证各项政策能够真正得到有效执行并发挥应有的效能，为出版业的融合发展提供坚实的政策支持。

2. 推动技术创新，提升融合能力

技术创新在出版业融合发展中起到了重要作用，相关政策倡导并助力出版机构与科技企业构建紧密的合作关系，双方共同努力，共同研发和推广新技术、新产品、新业态，加强对新技术、新模式的培训和指导，提升出版机构的技术应用能力和融合创新能力。

3. 优化内容供给，提升出版品质

出版业的发展归根结底在于内容的质量与深度，政策指导出版机构加强对内容的重视，优化内容的供给结构，提升出版物的品质水准。总体而言，政策指导下的出版机构加强了对原创作品的发掘与培育，推动了优秀作品的翻译与引进工作，严格保护并管理版权，鼓励并支持内容创新，激发了出版机构的创新活力与创造力。这些措施有效提升了出版业的整体竞争力，并推动着行业稳健发展。

4. 加强国际合作与交流，推动出版业"走出去"

在全球化宏观背景下，国际合作与交流可以促进出版业的发展，出版管理部门制定了相应政策，激励并保障出版机构积极参与国际出版市场的

竞争与合作，推动我国优质出版物走向世界，巩固并加强与国际出版机构的合作关系。出版机构也在积极拓宽我国出版物在国际市场的传播与发行渠道，如提升英文内容的占比、开展国际合作出版等，进一步促进国际文化交流与理解，为出版业的可持续发展注入新动力。

（二）技术革新

科技进步推动着人工智能、大数据、云计算、区块链等先进技术的广泛应用，对各行各业产生了深远影响，出版业也不例外，特别是大数据、云计算、人工智能等技术的引入，为出版业数字化转型提供了强有力的支持。如今，电子书、有声书、AR/VR出版物等新型出版形态层出不穷，给读者带来了更加多元的阅读体验。先进技术丰富了出版内容，出版业迎来了更多的创新机遇，如智能化编辑、个性化推荐、数字化发行等，出版内容更加丰富。融合出版的技术手段涵盖数字化、融媒体传播、5G技术等，数字化用于打造高质量的内容和精品项目；融媒体传播助力提升品牌影响力；5G技术为图书、期刊等出版产业注入了新的活力，满足读者的个性化需求，推动出版业向多元化、精细化发展。融合出版的范围十分广泛，涵盖纸质数字融合、线下线上融合、文本多媒体融合、内容技术融合、知识服务融合、出版智能融合、标准规范融合和跨平台融合等多种融合方式。

1. 大数据和人工智能技术

在出版业中，大数据与人工智能等技术的应用日益广泛，利用大数据技术，出版机构可深度挖掘有价值的信息，如消费者的阅读习惯、购买偏好等。翔实的数据能够助力出版机构精准把握市场需求，优化选题策划，提高出版物的市场适应性。借助对自身运营数据的分析，出版机构能够识别出自身存在的问题和瓶颈，从而有针对性地改进工作流程，提升运营效率。人工智能技术在出版行业的应用也在不断深入，如在文稿编辑、查重检测、内容校对等领域的应用，显著提高了编辑人员的工作效率和准确性。自然语言处理技术可自动识别文稿中的语法和拼写错误，为编辑人员提供修改建议，运用机器学习等技术对海量文献进行深度挖掘和语义检索，还能帮助出版机构迅速找到相关文献，加速印刷版本的分类和编辑工作。此外，人工智能技术还能助力出版机构实现资源的多载体呈现和多渠道发行，融合不同用户需求、使用和消费场景，为出版机构提供更精准的营销策略和推广渠道，打破出版传播的时空限制，提升效率与客户阅读体验。

2. 增强现实和虚拟现实

增强现实（AR）与虚拟现实（VR）技术为出版业注入了创新元素，将传统的文字和图片阅读体验升级成为三维互动探索模式。AR 和 VR 技术使读者能够沉浸在诸如参观虚拟博物馆、浏览立体化的电子书等丰富的阅读环境中，丰富了阅读形式，也提升了内容的吸引力和互动性。在出版领域，AR 技术的应用主要侧重于在现实世界中叠加虚拟信息。例如，当读者在阅读一本历史书籍时，AR 技术可以将书中描述的历史场景以三维形式展现在读者眼前，读者在阅读体验上就会有身临其境的感觉。在阅读旅游指南时，AR 技术能够展示目的地的实景和虚拟旅行路线，帮助读者更好地理解书中的内容并增强阅读体验。相比之下，VR 技术则更为先进，能够创建一个完全虚构的三维环境，令读者仿佛置身其中。在出版领域，VR 技术用于构建虚拟的书籍世界，允许读者在其中自由探索，例如，一本关于宇宙的书籍可能会附带一个 VR 版本，让读者能够在虚拟的宇宙中遨游，观察各种星球和星系，这在很大程度上提升了读者的参与感与沉浸感。

3. 跨媒体出版

跨媒体出版是指将同一内容以不同媒体形式进行呈现，如电子书、有声书、视频等，满足读者的多元需求，实现内容价值的最大化。借助多媒体信息的策划、组织、编辑和管理，跨媒体出版能够实现"一次制作，多元生成",从而发挥范围经济效应,提升出版传媒机构核心竞争力。随着出版融合发展趋势的深化,传统出版媒介正在逐步打破封锁状态,积极寻求与其他媒体进行跨行业、跨媒体融合的机会。融合出版涉及传统出版与网络出版、手机出版等新业态的相互联系和相互作用,涵盖媒介之间的交叉传播与整合互动。数字技术作为推动传统出版媒介跨媒体融合的关键因素,使多媒体信息的生产、传播和消费变得更加便捷和高效。跨媒体出版利用平面媒体、电子媒体、网络媒体和移动媒体等多种媒介,提供文字、图片、音频和视频等多媒体信息,为受众提供多样化的阅读视听服务,满足消费者对多样化内容的需求,拓宽出版传媒企业的业务范围和市场空间。在融合出版背景下,跨媒体出版已成为出版产业发展的必然趋势和新型出版方式,更是一种战略选择,助力出版传媒机构占领细分市场、提升品牌影响力、增强核心竞争力。

4. 云计算

云计算是信息技术领域的重大突破,正以强大的计算能力和灵活的服务模式对出版业的转型与发展产生深远影响。云计算技术的运用已成为推动出版业数字化转型和融合发展的力量,出版机构利用云计算技术可提供灵活、高效的计算和存储资源,更便捷地管理和分发内容,从而提高出版效率。云计算的核心优势在于强大的计算能力和高度的灵活性,利用网络提供各种计算资源和服务,出版业能够按需获取和使用这些资源,满足不同规模和不同需求的出版任务。弹性扩展的特性使出版业在面对市场变化时能够快速调整资源配置,提高运营效率。云计算还具备数据共享的特性,能够实现出版数据的集中存储和共享,在云计算平台上,出版机构可以更加便捷地管理和利用数据资源,挖掘数据价值,为出版决策提供更加全面和准确的信息支持,促进出版业内部的信息交流与协作,提高整体运营效率。

从成本效益视角分析,运用云计算技术可有效降低出版业的信息化成本。传统出版业日常运营需依赖大量计算设备和软件,而这些设备的购置与维护费用高昂，云计算服务使出版业能够按需分配计算资源，避免了购置硬件和软件的高昂成本，从而大幅减轻经济负担。云计算平台具备卓越的计算和数据处理能力，加速了出版流程的内容编辑、审核、发布等各个环节，缩短出版周期，提升工作效率，满足市场需求的快速变化，在出版领域创造出更多商业价值。在内容管理方面，云计算实现了出版内容的集中管理和存储，使出版机构在云端平台上便捷地进行内容编辑、审核、发布等操作，确保内容的准确性和一致性，并可提供丰富的内容管理工具和功能，提高了内容管理效率和质量。在数字发行方面，云计算为出版业提供了数字发行平台。运用云计算服务，出版物可迅速传播到读者手中，打破地域和时间限制，提升传播效率和覆盖范围，助力出版机构拓展业务范围，提供给读者便捷和个性化的阅读体验。在数据分析方面，云计算可对出版业数据进行深入挖掘和分析。借助云计算平台，出版机构能够深入了解读者需求和市场趋势，为出版决策提供全面、准确的信息支持，助力机构把握市场机遇，优化资源配置，提高出版质量和效益。

5. 区块链

区块链技术在出版业的应用主要表现在版权保护和内容溯源两大方面，借助区块链技术可有效确保内容的真实性和完整性，从而有力遏制盗版和篡改行为。区块链技术的核心特征有去中心化、分布式账本和不可篡改性三个方面，这些特质在出版领域展现出广阔的应用前景。首先，区块链技术为出版业提供了更加安全、可靠的知识产权保护手段。在传统的出版流程中，知识产权保护始终是一大难题，盗版、抄袭等问题层出不穷，然而，利用区块链技术可以为出版物创建独特的数字身份证，从而保证出版内容的真实性和完整性，有效预防和打击盗版和篡改行为。其次，区块链技术推动出版物的去中心化分发。在传统的出版流程中，出版物的分发往往涉及多个中间环节，既增加成本又降低效率，而应用区块链技术使出版物能够实现直接分发，消除中间环节，降低成本、提高效率。同时，由于去中心化的特点，区块链技术还能有效避免传统出版业的中心化垄断问题，为出版业提供更为灵活的商业模式。在传统的出版业中，出版物的销售模式相对单一，主要以纸质书籍、电子书等形式存在，利用区块链技术可以实现出版物的数字化、智能化，从而提供更为多样化的如付费阅读、版权交易、数字藏品等商业模式。

尽管区块链技术在出版业的应用具有诸多优势，但也面临一些挑战。一方面，区块链技术的应用需要大量的技术支持和资金投入，对小型出版机构来说可能构成较大的经济压力。另一方面，区块链去中心化的特点，可能导致出版物的审查和监管变得更加复杂和困难，有必要加强相关法规和政策的制定以应对这些挑战。

（三）产业规模持续扩大

数字化转型已成为传统出版业发展的必由之路，面对互联网的冲击与挑战，很多传统出版机构积极拥抱变化，借助与互联网企业深入合作、自主开发数字化平台等方式，成功实现从纸质书籍向数字化产品转型，显著提升了自身的市场竞争力。近年来，我国在线教育、电子图书、互联网期刊等数字化产品的收入持续保持增长态势，已成为出版市场的重要组成部分，对产业规模的扩大起到了积极的推动作用。

从产业规模的角度来看，我国数字出版产业近几年呈现出高速增长态势。根据相关数据显示，2021年中国数字出版产业整体规模全年达到12762.64亿元，相比2020年增长8.33%；而在2022年，尽管面临各种不利因素，我国数字出版产业依然展现出强劲的发展势头，全年总收入达到13586.99亿元，较上年增长6.46%。2023年我国数字出版产业加快培育新质生产力、持续推进高质量发展，产业整体规模全年达到16179.68亿元，比2022年增加19.08%。具体数据如表1所示，充分说明我国数字出版产业在不断扩大规模的同时，也保持了稳健的发展态势。

表1　2021—2023年数字出版产业收入情况表

年份	总收入	互联网广告	网络游戏	在线教育	数字音乐	电子书	数字报纸	博客类应用	网络动漫	移动出版	互联网期刊
2021年	12762.64亿元	5435亿元	2965.13亿元	2610亿元	790.68亿元	66亿元	6.7亿元	151.56亿元	293.4亿元	415.7亿元	28.47亿元
2022年	13586.99亿元	6639.2亿元	2658.84亿元	2620亿元	637.5亿元	69亿元	6.4亿元	132.08亿元	330.94亿元	463.52亿元	29.51亿元
2023年	16179.68亿元	7190.6亿元	3029.64亿元	2882亿元	1907.5亿元	73亿元	6亿元	125亿元	364.03亿元	567.02亿元	34.89亿元

注：根据《2021—2022中国数字出版产业年度报告》《2022—2023中国数字出版产业年度报告》《2023—2024中国数字出版产业年度报告》数据制作。

从发展特点来看，融合出版正呈现出一种向更高质量、更有效率的方向发展的态势，随着顶层设计的不断完善和政策环境的日益优化，出版融合产业正在稳健发展，如图1所示。在精品内容建设的推动下，越来越多的优秀作品借助数字化手段展现给读者，为人民群众提供了丰富的精神食粮。传统出版单位与新兴数字内容平台之间的合作日益紧密，产业链上下游的协同作用越发显著：网络文学的提质创新以及题材模式的不断拓展，为年轻人提供了更多元的阅读和创作体验；数字教育出版格局的重塑和在线教育市场的蓬勃发展，为教育改革和创新提供了新的思路和方法；全媒体营销体系的加快建设以及利用多元渠道打造全域流量池，为出版融媒体的营销和推广提供了更加高效和便捷的手段；海外布局的深入推进使中国出版物在国际市场上的影响力不断扩大，为中国文化的传播和推广作出了积极贡献。此外，主题出版的深度融合发展为出版融合产业注入了新的活力。传统出版机构、主流媒体与新兴数字内容平台之间的互动合作日益密切，围绕主题出版和主题主线宣传工作实现联动协同，为营造团结奋进的舆论氛围提供了有力支持。深度融合促进了出版内容的创新和发展，传统出版因此拥有了转型升级的新路径和新机遇。

数字出版分类	2013年	2014年	2015年	2016年	2017年	2018年	2019年	2020年	2021年	2022年
互联网期刊	12.15	14.3	15.85	17.5	20.1	21.38	23.08	24.53	28.47	29.51
电子书	38	45	49	52	54	56	58	62	66	69
数字报纸	11.6(不含手机报)	10.5(不含手机报)	9.6(不含手机报)	9(不含手机报)	8.6(不含手机报)	8.3(不含手机报)	8(不含手机报)	7.5(不含手机报)	6.7(不含手机报)	6.4(不含手机报)
博客类应用	15	33.2	11.8	45.3	77.13	115.3	117.7	116.3	151.56	132.08
移动出版	579.6(未包括手机动漫)	784.9(未包括移动动漫)	1055.9(未包括移动动漫)	1399.5(未包括移动动漫)	1796.3(未包括移动动漫)	2007.4(未包括移动动漫)	2314.82(未包括移动动漫)	2448.36(未包括移动动漫和移动音乐)	415.7(未包括移动动漫、移动音乐和移动游戏)	463.52(未包括移动动漫、移动音乐和移动游戏)
网络游戏	718.4	869.4	888.8	827.85	884.9	791.1	713.83	635.28	2965.13	2658.84
网络动漫	22	38	44.2	155	178.9	180.8	171	238.7	293.4	330.94
在线教育	-	-	180	251	1010	1330	2010	2573	2610	2620
互联网广告	1096	1507	1897	2295	2957	3717	4341	4966	5435	6639.2
数字音乐	43.6	52.4	55	61	85	103.5	124	710	790.68	637.5
合计	2540.35	3387.7	4403.85	5720.85	7071.93	8330.78	9881.43	11781.67	12762.64	13586.99

图片来源：中国科技期刊发展论坛专题页。

图1　2013—2022年出版融合产业发展概况（单位：亿元）

二、融合出版的未来发展趋势

在出版业的融合发展中，内容创新居于核心地位。为加速竞争力的提升，传统出版企业应高度重视优化内容质量和拓展深度，借鉴新兴出版企业在创新理念和实践方面的成果，共同打造优质的出版物来推动出版业的融合发展。出版融合发展趋势是多因素共同作用的结果，其中，人工智能、大数据、区块链等信息技术的飞速发展起到了重要作用。为适应出版融合发展趋势，传统出版企业应积极拥抱互联网，构建在线平台，实现线上线下业务的紧密结合，而平台化运营已成为推动出版融合发展的关键路径。科技正在重塑出版业的生态系统，推动着出版、发行、印刷等资源的整合，减少了中间环节，在此基础上，逐步将在线平台打造成为集编辑、印刷、发行于一体的综合性出版平台，满足不断变化的市场需求。展望未来，传统出版与数字出版的深度融合将成为主流，形成相互融合、互为补充的新格局，推动出版业向更高层次、更广领域迈进。在专业出版领域，国外大型出版集团已成功实现数字转型，学术期刊和经济、法律、科技信息服务等产品已经数字化，仅在用户有特殊需求时才提供纸本。我国未来出版业也将实现个性化出版，读者可根据个人需求和兴趣定制出版物，出版从业人员也将更加注重智能化发展，利用人工智能技术实现自动化编辑、校对、排版等工作，并为读者提供智能推荐服务，帮助读者发现更多感兴趣的书籍。

（一）深度融合趋势

出版行业正经历着深度融合的历史性改变，过去，出版业主要依赖传统的印刷和销售模式，科技的进步尤其是互联网和数字技术的广泛应用，促使出版行业转型，使其核心内容转为用户服务。在此过程中，新的盈利模式如付费服务、增值服务、电子商务、内容销售、网络广告等应运而生。出版行业与大型互联网平台运营商的合作也在不断加强，促使出版行业更充分地利用互联网平台的用户数据和技术优势，更加精准地为用户推送个性化定制内容，促进出版机构的市场推广，扩大用户群体。出版行业正在向内容生产（载体生产）与信息服务（信息咨询）行业转型升级，喻示着出版行业不再局限于生产和销售印刷品，而是开始提供更为广泛的知识和信息服务，应用于各个行业、各个区域、各个机构和各个层级，满足不同用户的多样化需求。出版行业的深度融合趋势正推动其向更加个性化、精准化和多元化方向发展，正在改变着出版行业的盈利模式，对出版行业与其他行业的深度融合起到了促进作用，为未来的出版业发展开辟了新的道路。展望未来，传统出版与数字出版的融合将更加深入，实现内容、渠道、平台、经营等各方面的全面融合，出版机构也将不断创新融合模式来提升融合效果。

（二）个性化服务

由于读者需求日益呈现个性化和多样化特点，出版机构将高度重视读者阅读体验，积极提供个性化阅读服务，运用大数据技术深度剖析读者阅读习惯与偏好，为读者精准推送符合兴趣和需求的阅读内容，丰富并提升读者阅读体验。

1. 内容定制化：大数据与人工智能技术驱动的出版革命

内容定制化是一种新兴的出版模式，借助大数据和人工智能等技术力量，为每位读者提供个性化的阅读体验，彰显出版机构对读者个性化需求的深度关注，让阅读变得更加富有趣味性、实用性和价值性。出版机构为读者量身打造定制化的内容，才能更好地契合读者的阅读偏好，提升读者对出版机构的忠诚度和黏性，在激烈的市场竞争中出版机构才能获得优势地位。为了实现内容定制化，出版机构需要不断探索新的内容资源，创新内容形式，满足读者日益多样化的个性化需求，持续创新将推动出版业不断向前发展，实现持续的繁荣与进步。

2. 社交化阅读：出版业革新的重要方向

社交化阅读是一种崭新的阅读模式，深度整合社交媒体平台的优势，让读者能够无缝分享阅读感悟、评论与推荐，促进拥有共同阅读兴趣的个体间互动，更催生了富有活力与创造力的读书社群。在社群中，每位成员都有机会分享个人见解，聆听他人观点，从而丰富个人阅读历程。对于出版业而言，社交化阅读带来了更为广阔的传播领域与显著的影响力提升，当读者在社交媒体平台上分享阅读体验时，读者的朋友与关注者可能会因此书而产生浓厚兴趣。基于读者真实体验的口碑传播方式，相较于传统广告推广，效果更为显著，更容易赢得他人的信赖。此外，社交化阅读还显著增强了读者的参与感与归属感，在传统阅读模式下，读者通常只是信息的被动接受者，然而社交化阅读使读者成为阅读过程中的积极参与者。读者可以参与评论、点赞并与作者及其他读者进行深入互动，共同构建一个生机勃勃的阅读环境。

3. 跨界合作：融合出版的新纪元

在出版领域，跨界合作因其独特的创新性和突破性，正逐渐成为行业发展的重要方向。融合出版借助深度结合音乐、电影、游戏等其他领域，为读者带来更为丰富多元、生动立体的阅读体验，合作模式拓展了出版物的内涵和外延，为传统出版行业注入了新的生机与活力。例如，一本美食类书籍与餐饮企业的跨界合作，为读者带来了更为深刻的美食之旅。读者在享受文字魅力的同时，还能获得美食推荐、烹饪课程等实用服务，跨界合作可丰富阅读内容，增强读者互动与参与度，使阅读成为一种更加充实和愉悦的体验。

4. 虚拟现实与增强现实技术：重塑阅读的沉浸式体验

虚拟现实技术是利用计算机技术模拟出三维环境，用户借助特定设备（例如头戴式显示器和手套）与虚拟环境中的人或物进行交互，是仿真技术与计算机图形学、人机接口技术、多媒体技术、传感技术、网络技术等多种技术的集合。在阅读领域，虚拟现实（VR）技术能够将书籍中的场景、人物和情节以三维形式呈现给读者，而读者仿佛置身于书中的世界。例如，读者在阅读探险题材小说时，虚拟现实技术能将小说中描述的森林、山川、河流等自然风貌以及角色形象栩栩如生地展现在读者眼前，使读者仿佛真正经历了探险的全过程。增强现实（AR）技术则是一种能够将虚拟信息与真实世界相结合的技术，在阅读应用中，增强现实技术能够以更加直观、生动的方式展示书籍内容。例如，当读者阅读历史类书籍时，增强现实技术能将历史事件、人物和文物以立体形式呈现在读者眼前，使读者能够更直观地了解历史背景和文化内涵。VR和AR技术共同增强了阅读的沉浸式体验，读者可身临其境地感受到书中的场景和人物，更深入地理解和体验书中的内容，更准确地把握作者的意图和情感，从而更全面地领略书中的精髓。

（三）智能化发展

智能化发展在出版领域日益凸显，主要归功于硬件和移动网络技术的迅猛进步，体现在出版物的智能化、互动性、触摸交互以及去除纸质化等方面。智能化是核心驱动力能够使出版物借助人工智能技术实现更为高级的功能，例如自然语言处理和个性化推荐等功能可优化用户体验，更好地适应数字化时代的诉求。互动性在出版领域具有重要地位，伴随着社交媒体和自媒体平台的普及，读者对出版物的互动性需求不断增强，出版物也相应提供了评论、点赞、分享等互动元素，使读者能更深入地参与阅读过程并加深对内容的理解。触摸交互是智能化发展的显著特征，为适用广泛应用的移动设备，出版物须具备优质的触摸交互设计来提供流畅自然的阅读体验。目前，去除纸质化特征日益明显，数字化出版物逐渐替代传统纸质形式。数字化出版物的便携性和可搜索性，更能满足读者的个性化需求。展望未来，出版业将实现更加智能化的内容生产、推荐和阅读体验，借助自然语言处理等技术实现与读者的智能互动，进一步优化阅读体验。

（四）跨界融合

跨界融合是一种行业间和领域间的合作与交流形式，强调将不同领域和行业的优势资源进行有效整合而达到互利共赢的目标。对于出版业而言，跨界融合意味着要与教育、文化、旅游等其他行业建立更紧密的合作关系，还需要整合各方资源，创造出更多元化、更丰富的出版产品和服务来满足读者多样化的需求。出版机构也应积极寻找与其他行业、领域的跨界合作机会来拓展自身的业务领域，提升综合竞争力。例如，与影视、游戏等行业共同开发优质IP资源，实现资源的最大化利用，为出版业的发展提供更好的服务。

1. 与科技行业的深度融合

随着科技的飞速发展和持续创新，出版业与科技领域之间的融合关系变得日益紧密，数字出版技术的诞生，为传统出版业带来向数字化、网络化、智能化方向转型升级的重要推动力。前沿技术如虚拟现实（VR）和增强现实（AR）的涌现，为出版业提供了新的发展契机和严峻考验，也为出版业带来了前所未有的创新空间，要求出版从业人员在融合过程中保持严谨、稳重、理性的态度，保证融合发展顺利进行。

2. 与文化产业的深度融合

作为文化产业的重要组成部分，出版业正逐渐强化与其他文化产业领域的融合。在与影视、音乐、游戏等产业的相互渗透中，出版内容正朝着多元化、互动性和娱乐性方向发展，从而优化读者的阅读体验和参与度。跨界融合丰富了出版业的内涵，并为文化产业的整体繁荣注入了新的活力。

3. 与教育行业的融合

出版业与教育行业的融合已成为近年来的显著特点，借助与教育机构密切协作，出版业可为学习者提供优质的教学材料和教育资源，帮助教育机构为学习者创造更加个性化和高效的学习体验。跨行业的融合推动了出版业的创新与发展，丰富了出版内容、形式和传播手段。然而，在面对新的市场环境和技术创新的挑战下，出版从业人员必须进行自我调整与提升，不断增强竞争力和创新能力，积极拥抱跨行业融合的趋势，加强与科技、文化、教育等领域的合作与交流，共同推动出版业的持续创新与发展。

（五）全球化传播

全球化传播的兴起，关乎出版业技术进步、政策调整以及全球市场需求等多重因素。在此背景下，出版业需不断创新和适应，以便更好地满足全球受众的需求，推动文化交流与传播。近年来，全球化传播日盛，主要得益于数字化和网络化技术的飞速发展，这场技术革命改变了出版物的形态、内容、传播路径与受众结构。全球化传播是一种多层次、复杂的现象，涵盖了传统出版与新兴技术的融合，以及这种融合在国际上所产生的深远影响。全球化传播的显著特征之一是出版物内容和形式日益丰富多元，传统出版与新兴技术的结合使出版物以电子书、网络文学、博客文章、社交媒体帖子等多种形式呈现，满足不同受众群体的需求。与传统依赖印刷和发行渠道的方式相比，如今的出版物可借助互联网和移动设备在全球范围内迅速传播，加速了信息流通，出版物也得以更广泛地触及全球受众。全球化传播受国家政策、市场需求和技术进步等多重因素影响，各国政府针对出版业的政策和法规差异较大，直接关系到出版物的传播范围和方式。市场需求的变化也推动着出版业的创新，如智能手机的普及和移动互联网的发展，促使移动阅读成为新的阅读趋势。

第三节　学术期刊的融合出版

期刊是一种具有固定名称、每期版式基本相同、定期或不定期的连续出版物，利用印刷技术将文字、图片、插图以及广告等多元素整合，由我国依法设立的期刊出版单位负责出版与发行。期刊文章按照卷、期或年、月的方式进行编排，渐次发布。期刊出版单位需具备国内统一连续出版物号，并持有《期刊出版许可证》，每种期刊都具有独特的名称和有序的编排。期刊根据特定的编辑方针，汇集多位作者的作品进行出版，形式多样，例如周刊、月刊、双月刊等。学术期刊是期刊的一种特殊类型，其内容经过同行评审，涵盖特定学科领域的最新研究成果，包括原创研究、综述文章、书评等学术性文章。

一、出版传播方式的改变

融合出版为学术期刊的传播带来了巨大改变，在以往，学术期刊主要依赖印刷发行，传播范围和受众群体相对有限。如今，借助网络与社交媒体平台，学术期刊的影响力得以提升，覆盖了更为广泛的读者群体。身处数字化时代，读者需求日益多元化和个性化，学术期刊亟待创新，例如通过整合多媒体元素、丰富内容展示、开设特色栏目等提升期刊影响力和竞争力。融合出版推动了学术期刊在互动性和社交性方面的进步，现代出版单位运用网络平台构建起紧密的互动关系，推动学术研讨与交流。结合社交媒体等现代科技手段，学术期刊实现了高效、便捷的学术交流和知识共享，丰富了传播渠道，也提升了学术研究质量与影响力。

二、出版内容形式的创新

出版单位应主动运用数字化技术、大数据分析及人工智能算法等科技手段，促进数字化与智能化的创新融合发展，提升内容生产效率与品质。在呈现方式上，出版单位应持续创新，采用短视频、音频、图表等元素，使研究成果以更加生动直观的形式展现给读者，从而促进跨学科交流与合作。建立用户反馈机制，提升读者满意度与忠诚度，将传统内容转化为数字格式并利用在线平台发布，便于读者获取与分享知识。此外，在线平台还应增加互动功能，提供个性化内容推荐和定制服务，满足读者个性化需求，进一步扩大传播范围。出版单位应利用科技手段提升期刊交互性，推动在线社区建设，提高读者参与度，共同提升期刊的学术价值和社会影响力；开发多媒体内容，提升内容的吸引力和可读性，通过提供个性化推荐与订阅服务等提升学术期刊整体质量。

三、出版流程的改进

数字化技术与自动化工具的运用，显著提升了出版效率，运用自动化选稿、排版与校对等功能，出版单位可以削减人力与时间投入。为提升内容品质，出版单位可以依托科技手段，构建基于二维码的智能编辑出版系统，实现内容的精细化管理与高效组织。学术期刊正逐步实现多样化发展，融合出版理念、突破纸质媒介限制、运用现代科技手段，为读者提供丰富多彩的阅读体验。期刊可运用大数据、人工智能等技术精准把握读者需求，提供个性化阅读服务，提高读者满意度和忠诚度。融合出版模式可推动跨学科、跨领域的学术交流，促进学术研究的深入发展，拓宽交流渠道。

四、学术期刊质量的进阶

融合出版推动了内容的多元化和丰富性，传统学术期刊受限于印刷技术和发行渠道，内容更新缓慢，读者获取信息复杂。实施融合出版后，出版单位能借助数字化技术和网络平台，大幅提高内容更新频率和传播覆盖率，吸引更多读者和用户。随着出版深度融合发展，出版单位应适应数字化新形势，提升编辑队伍专业素养。编辑人员应具备扎实的学术基础和出色的编辑技能，敏锐地把握学术研究脉动和趋势，进行精细化、专业化审核与打磨；建立数字化出版流程与质量控制体系，确保内容精确可靠并提供高品质学术信息与成果。在全球化背景下，融合出版为学术期刊国际化发展带来了新动力，开辟出更广泛的市场空间与机会。出版单位需拓宽国际视野，加强与国际同行合作，利用网络平台与全球学者和读者深度互动，提升国际影响力与竞争力。

五、出版商业模式的改变

学术期刊商业模式正在经历由融合出版引发的改变，传统模式主要依赖订阅费和版面费，但由于融合出版的推进，学术期刊正在拓展新的商业路径，如在线广告、付费阅读和知识服务等来实现收入多元化，推动出版单位转型升级并积极与产业链上下游企业紧密合作，共同探索创新商业模式。在融合出版过程中，出版单位应优化读者服务体系，提升阅读体验，其策略包括构建在线服务平台、运用数据分析推荐个性化内容、加强与读者互动等措施来更精确地满足读者需求，提升学术影响力。学术期刊品牌建设是期刊持续发展的重要基础，出版单位应运用出版融合发展策略，在线展示其学术特色和优势，提升品牌知名度和影响力。同时，寻求与其他媒体和机构合作，共同推动品牌建设全面提升。

六、创新内容的获取方式

数字化技术的应用正成为学术期刊发展的新动向，有望消除地域和时间的限制，拓宽传播渠道，推动学术信息无界传播。在多媒体融合时代背景下，出版业不断整合图像、音频、视频等多种媒体元素，丰富期刊的展现形式，提升读者的阅读体验。在此基础上，出版业的融合可进一步拓展传播方式，借助多样化的平台进行传播来满足个性化需求。借助大数据和人工智能技术，学术期刊可以实现精准推送，提高读者阅读效率和便利性，大幅提升互动途径的便捷性和高效性，扩大学术期刊的影响力，优化传播效果。

七、出版时长的压缩

传统学术期刊出版烦琐耗时，涉及多重校对，数字化技术推动学术期刊编辑与审稿智能化，提升效率，缩短周期。传统学术期刊传播速度慢，融合出版对提升效率起到了关键作用，数字化出版借助互联网迅速传播学术信息，方便读者获取。出版单位应积极利用社交媒体等新型传播渠道推广学术成果，扩大影响力。数字化出版能打破地域限制，吸引更多国际作者和读者参与，提升期刊国际化水平和影响力，推动全球学术研究与交流。

八、交互性的增强

期刊出版单位在融合出版背景下，成功运用多元化渠道和方式实现了内容的快速发布和传播。运用先进的在线平台，作者可以上传稿件，读者可以更便利地获取和阅读文章，提高信息获取与发布的效率。出版单位可利用前沿技术推出交互式功能，如利用在线评论和讨论来鼓励读者参与，增强学术讨论的活跃度和开放性，对推动学术交流和激发创新思维具有积极作用。在学术期刊中巧妙融入视频、音频、图表等多媒体元素，可丰富学术内容的呈现形式，提升读者的阅读体验。出版单位还应利用大数据和人工智能等前沿科技手段，分析读者阅读习惯和兴趣偏好，提供精准化的学术文章和研究成果推荐服务，满足读者对个性化信息的需求。

九、关于版权保护的问题

学术期刊曾经主要利用纸质媒介发布，版权维护相对简单。随着数字化和网络化技术的发展，期刊传播和利用模式发生了巨大变化，实现了网络广泛传播和电子期刊阅读。数字化复制技术使内容分享更加便捷，但也为版权保护带来了新的挑战，尤其是隐秘性强的侵权行为。出版管理部门需采取对策，确保学术期刊版权得到充分保护。例如，开放获取是一种新兴出版模式，推动了学术资源的广泛共享和高效利用，但也带来了版权风险，如非法复制和传播、未经授权的商业利用等。出版管理部门应完善并严格执行版权法规，明确学术期刊版权保护要求，加大对侵权行为的打击力度，建立学术期刊版权保护机制，包括版权声明、授权协议等并加强版权宣传与教育，推动学术期刊数字化转型与升级，运用现代技术手段保护版权，促进学术期刊可持续发展。

第二章　学术期刊发展概况

第一节　学术期刊的类型与特点

学术期刊（Academic Journal）是一种经过同行评审的出版物，发布的文章主要针对特定学科领域，展示研究成果并产生公示效应，期刊内容包含原创研究、综述文章和书评等形式的学术论文。学术期刊通常具备固定名称和一致的版式，内容专注于某一特定学科或跨学科领域。自17世纪在欧洲起源以来，学术期刊历经官方机关宣传工具的初期阶段，现已发展成为服务学术界与专业领域的核心信息传播与交流平台，功能涵盖学术研究成果发布、学术观点交流、学术动态报道与记录等。学术期刊以专业性强为特点，主要面向专业工作者，涵盖自然科学、社会科学、人文科学、医学、工程技术等领域，发表的文章须经严格的学术评审来保证学术水平与可信度。在选择学术期刊投稿时，作者需全面考虑期刊的定位、声望、影响力、审稿效率与接纳率等多方面因素，保证研究成果得到恰当展示与认可。同时，作者应遵循期刊的具体要求，妥善准备稿件等关联材料，并经过严谨的同行评议与编辑、校对等环节才可成功发表。研究人员在学术期刊上发表文章，也是向同行展示研究成果与观点、获得学术界的认可与声誉并不断推动学术领域的进步与发展的重要途径。

一、学术期刊的分类方式

学术期刊是学术界重要的交流与展示平台,对于推动学科进步和知识普及具有不可替代的重要作用。我国学术期刊一般可划分为国家级期刊和省级期刊,分别由国家级和省级机构负责管理与运营,值得注意的是,由本、专科院校主办的学报(刊)也被归类为省级期刊,学报在学术交流和知识传播方面同样发挥着重要作用。依据严格的质量标准,学术期刊主要可划分为核心期刊与普通期刊两大类别。核心期刊通常是经过精心筛选与审核,集聚了大量专业情报信息、质量卓越,能够全面反映学科的发展动态,因此备受本学科研究者的广泛关注与青睐。从层级划分角度来看,核心期刊又可进一步细分为科技核心期刊(即统计源期刊)和人文核心期刊等多个子类。相应地,国外期刊也可根据学科领域,被归类为社会科学期刊和自然科学期刊等多个子类,如图2所示。

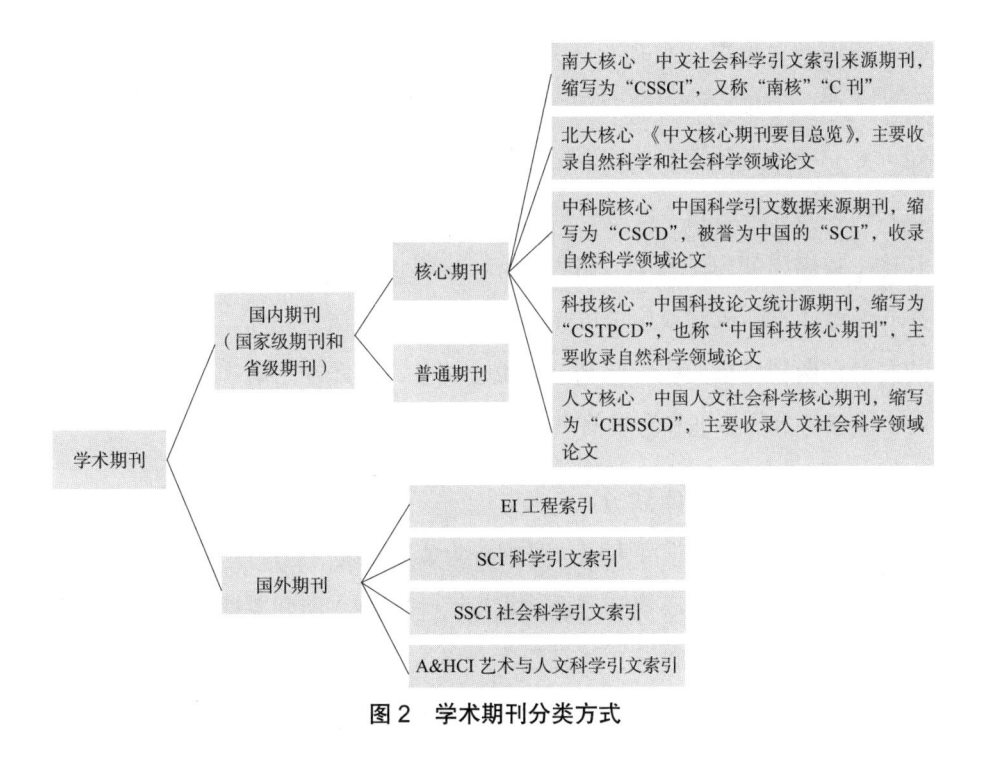

学术期刊
- 国内期刊(国家级期刊和省级期刊)
  - 核心期刊
    - 南大核心 中文社会科学引文索引来源期刊,缩写为"CSSCI",又称"南核""C刊"
    - 北大核心 《中文核心期刊要目总览》,主要收录自然科学和社会科学领域论文
    - 中科院核心 中国科学引文数据来源期刊,缩写为"CSCD",被誉为中国的"SCI",收录自然科学领域论文
    - 科技核心 中国科技论文统计源期刊,缩写为"CSTPCD",也称"中国科技核心期刊",主要收录自然科学领域论文
    - 人文核心 中国人文社会科学核心期刊,缩写为"CHSSCD",主要收录人文社会科学领域论文
  - 普通期刊
- 国外期刊
  - EI 工程索引
  - SCI 科学引文索引
  - SSCI 社会科学引文索引
  - A&HCI 艺术与人文科学引文索引

图2 学术期刊分类方式

在实际应用场景中，如高等院校论文答辩、科研项目申报与学术水平评估等场合，涉及A类、B类、C类期刊等概念，这些概念与核心期刊或有重叠，但划分依据与评价标准可能因不同情境而有所差异。A类、B类、C类期刊等分类主要针对学术出版物，依据通常包括学术影响力、收录范围与研究质量等因素。各机构或单位根据自身需求与标准，可能会有不同的分类方法，但总体而言，这些分类旨在更好地评估与管理学术研究成果。A类期刊通常由各单位根据科研考核标准自行划定，一般在所属学科领域具有较高影响力，如影响因子排名前列的 *Nature*、*Science*、*Cell* 等及其子刊，SCI收录中国科学院大类分区中1区和2区的期刊。同时，国内具有权威影响的中文核心刊物，如《中国社会科学》《经济研究》《法学研究》等，也可能被认定为A类期刊。B类期刊的认定通常参考 ISI Web of Science 收录的 SCI 期刊，选取其中影响因子排名前 50% 的期刊。对于文科和管理学科，B类期刊的认定可能是已列入学校权威期刊总数的一半，且每个二级学科最多只认定一种期刊。此外，被 ISI Web of Science 中的 SSCI 收录的期刊，也可能被视为 B 类期刊。关于 C 类期刊的定义有多种说法，一种观点认为 C 类期刊等同于 CSSCI（中文社会科学引文索引）收录的期刊；另一种观点是某些单位根据自身标准对期刊进行鉴别后，将其中一部分刊物称为 C 类期刊；还有一种观点认为 C 类期刊是指核心期刊，包括所有核心数据库如 SCI、EI、ISTP 等收录的期刊。需要注意的是，这些分类并非绝对，不同机构或单位可能有各自的分类方法。此外，随着学术研究的发展和期刊质量变化，期刊分类也会调整，因此在了解和使用这些分类时，应参考具体标准和背景信息。

（一）按照检索库划分

学术期刊依据检索库不同，可细分为如下几类。

第一类：中国核心期刊遴选数据库。中国核心期刊遴选数据库专为中文核心期刊的检索而设计，收录标准严谨，涵盖了期刊的学术质量、学术影响力以及编辑水平等多个评估标准。中国核心期刊遴选数据库提供了多

第二章 学术期刊发展概况

样化的检索途径，例如机构、作者以及主题等，便于用户根据自身需求进行文献的检索与筛选。在我国的学术领域，中文核心期刊经过严格的选拔与认证，具备较高的学术水准与影响力，其评价标准通常包括学术质量、影响力、文章原创性以及学术价值等多个方面，具备较高的引用率和影响因子，能够反映学科领域内的最新研究进展与学术成果，如图3所示。

图3 中国核心期刊遴选数据库

第二类：中文社会科学引文索引（CSSCI）。CSSCI是由南京大学中国社会科学研究评价中心开发的引文数据库。CSSCI用于检索中文社会科学领域的论文收录和文献被引用情况，专门针对中文社会科学领域的学术论文进行检索，覆盖哲学、经济学、法学、教育学、文学等多个学科。CSSCI遵循文献计量学规律，采用定量与定性相结合的方式，从全国2700余种中文人文社会科学学术性期刊中精选出学术性强、编辑规范的期刊作为来源期刊，具有较高的学术水平和影响力，如图4所示。

图4 中文社会科学引文索引

第三类：中国人文社会科学引文数据库（CHSSCD）。CHSSCD是由中国社会科学评价研究院建立的一个重要的学术资源平台。数据库收录了我国正式出版的哲学、历史学、文学、政治学、法学、经济学、管理学等人文社会科学领域各学科的主要学术期刊，集中反映了我国人文社会科学发展的学术水平，是开展文献评价研究的重要基础信息。自1999年以来，数据一直持续更新，经过20余年的发展，已经成型并具有一定的规模。为了更全面地反映我国人文社会科学论文的学术水平和学术期刊的发展状况，其来源期刊数量也有所扩展，并对扩展期刊启动了数据回溯项目，如图5所示。

图 5　中国人文社会科学引文数据库

第四类：中国科技核心期刊数据库（CSCJD）。CSCJD是由中国科学院精心研制并创立的重要学术资源平台，综合运用定量遴选和专家定性评估的科学方法，广泛收录了众多高质量的中文和英文期刊，涵盖了自然科学和社会科学领域，为科研工作者提供了丰富而全面的学术资源支持。此外，中国科技核心期刊数据库还积极与其他数据库和评价体系如Web of Science、Ei Compendex、MEDLINE等进行有效整合与链接，使用户拥有更加广泛、更加深入的学术资源获取途径，如图6所示。

图 6　中国科技核心期刊数据库

第五类：中国科学引文数据库（CSCD）。CSCD是我国首创的引文数据库，自1989年建立以来，已发展成为涵盖数学、物理、化学、天文学、生物学、农林科学、医药卫生、工程技术和环境科学等多个学科的综合性数据库。数据库收录了中英文科技核心期刊和优秀期刊千余种，内容全面、结构严谨、数据精确。CSCD以其悠久的建库历史、高度的专业性、数据准确规范以及多样的检索方式而著称，不仅提供常规的检索功能，还创新性地引入了引文索引等新型索引关系，使用户能够迅速在数百万条引文中精确查询到特定科技文献的引用详情。CSCD还建立了数据链接机制，方便用户获取文献全文。自推出以来，CSCD以其独特的价值和优质的服务赢得了广大用户的广泛好评，被誉为"中国的SCI"，如图7所示。

图7　中国科学引文数据库

第六类：国家哲学社会科学学术期刊数据库（NSSD）。国家哲学社会科学学术期刊数据库（NSSD），简称"国家期刊库"，是一个国家级、开放型、公益性的哲学社会科学信息平台。NSSD平台由中国社会科学院负责承建，并得到了全国哲学社会科学规划领导小组的正式批准与大力支持，主要目标是为整合哲学社会科学领域的学术期刊数据资源，促进学术资源的公益利用、开放共享，以及推动哲学社会科学研究方法和手段的创新发展，加快科研成果的普及与转化进程。NSSD收录精品学术期刊2000多种，论文超过1000万篇以及超过101万位学者、2.1万家研究机构相关信息。国家社科基金重点资助期刊近190种；中国社会科学院主管主办期刊80多种；三大评价体系（中国社会科学院、北京大学、南京大学）收录的600多种核心期刊；回溯到创刊号期刊700多种，最早回溯到1920年。在功能设置上，除了提供基础的期刊浏览、在线阅读、用户管理等服务，还特别研发了全文检索、期刊原貌阅读、在线批注、期刊数据分析等特色功能，以期满足用户多样化的使用需求，如图8所示。

图8 国家哲学社会科学学术期刊数据库

第七类：中国知网（CNKI），即中国国家知识基础设施。中国知网是在教育部等多部门的支持下，由清华大学和清华同方发起的知识信息化建设项目，始建于1999年6月，是同方股份有限公司旗下的学术平台。中国知网提供多种数据库，包括中国期刊全文数据库、中国博士学位论文数据库等。作为中国最大的学术论文数据库和学术电子资源集成商，中国知网收录95%以上正式出版的中文学术资源，文献总量超过2亿篇。此外，中国知网还提供多种检索和查询功能，以及参考文献导出功能，方便用户快速找到所需学术资源，如图9所示。

图9 中国知网

第二章　学术期刊发展概况

第八类：中国学术期刊数据库（COJ）。中国学术期刊数据库由北京万方数据股份有限公司打造，是重要的学术资源平台，涵盖众多学科领域，包括基础科学、社会科学、工业技术、农业科学、医药卫生与教科文艺等。期刊库汇聚了丰富的科技、人文与社会科学期刊全文内容，其中中文期刊11000余种，核心期刊约5100种，其中还包括很多重要期刊检索系统，如CSTPCD（中国科技论文统计源期刊）、北大核心、CSSCI（中文社会科学引文索引）等。万方期刊数据库全文数据国际标准化程度高，便于开展国际交流与合作，期刊库检索词词频显示功能也有助于用户进一步确定命中文献的相关程度，如图10所示。

图 10　中国学术期刊数据库

第九类：维普网（VIP），即维普中文期刊数据库，是我国重要的期刊全文数据库，涵盖自然科学、社会科学、医学、工程技术等多个领域。平台始建于1989年，现已成为中文学术期刊的重要传播与服务平台，也是我国教育与科研领域重要的学术资源基础设施。数据库收录中文学术期刊15300余种，现刊9386种，核心期刊基本全部收录，独有期刊4000余种，文献7600余万篇，是中文学术期刊收录最全、最多的平台之一。数据库提供丰富的资源导航功能，保存用户检索历史，具备引文关联检索、文献选择、题录导出、统计分析和查看视图切换等功能，用户可根据需求选择全库数据或仅订购相关专辑或学科数据，如图11所示。

图 11　维普中文期刊数据库

第十类：超星期刊数据库。超星期刊数据库收录了国内期刊6500余种，其中核心期刊超过1300种，还包含了600余种独家期刊，涵盖了理学、工学、农学、社科、文化、教育、哲学、医学、经管等多个学科领域，并实现了与上亿条外文期刊元数据的联合检索，进一步拓宽了用户的学术视野。在阅读体验方面，超星期刊数据库采用了流式媒体阅读呈现方式，用户无须等待下载即可直接阅读文章，大幅提高了阅读效率，数据库还支持多终端自适应阅读，无论是PC端还是移动端，用户都能享受到流畅清晰的阅读体验。此外，超星期刊数据库为满足不同用户的个性化需求，还提供了自动换行、字号调整、背景选择等阅读功能，如图12所示。

图 12　超星期刊数据库

第十一类：国外检索数据库。来自国外的众多知名检索数据库广泛涵盖各类学科与领域，为科研工作者提供了丰富的学术资源。例如，SCI（科学引文索引）、EI（工程索引）、SSCI（社会科学引文索引）、A&HCI（艺术与人文科学引文索引）、PubMed（医学领域）、Scopus（综合性学术领域）以及Web of Science（综合性学术领域）等，收录了大量知名学术期刊。这些检索库中的期刊多为国际高品质期刊，对于掌握国际学术前沿动态与开展国际学术交流具有重大意义。

SCI全称Science Citation Index（科学引文索引），是美国科学信息研究所（ISI）研发的一种学术检索工具，根据学术期刊的影响力进行排序，从而为研究者提供一种高效的学术检索方式。在学术界，SCI具有广泛的影响力和较高的认可度。SCI是基于情报学家尤金·加菲尔德（Eugene Garfield）提出的引文思想而创建的，自1961年创立以来，已成为重要的科研评价工具、学术评价体系的基础以及国际核心期刊体系的重要组成部分。借助SCI数据库，科研人员可便捷地获取某一学科领域的重要文献、学术前沿和研究热点，促进了学科的发展与进步。

EI全称The Engineering Index（工程索引），是由美国工程技术信息学会（ETIS）创立的一个工程技术文献检索平台。EI检索系统以其全面且高质量的工程技术领域文献收录而闻名，在全球学术界、工程界和信息界享有很高的声誉，被视为科技界共同认可的重要检索工具。该系统主要收录工程技术领域的重要文献，包括期刊和会议文献，同时也收录部分科技报告、专著等。EI是全球最具权威性和广泛应用的工程技术文献检索系统之一，覆盖了电子、通信、计算机、机械、材料、化工、土木等各个工程技术领域。EI检索系统对评估学术会议的学术水平和影响力具有重大意义，被广泛应用于学术界，若一篇会议论文被EI检索系统收录，则意味着该论文的质量和学术水平得到认可，对作者而言无疑是一项重要的学术荣誉。

SSCI全称Social Sciences Citation Index（社会科学引文索引），是由美国科学信息研究所（ISI）创建并出版的一种检索工具，同时也是全球重要的社会科学文献检索数据库之一。SSCI的覆盖范围广，收录了海量的社会科学文献，包括政治学、经济学、社会学、心理学、教育学、法学、管理学等多个学科。学者可借助作者、标题、关键词等搜索途径在SSCI中检索相关文献，现已成为社会科学领域的重要文献检索与评价工具，对追踪学科发展和开展学术研究具有深远影响。值得注意的是，SSCI期刊在审稿过程中更注重论文质量，而非作者单位、学历和职称等外部因素，一般发表SSCI论文的奖金和权重通常较高，彰显出学术界对SSCI的充分肯定。

  A&HCI全称Arts&Humanities Citation Index（艺术与人文科学引文索引），是艺术与人文科学领域重要的期刊文摘索引数据库。A&HCI在学术界享有很高的声誉，是评估学者在该领域研究成果的重要指标之一。作为艺术与人文科学领域的顶级索引数据库，A&HCI始终以严谨的学术标准和广泛的学科覆盖，引领着艺术与人文科学领域的研究潮流，其数据覆盖了考古学、建筑学、艺术、文学、哲学、宗教、历史等社会科学领域。每一篇被A&HCI收录的文章，都是经过严格筛选的学术瑰宝，不仅在内容上具有创新性，更在方法论上展现出了高度的严谨性。这些文章紧跟学术前沿，推动跨学科研究的发展，鼓励不同学科之间的交流与融合，为艺术与人文科学领域发展贡献力量。

  PubMed是由美国国家医学图书馆（NLM）所属的国家生物技术信息中心（NCBI）开发并维护的搜索引擎，主要提供生物医学和生命科学领域的文献搜索服务。PubMed包含了大量来自MEDLINE和其他相关数据库的医学文献，涵盖了期刊文章、会议论文、书籍章节等。用户通过输入关键词、作者名、期刊名等信息来搜索相关文献，并且PubMed还提供了布尔逻辑运算符、字段标签等一些高级搜索功能，帮助用户更精确地定位所需信息。除了文献搜索，PubMed还提供文献链接、引用管理、临床查询等许多其他功能，用户可以轻松找到与自己研究相关的最新文献，并利用引用管理功能整理和组织这些文献。同时，PubMed还与许多其他生物医学数据库和工具如NCBI的Gene、Protein等数据库，以及PubMed Central等全文数据库进行了集成。

  Scopus是综合性学术领域的重要工具，由全球21家研究机构和超过300名科学家共同设计开发，主要是为科研人员及其他需获取学术信息的用户提供轻松、便捷的文献获取、相关性评估和管理平台。Scopus本质上是全球最大的同行评议文献摘要与引文索引数据库，数据库覆盖范围广，包括自然科学、医学、社会科学、生命科学等多个大类，细分至27个一级学科和334个二级学科。在人文、社会科学、计算机和工程等领域，Scopus收录的文献具有显著优势。此外，Scopus不仅收录了全球各国学术期刊、会议论文和专利等学术文献，还广泛涵盖了高品质的中文期刊，如《计算机学报》《力学学报》《中国物理快报》《中华医学杂志》等。用户通过检索便可获取全球范围内的前瞻性科学技术医学文献，其内容60%来自美国以外的国家，信息具有全面性和多样性。作为创新信息导航工具，Scopus具备简洁明了的界面，用户可直接获取文章的引文信息进行网络和专利检索，以及快速链接到全文、图书馆资源和其他应用程序。Scopus还提供批量导出功能，用户可选择所需文献并设置输出格式，以Excel或Bib Tex等格式导出文献列表。

Web of Science是一款跨学科引文数据库，汇聚了全球范围内众多权威且具有高影响力的学术期刊，内容广泛涵盖自然科学、工程技术、生物医学、社会科学、艺术与人文等领域。Web of Science的高级检索功能颇为强大，用户不仅可以检索文献，还可以查找特定领域的核心期刊。此外，还有一些特定领域的检索库或机构知识库，如剑桥大学的Apollo Home，提供了剑桥大学的大量相关期刊、学术论文、学位论文等电子资源，还有MEDLINE、JSTOR、SpringerLink、Elsevier等各具特色的检索库，用户可以根据自己的需求和兴趣选择合适的检索库进行学术资源的查找和获取。随着科技的发展，这些检索库也在不断更新和完善，便于更好地服务全球科研工作者。

（二）按照出版类别划分

学术期刊按照出版类别可划分为三大类别：综合性科学期刊、专业性期刊以及学报。

综合性科学期刊：综合性科学期刊是一种跨学科的出版物，涵盖内容广泛，从多元化的视角和层次全面展现特定研究主题的整体图景。根据学科属性差异，综合性科学期刊可被细分为自然科学类、社会科学类，以及同时融合两者的综合性科学期刊。此外，从内容角度也可进一步分类，包括综合性期刊、学术性期刊、技术性期刊、检索性期刊和科普性期刊等。举例来说，《中国社会科学》、《新华文摘》、《文史哲》以及《社会科学家》等期刊都属于综合性科学期刊的范畴。

专业性期刊：专业性期刊是学术出版领域不可或缺的一类，专注于某一特定的学科、领域或专业，系统刊载本专业领域内的一系列学术论文。专业性期刊分类广泛，涵盖自然科学类，如《中国科学》、《科学通报》和 Cell Research 等；医学类，如《中华医学杂志》、Journal of Genetics and Genomics 及《中华肿瘤杂志》等；农业类，如《中国农业科学》和《生态学杂志》等；其他领域，如《工程研究》和《计算机工程与应用》等。

学报：学报是一种学术期刊，核心作用在于发表学术研究成果和学术论文。与常见的期刊分类相似，学报同样存在不同的层级划分，包括普通学报、核心学报以及被国际学术检索工具收录的学报。学报以其高度的专业性和深厚的理论性而著称，内容丰富、情报价值高，广泛涵盖经济学、政治学、社会学、历史学、法学、哲学等多个学科领域，多由大学（学院）或研究机构主办，例如《北京大学学报》《西安交通大学学报》等，同样体现了学术领域的权威性和影响力。

（三）按照学科分类

学术期刊按照学科可细分为多种类型，涵盖但不限于以下几类：

第一类，自然科学学术期刊。专注于自然科学领域的研究论文发表，如物理学、化学、生物学、地球科学等。

第二类，社会科学学术期刊。聚焦社会科学领域的研究论文发表，如经济学、政治学、社会学、心理学等。

第三类，工程技术学术期刊。致力于工程技术领域的研究论文发表，如机械工程、电子工程、计算机科学等。

第四类，医学学术期刊。主要关注医学领域的研究论文发表，如临床医学、基础医学、公共卫生等。

第五类，人文科学学术期刊。专注于人文科学领域的研究论文发表，如历史学、文学、哲学、艺术学等。

学术期刊的分类也可基于具体的学科领域、研究方向、出版周期、出版形式等特征进行进一步细化。

(四) 按照发行单位分类

学术期刊依据发行单位分为"国家级"和"省级"两类，国家级刊物多由国家级机构如国家部委、全国性团体、组织、机关、事业单位等主管并出版，具有全国范围内较高的影响力和权威性；相对而言，省级刊物则主要由各省、自治区、直辖市及其下属部门、委员会、办公厅、局等，或各本、专科院校主管并出版，在本省或特定领域内具有一定的影响力和权威性。需要指出的是，这种分类并非绝对，部分刊物可能同时获得国家级和省级的认证或认可。在实际应用中，刊物的划分需根据具体情况进行判断，不应将此分类视为评价刊物质量的标准，刊物的内容、学术水平、影响力等因素同样重要，需进行综合评估。

(五) 按照注册地分类

学术期刊按照注册地主要分为两种：CN类刊物和ISSN类刊物。

国内统一连续出版物号（CN）由国家新闻出版署批准并配发，分配遵循一刊一号原则，仅在新刊审批通过后才可获得。根据现行的《出版管理条例》和《期刊出版管理规定》，新刊的创办需由期刊主办单位向所在地省级新闻出版行政部门提交申请，经初步审核并报经省级新闻出版行政部门核准后，最终报国家新闻出版署进行审批。CN类刊物指在我国境内注册并在国内公开发行的刊物，其显著标志为刊号上标注有"CN"字母。人们通常将此类刊物称为CN类刊物。CN刊号由前缀标识"CN"、主体代码和附加码三部分组成，例如CN 11-3209/G3，其中，六位数字分成两段，前两位数字11代表各省、自治区、直辖市的地区号（依据《中华人民共和国行政区划代码》），而后四位数字3209则是地区连续出版物的序号，与后面的分类号以"/"隔开。值得注意的是，所有经国家新闻出版署正式批准出版的期刊均须具备CN刊号。

中国标准连续出版物号（ISSN）是在中华人民共和国境内分配的与国际标准连续出版物号（International Standard Serial Number，简称ISSN）的编码结构一致的连续出版物的标识符。ISSN编号具备高度的唯一性，应用范围广，涵盖期刊、报纸、会议录、丛刊等多种出版物。凡获得ISSN编号的出版物信息不仅会被录入国家连续出版物数据库，还将进入国际连续出版物数据库，成为全球共享的信息资源。根据国际期刊分类体系，ISSN类刊物可细分为自然科学与技术类、人文社会科学与艺术类以及综合性期刊。ISSN编码是遵循国际标准ISO3297所制定的，全球每一份拥有不同题名、版本和出版频率的连续出版物都被赋予一个独特的国际编码。ISSN编码由八位数字组成，分为两个四位数段，例如"ISSN ××××-××××"。其中，前七位数字×为序号，无特殊含义，最后一位数字×为计算机校验位。当前，我国大多数刊物都同时持有国内CN和国际ISSN两种刊号，表明这些刊物已在国内外完成注册并公开发行。

（六）按照质量分类

从质量层面上，学术期刊可划分为以下几个层次：

第一层次，核心期刊。核心期刊被视为某一学科领域内具有重大影响力的期刊，学术水平较高，审稿标准严格。在国内，核心期刊的评定标准通常由相关学术机构或图书馆制定，如北京大学图书馆的"中文核心期刊"、南京大学的"CSSCI来源期刊"等。在国际范围内，核心期刊的认定主要依赖各类引文数据库和评价指标，如SCI、SSCI、EI等。

第二层次，普通期刊。相较于核心期刊，普通期刊的学术水平和影响力较低，但仍具备一定学术价值，审稿标准相对宽松，易于为作者所接受。

第三层次，非正式期刊。非正式期刊指的是未经正式认定或注册的期刊，可能存在审稿标准及学术规范不严格的情况，因此学术水平和质量难以保证。这类期刊通常不被视为正式学术期刊，所发表的论文在学术评价中往往不予认可。

值得注意的是，期刊分类并非绝对，不同分类标准可能导致不同结果。同时，同一期刊在各类学科领域或评价体系中可能被归为不同类别，因此在挑选学术期刊时，应结合具体学科领域、研究方向和评价要求综合考虑。

二、国内学术期刊的核心体系

核心期刊是指在某一学科领域中，具有较大专业情报信息含量、高质量，并能反映学科发展状况的权威性期刊，在学术界和读者群体中享有较高声誉。目前我国国内认可度比较高的五种核心期刊目录评价体系，如表2所示。

表2 五种中文核心期刊目录表

类别	简称/缩写	涵盖领域	遴选标准/方法	更新周期	其他说明
南大核心期刊	CSSCI/南大核心	经济学、历史学、政治学等人文社科领域	期刊影响因子、被引总次数、转载率、文摘率等数量指标和各学科专家意见	每两年更新一次	新目录通常在1—3月发布
北大核心期刊	中文核心/北大核心/北核	人文社科领域和理、工、农、医等领域	定量（被索量、被摘量等九项指标）+定性评价	每三年更新一次（自2008年起）	为图书情报部门提供评估与订购参考，为读者提供导读服务
中科院核心期刊	中科院核心/CSCD/C刊	数学、物理、化学、天文学等自然科学领域	定量数据（来源于中国科学引文数据库）+定性评价（国内专家评审）	每两年评选一次	收录中英文科技核心期刊与优秀期刊千余种
中国科技核心期刊	科技核心/CSTPCD	自然科学领域	总被引频次、影响因子、年指标等评价指标	每年评选一次	受科技部委托，定期遴选和调整，保证权威性和公正性
中国人文社会科学核心期刊	人文核心/CHSSCD	哲学、政治、法律、经济、文学、历史等人文社科领域	统计引证期刊、确立评价指标、赋予权重值、综合评价数学模型测算+专家评估	每四年评选一次	评选结果通过《中国人文社会科学核心期刊要览》推荐

（一）中文社会科学引文索引来源期刊

南京大学"中文社会科学引文索引来源期刊"，也称"南大核心"，缩写为"CSSCI"，简称"C刊"，是由南京大学中国社会科学研究评价中心精心研制与开发的专业数据库所认定的权威期刊。从出版类别来看，南大核心包括各学科专业期刊、大学学报（综合类、专业类）以及综合社科期刊三类。南大核心遵循文献计量学的科学规律，采用定量与定性评价相结合的方式，从全国逾2700种中文人文社会科学学术性期刊中，严格筛选出学术性强、编辑规范的高质量期刊作为来源期刊。目前，最新统计的《中文社会科学引文索引（CSSCI）来源期刊目录（2023—2024）》中覆盖法学、管理学、经济学、历史学、政治学等26个重要学科领域，总计585种（不含C扩）。南大核心的遴选标准严谨、程序规范，依据期刊影响因子、被引总次数、转载率、文摘率等数量指标和各学科专家意见而定，保证了入选期刊在学术水平、编辑质量和影响力等方面表现卓越。这些来源期刊所发表的论文，往往代表着各自学科领域的最新研究成果和最高学术水平，因此在学术界和研究机构中广受关注和认可。CSSCI目录每两年更新一次，如2023年更新的数据适用于2023—2024年，而新的目录通常在该年度的1—3月发布。

（二）《中文核心期刊要目总览》

《中文核心期刊要目总览》，也称"中文核心"、"北大核心"或"北核"，是由北京大学图书馆联合北京地区十几所高校图书馆的期刊工作者和相关领域专家共同参与的中文核心期刊评价研究项目成果。"北核"评定对象涵盖中文学术期刊，包括人文社科领域和理、工、农、医等领域的期刊。《中文核心期刊要目总览》一书的目的在于为图书情报部门提供中文学术期刊评估与订购的参考依据，并为读者提供导读服务。在2008年以前，《中文核心期刊要目总览》每四年进行一次更新研究和编制出版，自2008年起，更新周期缩短为每三年一次。每版《中文核心期刊要目总览》

都会根据实际情况在研究方法上作出相应的调整和完善，确保研究成果更科学、更合理地反映客观实际。在研究方法上，"北核"采用了一种结合定量与定性的分学科评价方法。核心期刊的定量评价涵盖了被索量、被摘量（全文、摘要）、被摘率（全文、摘要）、被引量、他引量、影响因子、获国家奖或被国内外重要检索工具收录、基金论文比、Web下载量等九项重要指标。

（三）中国科学引文数据库来源期刊

中国科学院文献情报中心创立的"中国科学引文数据库来源期刊"，也称"中科院核心"，缩写为"CSCD"，简称"C刊"，详尽收录了自然科学领域的中文和英文科技核心期刊与优秀期刊，涵盖学科范围包括数学、物理、化学、天文学、地理学、生物学、农林科学、医药卫生、工程技术、环境科学和管理科学等领域出版的中英文科技核心期刊和优秀期刊千余种。目前已积累从1989年到现在的论文记录6383626条，引文记录106570021条。中科院核心的筛选过程严格遵循定量与定性相结合的原则，每两年进行一次评选，定量数据来源于中国科学引文数据库，定性评价则是聘请国内专家进行评审，综合两者评估结果，最终确定"中国科学引文数据库来源期刊"的名单。

（四）中国科技核心期刊

"中国科技论文统计源期刊"缩写为"CSTPCD"，由中国科学技术信息研究所负责出版和管理，目的是识别和推广在科技发展和学术交流中起到关键作用的期刊，也称"中国科技核心期刊"，简称"科技核心"。CSTPCD对自然科学领域内的科技期刊进行严格的筛选与评价，遴选出品质与影响力得到广泛认可的期刊，为确保期刊的品质和影响力，中国科学技术信息研究所运用了一系列严谨的评价指标，如总被引频次、影响因子、年指标、自引率、他引率、平均引用率以及基金论文比等，这些指标均基于中国科技论文与引文数据库的权威数据。每年受科技部委托，排名都会进行定期的遴选和调整来保证权威性和公正性,且每年评选一次的目的在于客观评估科技期刊的影响力和学术价值,为科研工作者提供权威的参考依据,推动中国科技事业可持续发展。

(五)中国人文社会科学核心期刊

"中国人文社会科学核心期刊",简称"人文核心",缩写为"CHSSCD",是由中国社会科学院文献信息中心评选得出的,是我国人文社会科学领域的一项重要科研成果,在评选活动中通过深入研究和数据分析,全面考量我国人文社会科学期刊的学术水平及影响力,从而筛选出学术价值高、社会影响广泛的核心期刊。评选过程严谨而科学,包括统计各学科的引证期刊、确立评价指标、赋予权重值、运用综合评价数学模型进行测算等关键环节。在此基础上,确定核心期刊的遴选范围,并特邀业内专家对期刊的学术质量、社会影响和编辑水平进行全面而细致的评估。评选出的核心期刊涵盖哲学、政治、法律、经济、文学、历史等多个学科领域,既有综合性期刊,也有专业性期刊,充分体现了我国人文社会科学研究的丰富多样性和深厚底蕴。为保持评选结果的时效性和权威性,评选活动每四年举行一次,最终评选结果通过出版纸质目录《中国人文社会科学核心期刊要览》的形式,向广大读者和研究者推荐,从而推动人文社会科学领域的学术交流与发展。

我国国内对于学术期刊的评价体系具有较高的认可度,其中,由中国社会科学院直属研究单位中国社会科学评价研究院研制的"中国人文社会科学期刊评价报告"(AMI)备受关注。AMI期刊评价将期刊分为顶级、权威、核心、扩展和入库五个层级并分为学术期刊、学术集刊两个目录,期刊收录流程如图13所示。其中顶级、权威和核心层级的期刊因其高质量和影响力,在某种程度上被视为具有类似核心期刊目录的权威性,这些期刊往往也同时收录于北大核心或南大核心目录。期刊目录每四年更新一次并在中国社会科学评价研究院官网上公开发布。可以说,AMI期刊评价也是目前国内权威的学术期刊评价之一，评价结果客观反映了各期刊在相应阶段的综合影响力，与"北大核心期刊""南大核心期刊"等评价体系一样，享有较高的社会认可度。此外，武汉大学中国科学评价研究中心研制的《中国学术期刊评价研究报告》（RCCSE）中所收录的期刊，同样得到了我国学术界的广泛认可。同时，我国还认可一些国外权威期刊，如SCI（科学引文索引）、EI（工程索引）、SSCI（社会科学引文索引）等，这些评价体系的认可对于推动我国社会科学领域的发展以及提升我国学术研究的国际影响力具有积极的作用。

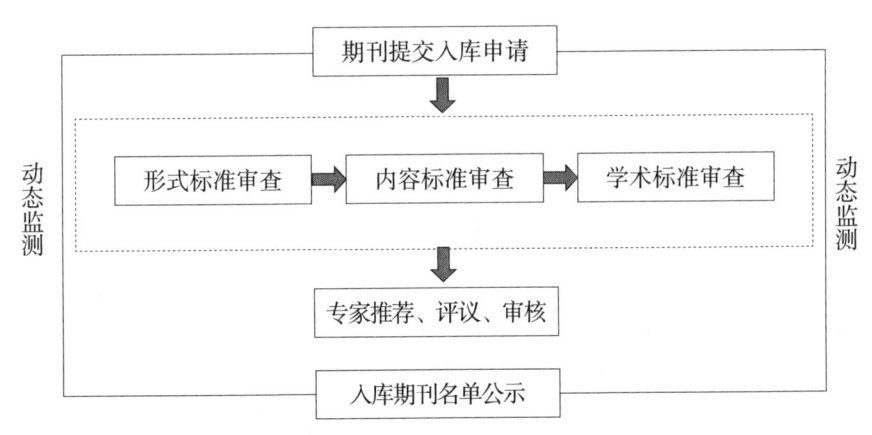

图片来源：中国社会科学评价研究院官网。

图 13 AMI 期刊收录流程图

三、学术期刊的特点

学术期刊是学术界的重要组成部分，为学者们提供了一个展示研究成果、交流学术思想的平台，推动了科学知识的积累和发展，是学术界重要的交流和传播平台，对于推动学科发展和知识创新具有重要作用。

（一）学术性

学术期刊是研究成果的汇集地，专注于刊发高水平的研究论文，论文通常涉及自然科学、社会科学、医学、工程等诸多领域的研究，展示了研究者们的创新思维和实验技巧，也反映出最新的科研成果、理论发展和实验数据。读者阅读期刊论文能够洞悉各领域的最新进展，从而为自己的研究工作提供宝贵的参考和灵感。学术期刊经过严格的同行评审机制，保障了所发表论文的学术品质。作者在提交论文前需经过反复修改和完善来保证研究内容的新颖性、可靠性和实用性。论文提交后，更要接受同行专家的严格评审，评估论文的学术价值和研究质量，保证期刊论文的学术水准，为学术界树立了崇高的学术风范和道德标准。

（二）专业性

学术期刊具备高度的专业性，汇集了众多学科领域的最新研究动态，向读者展示了全面且及时的学科进展。读者阅读这些论文可以掌握各领域最新的理论突破、实验技术以及研究方法，进而更准确地把握学科的前沿趋势和发展方向。在这些期刊中，众多理论探讨与实证分析文章对特定现象或问题深入研究，为学术界提供了新颖的理论见解与研究路径，为学科的持续进步注入了源源不断的活力。出版单位在论文的审稿与筛选方面也都秉持着严格的标准，期刊单位往往拥有专业的审稿团队，负责对提交的论文进行细致入微的审核与评估，每篇论文都需具备较高的学术质量与价值才会通过评审。严谨的审稿机制增强了学术期刊的权威性与公信力，使这些期刊成为广大科研工作者论文发表的目标。

（三）严谨性

学术期刊对文章的排版、结构、引用、语言和数据等方面提出了严格的要求，以此来保证文章的严谨性和规范性。在排版和结构方面，文章一般遵循统一的字体、字号、行距等规范，清晰明了地展示标题、摘要、关键词、正文和结论等部分，便于读者快速把握文章的核心内容和研究重点。在引用方面，文章一般使用规范的引用格式，并严格遵守引用规范，避免发生抄袭、剽窃等学术不端行为。文章还必须使用准确、简练、严谨的语言表达，确保数据和信息真实可靠，并经过严格的统计和分析。学术期刊的多轮审稿和修改机制也是保证文章质量的重要手段，经过综合不同领域专家的专业意见和建议，文章得以进一步完善和深化，提高了学术期刊的严谨性和规范性。

（四）高影响力

学术期刊的读者群体普遍拥有较高的学术造诣和广泛的影响力，期刊所刊登的论文常常能够吸引大量读者关注并引发深入讨论。论文往往涉及最新的科研发现，包括前沿的学术观点和独到的理论探索，对于推动相关领域的学术进步具有不可或缺的作用。读者群体利用引用、评议和分享等方式，进一步扩大论文的影响范围，读者间的学术交流和讨论助力激发新的研究灵感，推动学术界协作与交流，共享并传承科学知识。读者对论文仔细研读、深入分析和客观评价，为学术界提供了公正、全面的学术评价，同时也为学术研究的规范化和科学化提供了有力支持。

（五）国际化

学术期刊的国际化发展，得益于全球化趋势和信息技术的突飞猛进。互联网的普及消除了学术交流的地域限制，使学者们能够借助网络平台便捷地投稿、审稿和发表研究成果，降低学术交流的成本，提高学术研究成果的传播效率。学术期刊国际化的繁荣，离不开全球范围内学者们的积极参与和贡献，来自世界各地的学者在各自的领域内进行深入研究，其研究成果为学术期刊提供了丰富的内容和多元的视角。学者之间不同观点和研究成果的碰撞与融合，为国际学术交流与合作注入了持续的动力。学术期刊向国际化发展，推动了学术评价体系的完善，且国际化的学术期刊往往采用严格的审稿标准和评价体系，所发表的研究成果具有较高质量。学者研究成果的发表，提升了作者的学术声誉，也推动了相关领域的国际化学术进步。

第二节　学术期刊的出版与发行

学术期刊的出版与发行涵盖学术研究成果的汇集、筛选、编辑、出版直至发行等多个核心环节。整个出版流程始于学者将研究成果以学术论文的形式提交给编辑部，编辑部在收到论文后，会进行广泛的收集与筛选来评价论文是否符合期刊的主题与要求。编辑部还会邀请相关领域的专家对论文进行匿名评审，评审过程一般分为初步评审与详细评审两个阶段，评估论文的学术水平、创新性及实用性。经过评审，编辑部将结合专家意见与本期刊出版单位三审流程，筛选出符合发表标准的论文。筛选后的论文将进入编辑与校对阶段，由责任编辑进行文字润色、内容修改与格式调整，以提升论文质量与可读性。校对人员将对论文进行细致的文字、语法和格式校对使得论文在各方面都达到出版要求，完成编辑与校对、排版等后续流程后，论文将被安排到学术期刊上正式发表。学术期刊通常采用定期出版的形式，如月刊、双月刊或季刊等来满足读者的阅读需求。论文发表后，学术期刊将借助传统印刷或在线发布的方式让读者获取与阅读，学术期刊稿件处理的大致流程如图14所示。

除了上述基本流程，学术期刊的出版与发行还需妥善处理版权、知识产权和伦理规范等问题。随着数字化技术的不断进步，出版单位也在积极探索新的出版与发行模式，如开放获取、在线优先出版等来适应时代发展的需要。学术期刊的出版过程严谨且系统，依赖多个环节的紧密协作，才能使学术研究成果高效、准确地传递给广大读者。

图 14 学术期刊稿件处理流程图

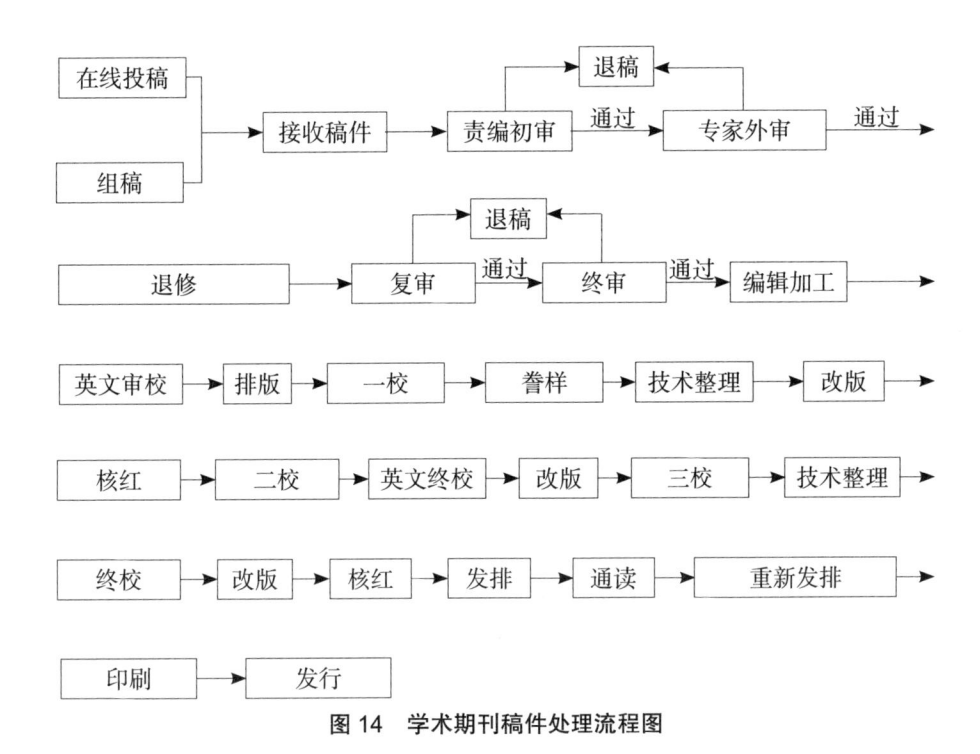

一、论文的投稿与审稿流程

学术期刊的投稿与审稿流程目的在于确保学术内容的真实性和原创性，从而维护学术界的信誉。各期刊的投稿与审稿流程或有差异，作者应详细研读期刊的投稿指南，并严格遵循其中的各项要求。为提高稿件被录用的概率，作者可预先与编辑或同领域的专家进行沟通，便于获取更为详尽的投稿建议和专业指导。

学术期刊的投稿要求：第一，选择期刊。在投稿之前，作者应审慎选择学术期刊。在选择过程中，综合考虑期刊与研究领域的契合度、影响因子、审稿速度与出版费用等要素，确保所选期刊与论文的研究方向和质量水平相契合。作者可利用学科导航工具查询期刊分类，并深入了解期刊的影响因子、审稿周期和发表要求等信息，从而做出明智的选择。第二，稿件准备。作者在准备稿件时，应严格遵循期刊的投稿指南，包括标题、摘要、正文、参考文献等各个部分的编写，检查稿件的格式、语言、数据，以及稿件的学术质量和出版效果等是否符合期刊的规范和要求，语言应清晰、准确、规范。第三，稿件提交。在稿件提交到期刊编辑部的过程中，作者应首先在期刊官方网站上完成账号注册，随后遵循系统指引上传稿件内容。若系统支持，也可通过电子邮件的方式直接将稿件发送到期刊编辑部。在上传或发送稿件时，务必准确填写相关信息，包括作者姓名、工作单位和有效的联系方式等，使得稿件能够顺利进入审稿流程。

学术期刊的稿件审核流程：第一，初步审查。编辑部执行初步审查程序，评估稿件是否符合期刊既定的投稿准则，包括格式、字数以及原创性等方面的内容。若稿件未满足相关要求，则可能面临被退稿的风险。第二，同行评审。经过初步审查的稿件将进入同行评审环节，由专业领域内的同行专家负责，对稿件进行全面细致的评审。评审专家将从内容、方法、数据、结论等多个方面对稿件进行深入的评估和讨论，并提供具体的修改意见和建议。第三，审稿决策通知。在同行评审的基础上，编辑部将严格遵循"三审制"原则，对稿件进行审慎决策。决策结果包括录用、退修（需进一步修订）或退稿等。若稿件被决定录用，作者需认真对待审稿专家提出的宝贵意见，并按要求完成修改后提交修改稿。编辑部要与作者共同努力提升稿件质量，为学术界呈现更加严谨、厚重的学术成果。

二、论文的终审与定稿环节

终审环节是学术期刊论文审稿流程的最终阶段，具有重要的地位，在这一阶段，终审专家将对论文进行严谨而全面的审查与评估来保证论文的学术质量与价值符合期刊的发表要求。若论文成功通过终审，意味着该论文已被期刊正式接纳。随后，作者可能需要根据期刊的规范与风格要求，对论文进行相应的调整与完善，经过编辑与校对等多个环节的处理后，论文将最终定稿。值得注意的是，尽管终审标志着论文审稿流程的结束，但并不意味着论文必然会被发表。修改后的文章经过编辑部再次复审与终审后，仍有可能因修改后论文的某些方面不符合期刊要求而被拒稿。作者在提交论文前，应审慎评估论文的学术质量与价值，努力提高通过终审并被成功发表的概率。终审的主要目的是对论文的意识形态、整体质量和学术价值进行全面评估来保证稿件符合期刊的出版标准，只有经过最后终审的论文，才会被正式确定录用。

我国长期秉持并依法实施编辑部内部审稿制度，即出版单位三级审稿责任制度，简称"三审制"，目的是确保书稿品质和公正性，规定书稿需经历三个层级的审读。具体来说，三审制包括初审（一审）、复审（二审）以及终审（三审）三个审级。初审（一审）由责任编辑负责，如编审、副编审、编辑等，核心职责为全面审视书稿，涵盖内容、结构、语言等方面，并提出修改建议。复审（二审）由编辑室主任（或副主任）或出版社领导委托的编审、副编审承担，重点审阅初审意见，并对书稿进行深度审查和修改，确保书稿质量和水平达到要求。终审（三审）的责任主体是社长或总编辑，或社领导委托的编审、副编审，主要负责最终审查书稿，确认是否符合出版要求，并提出终极修改意见。三审制的三个审级明确了具体人员在程序上互为补充、逐级制约，既能实现书稿的客观、公正评价，又能避免编辑人员因知识不足或疏忽造成失误，有利于严把书稿质量关。可以说，三审制是一种严谨的审稿制度，既可以保证出版物的质量与公正性，也体现出编辑部对作者和读者的负责态度。

三、论文编辑与排版

学术期刊的编辑与排版是一项重要的工作，要求出版单位必须遵循一定的标准和原则来保证学术论文的质量和可读性。以下列出学术期刊在编辑与排版方面的一些常见要求。

（一）标题

标题应简洁明了，能够精准体现论文核心研究内容与主旨，建议标题长度控制在15至20个汉字内，并利用加粗或斜体等排版手段加以凸显来提升辨识度。文章标题写作要求：第一，准确概括主题。标题应明确反映论文的研究对象、核心内容与目标，所使用的词汇应具体且清晰，避免使用模糊或不明确的表述。第二，简明扼要。一般来说，标题应控制在一行或两行之内（20个汉字以内），便于读者迅速理解，挑选精练的词汇，去掉不必要的修饰语，凸显关键信息。第三，引人入胜。标题应采用生动的语言、提出有趣的问题或展示新颖的观点。第四，彰显特色。标题应利用独特视角、提出独到见解或运用创新研究方法。第五，规范通用。标题应使用标准术语，避免缩写或简写，语言应通俗易懂，避免使用过于专业或难以理解的词汇。

（二）作者和单位信息

在学术论文或报告的标题下方，应当明确列出作者的姓名、所在单位的全称和邮政编码。若存在多位作者，作者姓名之间需通过空格、逗号或顿号等符号进行合理分隔使信息清晰、准确。单位名称应使用全称，以体现学术严谨性和规范性。邮政编码应紧跟在单位名称之后，并使用括号括起便于读者或相关机构联系与沟通。

（三）摘要与关键词

摘要是对论文内容的精练总结，涵盖研究目的、方法应用、所得成果以及最终结论等核心要素。关键词是一系列能够精准反映论文主题和内容的词汇或短语，建议选取3至8个。摘要与关键词应各自独立成段，并分别配以适当的标题。

摘要撰写规范：第一，精准理解原文。作者需确保对原文内容有全面且准确地把握，包括主旨、观点与论证方式等，使得摘要能准确概括核心信息。第二，强调关键要素。摘要应突出原文的主要内容，包括研究目标、方法、成果与结论等。第三，保持逻辑顺序。摘要需与原文保持相同的逻辑结构，包括引言、方法、成果与结论等部分，使得读者更好地理解文章框架与论证逻辑。第四，避免个人观点。摘要必须准确概括文章内容，应避免夹杂个人主观见解或评价。

关键词撰写规范：第一，简洁明了。每个关键词长度应控制在一定范围内，如不超过5或6个汉字。第二，高度相关。关键词应紧密关联文章或项目主题，能概括文章或项目的主要内容与研究焦点。

（四）正文撰写规范

论文正文应条理清晰、遵循逻辑顺序，包含引言、研究方法、研究成果、深入讨论以及总结等核心部分。字体大小建议使用小四号或五号字，为增强可读性，行距推荐设置为1.5倍或双倍行距。每个段落都应围绕一个明确的主题展开，避免文字冗长，确保内容精练且易于理解。

论文正文撰写规范：第一，确立论点。论点需具有正确性、鲜明性、深刻性与创新性等特点，全文的组织结构、资料选取和语言表达应围绕核心论点展开，一旦确定，全文应紧密围绕这个论点进行组织。第二，充实论据。论据要求真实、可靠、精确，并具备典型性、充分性与适宜性。论据为支持论点而设，要与论点密切相关，能够直接佐证论点。第三，严谨论证。论证过程需保持逻辑严密、条理清晰，论点与论据必须保持一致。在论证过程中，应减少使用描述性语言，侧重用逻辑推理与事实分析来加大论证力度。第四，构建结构。论文正文应具备明确的层次、清晰的脉络与突出的主题，可将正文划分为若干逻辑段落，每个逻辑段包含若干自然段，各逻辑段或自然段设置适当的标题（如分标题或小标题），帮助读者理解与记忆。第五，语言表达。语言表述需精确，专业术语应规范，避免使用降低分析论述客观性的词汇。句子与段落不宜过长，短句与短段使文章简洁明了，更有利于读者理解。第六，引用文献。若涉及他人观点或数据引用，应在论文中明确标明出处，既尊重他人的研究成果也有助于防止抄袭与重复。

（五）图表

图表务必清晰直观，具备自解释性，读者无须参阅正文即可理解图表所传达的信息。建议使用专业的绘图工具进行制作，并为图表配备相应的标题和图例来增强可读性，图表中的数据必须准确无误，与正文描述保持高度一致。

图表制作规范如下：第一，编号与标题。图片的编号与标题一般置于图片下方，而表格的编号与标题通常位于表格上方。编号与标题应简洁明了，一般不应分行展示。第二，序号与名称。序号与名称之间可使用冒号分隔，或留一个字的间距。第三，空行。为确保视觉清晰美观，图表上下应保留空行。第四，字体与字号。图表中通常采用五号宋体字。第五，图表格式。表格常见的格式为三线表，包括表序、表题和表身。表序即表格序号，表身指三线表内底线以上、栏目线以下部分。除了常见的三线表，还有横列表格、纵列表格、交叉表格、嵌套表格、动态表格、图片表格等，它们有着自己的特点和应用场景。第六，位置。表格位置应紧跟"见表×"或"（表×）"文字描述的自然段落之下，即先有文字描述，后呈现表格。如作者选择将所有表格另行纸张放置于文末，正文中仍应以"表×"标明位置。

（六）参考文献

参考文献是论文不可或缺的一部分，应详尽列出作者在撰写论文过程中引用的所有文献资料。这些资料需依照既定的规范格式编排，包括作者姓名、文章标题、期刊名称、卷号、期号以及页码等详细信息。

参考文献的编制准则：第一，引用格式。根据期刊或学术领域的特性，选取相应的引用格式，如APA、MLA等，这些格式须严格遵循各自规定和需求。第二，引用内容。在正文中引用他人的观点、数据或研究成果时，必须添加注释（或参考文献），注明作者姓名和出版年份等信息，这既是对原作者的尊重，也便于读者查阅相关资料，更能有效遏制抄袭和剽窃等学术不正之风。第三，引用规范。参考文献的文字大小应采用小五号或六号字体，排版时可选用悬挂缩进或首行缩进等格式。

四、版面设计与校对

在进行版面设计时，应充分考虑版面的整体布局、字体的运用、行距的调控以及标题的呈现等要素，保持版面的均衡与美观也不可或缺。校对环节是对版面设计后的内容进行精细化的检查，消除错别字、标点错误、格式错误等问题，还要遵循版面格式与排版规范使得出版物具有合规性。

版面设计的要求如下：第一，简约明确。保持版面布局清晰直观，避免不必要的图形装饰和复杂排版设计。第二，遵循出版规范。在字体大小、字距与行距等方面，保持统一标准以便版面整体和谐一致。第三，信息层次清晰。使用明显的设计差异区分标题、正文和参考文献等部分，便于读者迅速定位和获取所需内容。第四，字体选择。为符合规范要求，推荐使用宋体、黑体、Times New Roman 等传统字体，确保文档的一致性和易读性。第五，字号使用。正文部分采用小四号或五号字体，标题使用较大字号以突出重要性。字体颜色通常为黑色，保持整体专业性和正式感，避免使用过于鲜艳或花哨的颜色。第六，排版规格。设定页面边距，一般上下左右各保持2.5厘米左右距离。页眉页脚包含期刊名称、卷号、期号和日期等重要信息。页码按序编排，置于页脚位置。第七，标题设计。标题应准确反映文章核心内容和主旨，便于读者迅速理解文章核心内容。大标题和小标题具有明显层次区分，如大标题采用粗体或黑体字突出重要性，小标题使用较小字号，保持左对齐格式。第八，段落设计。论文结构清晰，应包含引言、方法、结果、讨论和结论等部分，并用小标题明确区分。段落排版采用两端对齐，使文本整齐美观。段落间要有明确分隔，通常用一个空行隔开，避免内容拥挤，提高可读性。

校对工作要求：第一，审阅文档中的文字、标点、符号等，确保无误用、错漏字或多字等问题。第二，核实文档中的标题、署名、人名、地名、数字、公式等，确保准确性并与原文保持一致。同时，检查文档的版面、格式、图表位置，以及表题、图题、字体、字号、字距和行距等，确认其符合出版要求且美观规范。第三，审视文档中的语句使其通顺流畅、语法修辞正确，无语病或歧义。第四，核对文档中的参考文献、注释、序号等，确认其与文中的内容相符且规范。第五，审阅文档中的中英文目录、页码、刊名、版权等，确保与内文一致且准确无误。

"三校一读"制度源于新闻出版署1997年颁布的《图书质量保障体系》。该文件被明确规定为校对的基本制度之一，与责任校对制度共同构成了校对工作的基础。出版单位应秉持"三校一读"的原则。"三校一读"制度要求一般书刊在付印前必须经过至少三次校对（初校、二校、三校）和一次通读检查，对于重点书刊、工具书等，校次还应相应增加。初校通常由编辑或其他具备校对能力的人员进行，主要任务是比照原稿，逐字逐句地校对，以"校异同"为重点，即检查文字是否与原稿一致，包括错别字、漏字、多字等问题；二校是在初校的基础上，再次进行逐字逐句的校对，同样以"校异同"为重点，进一步确认文字的准确无误；三校（也称终校）是通读前的最后一次校对，必须由出版单位内具有中级以上出版专业职业资格的专职校对人员担任。三校不必比照原稿，以"校是非"为重点，即检查文字和词语方面的错误，如用词不当、成分残缺、搭配不当、语序颠倒、结构混乱等语法问题，以及逻辑、标点符号、数字、单位和专用名词等方面的错误，还需纠正明显的政治性、知识性错误；通读是在三次校对完成后，进行全书的通读检查，重点是确保整体质量，全面检查书稿的内容、格式、排版等。

五、印刷与发行

对学术期刊而言，印刷与发行环节的重要性不言而喻，是确保学术研究成果得以广泛传播和交流的核心环节。

印刷环节的要求：第一，确保印刷质量。期刊出版单位必须高度重视文字与图片的清晰度、色彩的精准性以及版面设计的审美性，力求在每一个细节上都能展现出卓越的品质。期刊单位应严格按照《报纸期刊质量管理规定》《图书和杂志开本及幅面尺寸》(GB/T 788—1999)标准制作及装订学术期刊的封面以及期刊内容，保证图片文字清晰、印刷质量优良。第二，合理选择纸张。出版单位在挑选纸张时，既要充分考量成本效益，又要保证读者在阅读过程中的舒适度与愉悦感。第三，印刷工艺的选择。出版单位应根据内容特色与风格定位，审慎选择适合的印刷工艺，无论是黑白印刷、彩色印刷还是特殊印刷等，都应体现出期刊的独特魅力与专业水准。

发行环节涉及多个关键步骤，具体如下：第一，出版阶段。一旦文章定版，期刊将进行排版和印刷工作，并最终完成出版发行。随后，作者会收到编辑部邮寄的期刊样本。第二，网络收录阶段。在出版后的一段时间内，文章将被各大数据库如中国知网等收录。作者可以登录相应的平台查看、下载自己的文章。第三，发行渠道方面。出版单位可采用多种发行渠道，包括邮局订阅、书店销售以及网上商城等，也可以考虑与国际发行机构展开合作来提升期刊的国际影响力。第四，关于发行数量。根据期刊的订阅量和市场需求，需要合理确定发行数量，避免出现资源浪费或供不应求的情况。第五，发行周期方面。出版单位应严格按照既定的周期进行发行，如月刊、双月刊、季刊或年刊等，保证期刊的稳定性和连续性。第六，电子版制作。将学术期刊制作成电子版，便于读者在线浏览与下载。电子版制作须确保与纸质版内容相一致，优化阅读体验、提升用户满意度。第七，网络平台推广。借助学术网站、社交媒体等网络平台，积极推广学术期刊，扩大期刊影响力，吸引更多潜在读者关注与订阅。数字化发行助力学术期刊开拓新的商业途径与盈利模式，如在线订阅、广告投放、付费阅读等，从而实现收益最大化。第八，订阅方式。为满足不同读者的个性化需求，出版单位应提供多元化的订阅方式，包括个人订阅与机构订阅等。第九，客户服务。出版单位应构建完善的客户服务体系以便及时响应并处理读者的订阅需求、咨询事项以及反馈意见。

六、沟通协作

由于出版工作依赖各个环节的紧密合作，涉及作者、审稿专家、编辑团队以及读者和公众，因此学术期刊的沟通协作过程错综复杂，涉及多元化的过程，包括与作者的互动、与审稿专家的协同、与编辑团队的协作，以及与读者和公众的沟通。只有经过各方共同参与和有效沟通协作，出版单位才能保证学术期刊的出版质量和效率，进而促进学术研究和交流不断发展。

沟通协作环节的要求：第一，与作者沟通。编辑应在稿件提交前，向作者明确期刊的发表要求和标准，在稿件审查过程中，编辑应及时向作者传达审稿专家的意见和建议。编辑部还应与作者多次沟通协商，就稿件的修改和完善达成共识使得最终发表的论文符合期刊学术水平与质量要求。第二，与审稿专家协同合作。编辑部需要与审稿专家建立并维护紧密的合作关系，积极与审稿专家沟通，解决审稿过程中遇到的各种问题和困难，使审稿工作顺畅进行。第三，编辑团队的合作与协调。编辑之间必须建立相互支持、配合与协调的工作关系，共同负责稿件的审查、修改与发表等各个环节。编辑部还需与期刊出版部、市场部等其他团队保持紧密的沟通与协作，共同推动期刊的整体运营与发展。第四，与读者和公众的沟通互动。编辑必须积极与读者和公众保持紧密的联系与互动，对他们的疑问和建议给予及时回应。编辑部应有计划地组织学术会议和科普活动，进一步推广学术期刊及其研究成果，从而促进学术交流和普及。

第三节　学术期刊的读者与作者

学术期刊的读者与作者之间形成了一种相互依赖、相互促进、相互成就的关系，借助期刊平台，读者与作者共同推动学术研究的深化与进步，为人类社会的发展贡献才智与力量。

一、读者与作者的互动关系

学术期刊的读者与作者之间，构建了一种独特且紧密的学术交流机制，作者是学术期刊内容的原创者，通过撰写并提交学术论文将研究成果、观察发现以及理论探讨等内容传递给学术期刊。这些论文经过严格的同行评审，如果符合期刊的发表标准，将被正式出版，成为学术期刊不可或缺的一部分。读者是学术期刊内容的接收者与使用者，读者阅读期刊上的论文便可获取到新知识，了解最新的研究进展，获取灵感和启发，从而推动科学研究的进步和发展。读者还可以引用和参考这些论文，为自己的研究提供理论支持和实证依据。学术期刊的读者与作者之间的互动关系，体现在评论、讨论和引用等多种形式中。读者可以对作者的研究成果进行评价和反馈，这种反馈可以为作者提供改进研究方向、提高研究质量的宝贵建议，二者的互动关系也促使读者更深入地理解和思考学术论文的内容，推动学术研究深入发展。

二、学术期刊的读者群体

学术期刊的读者群体普遍具备较强的消费实力与品牌认知，构成品牌的重要消费力量，读者群体主要会聚于高等院校、研究机构和各类企事业单位，专注于科研探索、教育教学、新闻出版等实务与学术研究活动。

（一）专业研究人员

专业研究人员是指在特定领域具有深厚学术背景和专业知识，能够独立或团队合作开展科学研究工作的人员，是学术期刊的主要受众群体。专业研究人员通常具有高度的研究能力、创新思维和扎实的专业知识，能够针对特定问题提出新的理论、方法或解决方案，并推动相关领域的学术进步和技术发展。

（二）学者和教授

学者和教授往往会选择阅读学术期刊，以便深入掌握其研究领域的最新发展和趋势，这些期刊文章有助于他们更新教学内容，还可能成为自身课程的重要组成部分，从而为学生提供最前沿的学术资讯。学术期刊也是学者和教授获取学术资源、进行学术交流和研究合作的重要平台。

（三）硕士（博士）研究生

硕士（博士）研究生是学术期刊的核心受众，在进行学术研究与撰写论文的过程中，需大量阅读学术期刊来获取最新的研究成果和学术动态。通常，学术期刊发布的研究成果、理论解析、实验报告等内容也是硕士和博士研究生开展学术研究所需的重要参考资料。硕士（博士）研究生通过阅读学术期刊，能够掌握研究领域内的热点问题、前沿动态和最新进展，为自身研究提供理论依据和灵感来源，接触前沿知识和新颖观念，培养批判性思维并拓宽学术视野。

（四）行业从业者

学术期刊是连接理论与实践的桥梁，为行业从业者提供了丰富的知识资源和思考灵感，助力从业者在专业领域内不断精进与突破。行业从业者研读学术期刊，不仅能紧跟行业发展的脉搏，还能深入洞察最新的研究成果和技术创新。行业从业者的实践经验和行业洞见也是学术期刊不可或缺的宝贵资源，从业者的参与和贡献使得学术期刊更加贴近实际，更具指导意义。

（五）广大民众

尽管学术期刊主要针对专业领域的读者，但在某些情况下，也会发布一些能够引起广大公众关注的文章，这些文章通常涉及公众广泛关注的如气候变化、人工智能技术的伦理挑战等热点问题。

三、学术期刊的作者构成

学术期刊的读者群体广泛，包括专业研究人员和普通公众，读者阅读学术期刊能够获取新知识，掌握学术动态，提升专业素养。学术期刊的读者也有可能转化为作者，期刊出版的核心目标在于传播和分享学术研究成果，无论作者与读者都很重要。学术期刊的作者应当具备扎实的专业知识和研究能力，能够运用严谨的研究方法和数据分析，为学术界贡献出有价值的研究成果。作为作者，在学术期刊上发表研究成果，分享新知识、新发现和创新，并以论文形式详细展示研究过程、方法和结论，期望获得同行的认可、批评与建议，从而推动学术进步。同时，作为读者也会阅读其他同行的论文，了解本领域的研究现状、新的研究方法和思路，为自己的研究提供启示和参考；还可通过阅读他人的论文来审视自己的研究方法和结论，保证研究成果具有可靠性和有效性。学术期刊的作者与读者相互依存，共同促进学术繁荣。

在学术期刊上发表论文，论文作者通常包括主要作者和通信作者。主要作者对文章贡献显著，负责撰写文章的主要部分，包括引言、方法、结果和讨论等。通信作者负责在文章投稿、审稿和发表过程中与期刊编辑和其他作者沟通协调使得文章顺利发表。学术期刊的作者必须严格遵守学术规范和道德准则来保证文章内容真实可靠，尊重他人知识产权，引用相关文献和资料并对文章中的数据、结论和观点负责，坚决杜绝抄袭、剽窃等学术不端行为。

第四节 学术期刊的数字化转型

近年来，学术期刊领域正在经历一场深刻改变，由于科技的迅猛发展和互联网的广泛普及，传统学术期刊的数字化转型已成为出版界的重要趋势。

在这一进程中，期刊出版单位正积极融入现代信息技术，如大数据、云计算、人工智能等，对期刊内容进行数字化处理，显著提升学术期刊的出版效率。

一、数字化向数智化转型

数字化是将物理事物和信息转化为数字形态的过程，主要通过数字技术手段将现实世界中的元素转化为计算机可处理的数字形态，从而便于信息的存储、传输与处理。数字化过程实现了模拟信号（如声音、图像）向数字信号（计算机能解读的0和1）的转变，通常由模数转换器（ADC）完成。数字化的核心目标在于优化信息管理，提升信息效率与价值。数智化是数字化与智能化的结合体，是在数字与智能技术的支持下，构建决策机制的自优化模型实现智能化分析与管理。数智化本质上代表着业务创新，是对传统运营管理模式的智能化革新，颠覆传统业务模式并重新定义未来业务生态。数智化以数字化技术为驱动力量，从操作、管理、服务等多维度出发，对不同领域进行全方位的数据分析、优化和应用，全面提升效率与质量，降低运营成本。

从数字化向数智化的转型是一个不断深化的过程。数字化将物理世界的信息转化为数字形态，便于存储、传输与处理，进而积累大量数据，为企事业单位提供丰富的信息资源。然而，单纯的数据积累并不足以实现价值最大化。数智化是数字化发展的下一个阶段，将利用先进的人工智能、机器学习等技术，对数据进行深度挖掘和分析，从而获取有价值的信息与洞察。学术期刊在数字化转型过程中，技术与内容的融合是关键。出版单位应以内容为核心，运用大数据、云计算、人工智能等数字化技术推动期刊的数字化转型与高质量发展，同时，也应强化与其他媒体、机构的合作与交流，共同推动学术期刊数字化转型的进程。

（一）数字化转型的主要内容

1. 内容数字化

数字化转型的核心在于内容数字化，内容数字化为纸质期刊开启了新的篇章，出版单位利用扫描、OCR（光学字符识别）技术或其他数字化方式将纸质期刊转化为PDF、EPUB或HTML等数字格式，读者即可随时随地进行在线阅读，不仅为读者提供了便利，也使得期刊内容得以长期保存，避免因纸质老化、损坏等造成数据丢失。数字化的内容传播具有显著优势，借助互联网的力量可使数字期刊迅速传播到全球各地，让更多的读者有机会接触到这些宝贵的知识和信息。数字期刊通过搜索引擎、社交媒体等渠道的推广，进一步扩大了影响力。在数字化时代，读者可以根据个人喜好和需求，选择适合自己的阅读设备、字体、排版等，从而获得更为舒适的阅读体验，融入音频、视频、互动元素等多媒体内容可以使阅读更加生动有趣。

2. 平台建设

构建学术期刊数字化平台旨在整合丰富的期刊资源并通过便捷的检索、浏览、订阅等服务提升用户的学术体验。

（1）平台优化策略

第一，优化用户界面设计。界面设计专注于打造用户与平台互动的直观体验。为了确保用户能够迅速熟悉并掌握平台的各项功能，并快速检索到所需信息，出版单位应对平台的直观性、简洁性和易操作性进行精心设计。同时，界面的美观性和个性化对于提升用户的使用体验也很重要。

第二，完善检索功能。为满足用户快速定位学术资源的需求，平台必须提供高效、准确的检索功能，支持关键词、作者、期刊名等多种检索方式。平台要确保检索结果准确、全面，让用户能够获取到最新、最全的学术资讯。

第三，丰富内容展示形式。平台应展示包括论文、研究报告、评论等在内的多样化学术内容，在内容排版和展示方面，要注重美观和阅读体验，力求为用户带来愉悦的阅读感受，满足不同用户的需求。

（2）平台发展建议

为推动平台的稳健与可持续发展，需向出版单位提出如下战略性建议：

第一，持续优化平台功能。为更好地满足用户期望与市场需求，出版单位需根据用户反馈和市场需求持续对平台功能进行迭代与优化，从而为用户提供更加卓越的使用体验。例如，引入智能推荐系统，根据用户的阅读偏好与兴趣点，精准推送相关领域的优质文章。

第二，深化合作与交流。为丰富平台内容，提升学术价值，出版单位应积极与各大高校、科研机构建立稳固的合作关系，并引入更多权威的期刊资源。同时，积极举办线上学术活动、研讨会等为学术界的交流与合作搭建桥梁。

第三，保证信息安全与版权保护。在平台的发展历程中，出版单位应始终将用户信息安全与学术版权保护置于首要位置。采用先进的加密技术，确保用户数据安全无虞；与作者、期刊等合作方共同构建坚实的版权保护机制，坚决维护学术成果的知识产权。

（3）平台数据分析

在大数据技术推动下，出版单位能够深度挖掘并分析期刊内容、用户行为等数据，为期刊的选题策划、内容优化、市场推广等提供坚实的数据支持。

第一，选题策划环节。大数据技术能够帮助出版单位全面收集并分析各类文献资源、学科发展趋势以及读者的阅读兴趣等信息。这些数据信息为编辑提供了更为客观、全面的选题依据，选题策划因而更加科学、精准，有效减少了主观判断和不确定性。

第二，内容优化方面。通过对期刊内容的深度挖掘，出版单位能够发现文章之间的关联性、热点话题以及读者的阅读习惯等信息。这些信息为编辑提供了宝贵的参考，使编辑能够更精准地把握读者需求，优化文章结构和内容，从而提升期刊的整体质量。

第三，市场推广环节。大数据技术通过对用户行为数据的分析，能够帮助出版单位了解读者的阅读习惯、购买意愿以及社交互动等信息。这些信息为市场推广提供了有力的支持，使出版单位能够更精准地定位目标读者群体，制定有效的市场推广策略，进一步提升期刊的知名度和影响力。

3.智能化技术

通过对人工智能和机器学习等科技的深度融合与应用，平台成功打造了针对期刊内容的智能推荐、智能问答和智能审稿等核心功能模块。功能模块的启用，提升了期刊编辑的工作效率，也为广大用户提供了更加优质、个性化的阅读体验。

（1）智能推荐：开启个性化阅读新纪元

智能推荐技术运用大数据分析，精准捕捉用户的阅读偏好和历史行为数据，为用户推送最符合用户需求的期刊内容。个性化服务加快了用户获取兴趣内容的速度，助力期刊扩大影响力，吸引更多潜在读者，期刊编辑借助智能推荐系统可以更深入地了解读者需求，从而更有针对性地进行内容策划和编辑。

（2）智能问答：即时解答，增强互动

借助自然语言处理技术，智能问答系统能够实时回应用户关于期刊内容的各类疑问，这种功能可提升用户的阅读效率，构建期刊与读者之间的即时互动桥梁，并增强用户黏性和忠诚度。智能问答系统还为期刊编辑提供了宝贵的用户反馈，持续优化期刊内容质量和用户体验。

（3）智能审稿：提升效率，保障质量

智能审稿系统运用机器学习算法，自动识别并筛选期刊稿件中的语法错误、格式问题以及潜在的学术不端行为，减轻编辑的审稿负担，提高审稿效率。智能审稿系统还能为期刊编辑提供专业的审稿建议，协助编辑人员更准确地判断稿件的质量和学术价值，提升期刊整体质量和维护学术界的诚信和公正。

（二）数字化与数智化的关系

数字化源自20世纪40年代香农提出的采样定理，是一个技术概念，其核心理念在于使用离散的序列代表连续的函数。换言之，数字化是将具体事物抽象为数字形式,以0和1为基础进行计算,使所有事物均可进行数字化处理。数智化是数字技术在实践中的应用表现,建立在数字化的基础上,通过开发和应用数字技术,使产品、服务或企业本身实现更高程度的智能化。在数字化转型过程中,数字技术被广泛应用于管理领域,显著提升决策效率与质量。

由此可见,数字化是数智化的基础,而数智化是数字化应用向更高层次发展的体现。数字化主要关注的是将事物转化为数字形式,而数智化更加强调利用这些数字信息创造价值、提升效率,并推动智能化决策的实现。数智化并不仅仅是数字化与智能化的简单相加,而是二者深度融合与协同作用的结果,这种融合依赖先进的技术工具并涉及内部组织文化、组织架构、业务流程等多个方面的深刻改变。

(三)数智化的深层含义

1. 数字智慧化的内涵

数字智慧化是一个结合人类智慧与数字技术的过程,在数字化时代,数据已成为企事业单位不可或缺的核心资源,但单纯地积累数据并不足以体现其价值,关键在于如何将人的智慧与数据相结合,实现数据的增值和优化。企事业单位要有强大的算法和数学模型作为支撑,还需要有一支具备数据分析和挖掘能力的专业团队,才能从海量的数据中提炼出真正有价值的信息,进而为企事业单位日常运营和决策提供有力指导。简而言之,数字智慧化融入了人的智慧,大数据因而发挥出更大的效用,其角色可与云计算中的"算法"相提并论。

2. 智慧数字化的意义

智慧数字化是一个将人的智慧与数字技术紧密结合的过程,随着数字化时代的到来,企事业单位的运营和管理越来越依赖数字技术,但单纯依赖数字技术并不足以应对所有挑战,更需将人的智慧融入其中,实现人机协同。企事业单位要拥有一支既懂业务又精通技术的团队熟练运用数字技术来优化和管理业务流程，实现从"人工"到"智能"的转型升级，从而提高业务效率和竞争力。简而言之，智慧数字化运用数字技术，使人的智慧得以被有效管理，实现由"人工"向"智能"的跃进，从而减轻人们的工作负担。

3. 数智一体化的价值

数智一体化是将数字智慧化和智慧数字化相互融合、相互促进的过程。在融合促进过程中，企事业单位需要构建一套完善的数据治理体系和技术平台，统一采集、存储、处理和分析数据，建立一套智能化的决策机制，实现决策的自动化、精准化和优化，保证数字化在企事业单位中全面落地并深入应用，从而推动业务和管理的创新。简而言之，数智一体化整合数字智慧化和智慧数字化，构建人机一体的新生态，使机器能够继承人的某些逻辑，实现深度对话，为企事业单位的未来发展提供强大的动力。

二、学术期刊数字化转型

数字化推动了学术期刊的发行和获取方式的创新，读者能够利用互联网或移动设备轻松访问和阅读期刊内容，摆脱了地域和时间的束缚。数字化为学术期刊创造了更多与读者互动和提供个性化服务的机会，如在线调查、评论、分享等功能，增强了读者的参与感和黏性。然而，数字化转型也伴随着挑战与机遇。首要问题是，数字化转型要求学术期刊具备相应的技术能力和资源投入，包括网站建设、内容管理、数据分析等各个方面。为适应数字时代的阅读习惯和市场需求，出版单位需要重新定位并判定内容策略，开展市场调研、进行用户画像，以此来明确目标读者和核心内容。另外，数字化也引发了版权和知识产权等问题，如何保证数字化学术期刊的质量和权威性，以及如何保护知识产权和防范学术不端行为是出版单位必须面对的挑战。

三、学术期刊数字化建设

随着数字技术的飞速发展,传统学术期刊在传播方式与编辑出版模式上正遭遇前所未有的挑战。为了积极应对挑战,出版单位必须主动适应数字化趋势,不断探索创新与发展之路,满足当前传播生态和用户需求。

(一)建立学术期刊数字化平台

出版单位应全力投入数字化平台的建设中,积极采纳并运用人工智能、大数据分析等前沿科技,推动学术期刊在创新性道路上持续发展并显著提升学术传播的效率和覆盖广度。

1. 确定目标和定位

经过分析与规划,出版单位需要明确学术期刊数字化平台的建设目标与定位。在平台目标设定上,期刊出版单位应提升三个方面的内容:第一,利用数字化手段提高学术传播的效率和广度,确保研究成果能够快速传播到全球范围,加速知识的应用和转化;第二,优化学术交流的生态环境,构建便捷的在线交流平台,促进研究者间的深度沟通和合作,推动学术研究向更高层次发展;第三,强化学术评价功能,利用数字化平台的数据分析能力和同行评审机制,为学术评价提供更加全面、客观的依据。在平台定位方面,出版单位要赋予学术期刊数字化平台三重角色:第一,作为全球化学术交流的核心平台,要吸引和汇聚国内外顶尖的学术成果,促进全球范围内的知识共享与交流;第二,作为多元化服务的提供者,期刊平台将提供涵盖在线投稿、审稿、出版、订阅和评价等的一站式服务,满足学者们的多元化需求;第三,作为创新性发展的引擎,平台将不断探索数字化转型、优先数字出版、多媒体传播、集群化发展等前沿领域,运用创新机制来激发学术期刊的发展活力,提升学术质量和影响力。

2. 选择合适的技术和工具

出版单位应选择一系列适配性强、易用性佳且具备高度可扩展性的技术和工具来构建学术期刊数字化平台，包括内容管理系统（CMS）、数据库管理系统（DBMS）以及搜索引擎优化（SEO）工具等关键组件，确保平台高效运作与持续发展。平台可采用CMS系统，内置功能强大的内容编辑器，支持图片、文字、视频、音频等多种内容形式的处理与展示。系统要提供多样化的模板选择，并配备结构化的CTA组件库，用户能根据不同的内容场景灵活选取并配置CTA组件，提升内容转化效率。DBMS是一款大型软件，承担着数据库的建立、使用和维护等重要职责，确保数据库的安全性与完整性得到严格保障，使得用户可以便捷访问数据库中的数据，而数据库管理员也可依赖DBMS来完成数据库的维护与管理工作。SEO是一种优化策略，旨在利用搜索引擎的搜索规则提升目标网站在相关搜索引擎中的排名，期刊出版单位可通过优化网站结构、内容和链接等使网站在行业内保持领先地位，从而获取更多的品牌收益，如表3所示。

表3 学术期刊数字化平台技术和工具组件表

组件类型	功能描述	特点
内容管理系统（CMS）	编辑器支持图片、文字、视频和音频等多种内容形式	提供模板和CTA组件库
数据库管理系统（DBMS）	负责建立、使用和维护数据库	确保数据库安全、完整，便于用户访问和管理员维护
搜索引擎优化（SEO）工具	优化网站结构、内容和链接，提升搜索引擎排名	保持网站领先，提升品牌收益

3. 整合和优化内容

学术期刊数字化平台的建设已成为整合与提升内容品质的重要步骤，为确保平台高效运作需要选择稳健且具备扩展能力的内容管理系统。首先是将现有的纸质期刊内容进行系统性整合，运用高清扫描设备将纸质资料转化为数字形式，保证图像清晰度和文字易读性。其次需要广泛搜集电子期刊内容，并确立统一的元数据规范，涵盖文章标题、作者、摘要、关键词与引用资料等，便于用户利用多元化方式快速检索到所需内容。内容的优化并不仅限于数字化处理，更应着眼于提升用户体验，平台必须对数字化内容进行严谨的质量控制来保证学术成果具有真实性和权威性。采用先进的光学字符识别（OCR）技术能有效提高文字识别的精确性，降低错误率。结合自然语言处理和机器学习等技术，平台可自动为每篇文章生成摘要和关键词。同时，平台还需充分考虑用户的使用习惯和需求使界面直观、操作便捷，为用户快速把握文章主旨提供便利。

学术期刊数字化平台的发展离不开其与各方合作伙伴的紧密合作，与各大出版社、学术机构和图书馆建立稳固的合作关系有助于共同推广和分享期刊内容。为进一步扩大平台影响力，学术期刊数字化平台也可与学术数据库、研究机构等其他数字化平台实现集成与互通。数据分析在优化平台内容和提升用户体验方面发挥着关键作用，通过追踪用户行为、流量和参与度等数据，出版单位能够深入了解用户需求和偏好，从而为内容策略的调整和平台功能的优化提供保障。

4. 设计友好的用户界面

构建学术期刊数字化平台应优先关注用户界面友好性的设计，具体而言，需充分考虑用户的实际需求和使用体验，力求界面设计简洁明了、直观易懂、操作便捷。在导航结构设计方面，平台应打造清晰明了的导航菜单与面包屑导航，用户借此可快速准确地定位并获取所需内容；保持导航结构的一致性，用户便可在不同页面间顺畅跳转。在搜索功能方面，平台应提供高效且精准的搜索服务，支持用户运用关键词、作者、标题等多种方式检索文章，搜索结果应清晰地展示相关文章的关键信息如标题、作者、摘要等，便于用户快速筛选和定位目标内容。在阅读体验方面，应对文章排版和字体大小进行优化，确保用户在阅读过程中感到舒适并提供清晰的文章结构，如目录、正文、参考文献等，以便用户快速浏览和理解文章内容。为提升用户满意度，平台还应引入个性化推荐机制，基于用户的浏览和搜索历史，系统应智能推荐相关文章，帮助用户发现感兴趣的内容，通过算法分析用户行为实现更精准的内容推送。在交互设计方面，平台界面应提供易于理解的提示和反馈，确保用户在进行操作时能得到及时指导，允许用户通过评论、点赞、分享等方式与其他用户互动，提高用户参与度和平台黏性。在响应式设计方面，平台应确保界面能在电脑、平板电脑和手机等不同设备和屏幕间实现良好的显示效果和操作体验，提升用户在不同场景下的使用感受。

5. 强化互动和社交功能

学术期刊数字化建设的重要方向之一是强化互动和社交功能，满足现代读者的阅读需求和使用习惯。数字化期刊出版单位可以通过多种方式与读者进行实时互动，如在线评论、读者调查、在线问答等，以此来收集读者的反馈和建议，进而提升期刊的质量和影响力。此外，利用社交媒体平台如微博、微信、知乎等与读者进行更广泛的交流和互动，有助于扩大期刊的知名度和影响力。期刊单位还应为作者和科研人员提供交流和合作的平台，如在线研讨会、视频会议等，以此来促进学术交流和合作。在强化互动和社交功能的过程中，出版单位必须高度重视保护知识产权和学术诚信。建立完善的版权保护机制充分保障作者权益，是维护学术诚信和学术秩序的重要一环，加强对学术不端行为的监管和打击，也是学术期刊数字化建设不可或缺的一部分。学术期刊数字化建设在强化互动和社交功能方面，既是数字化转型的重要方向，也是提高期刊质量和影响力、促进学术交流和合作的关键所在。

6. 构筑战略合作伙伴关系

加快学术期刊数字化转型发展必然要与技术供应商形成深度的战略联盟，技术供应商在数字技术领域具备丰富的专业知识和实践经验，能够为学术期刊提供技术解决方案，助力期刊顺利实现数字化转型。通过与技术供应商携手，学术期刊能获得卓越的数字化服务，提升期刊在线访问量和影响力。出版单位也应与图书馆、档案馆等机构形成合作伙伴关系，这些机构掌握着海量的学术资源和知识储备，能够为学术期刊提供丰富的数字化内容素材。学术期刊与这些机构进行合作能拓宽自身的资源边界，实现内容的多元化和全面化。出版单位还应积极与其他学术期刊单位、研究机构等建立战略合作伙伴关系，利用合作机制共同推动数字化建设的发展，实现资源共享和互利共赢，合作伙伴之间共同开展学术交流与合作，以此提高学术研究水平和质量。

7. 持续更新和维护

出版单位应紧跟学术领域的发展动态和技术创新，不断更新和优化数字化平台的功能和特性，如引入先进的排版技术、提升检索系统的效率和用户界面的交互性，这些改进将增强用户体验，推动学术资源广泛传播和高效利用。出版单位还应建立全面的维护机制，保障数字化建设的质量和稳定性，定期对系统进行检测、漏洞修复和数据备份等，稳定运行数字化平台并提供优质服务。平台要积极回应用户反馈以提升用户满意度和忠诚度，并及时解决用户遇到的问题和意见。在数字化建设过程中，出版单位必须重视版权保护和数据安全问题。由于数字化平台涉及众多作者的版权利益，因此，期刊出版单位应采取合理措施，充分尊重和保护作者的权益，面对数据安全风险，加强数据加密、访问控制等安全措施，保证用户数据和学术资源安全可靠。

（二）推动学术期刊数字化出版

为了促进学术期刊数字化出版的发展，学术期刊的出版者和编辑应深刻理解数字化不仅是技术层面的更新，更是对传播方式、内容形态和服务模式的全面创新。出版人员应树立数字化发展理念，将数字化视为提升学术期刊质量、扩大期刊影响力以及增强竞争力的核心要素。

1. 树立数字化发展理念

（1）深化对数字化发展理念的认识

随着互联网技术和数字技术的飞速发展，人们的阅读方式和信息获取途径已发生深刻改变。伴随电子阅读的逐渐普及，学术数据库的崛起使学术研究领域的研究者与读者更倾向于在线获取学术资源，导致传统纸质学术期刊的传播主体地位受到挑战，有鉴于此，学术期刊必须积极拥抱数字化发展。数字化发展是学术期刊应对挑战的重要手段，也是提升学术期刊品质和传播力的宝贵机遇，数字技术为学术期刊的内容获取、编辑出版、发行传播等提供了创新条件，期刊单位应充分利用这些条件，不断提升内容的传播效果。

（2）实现从"内容为王"到"内容为本，服务至上"的战略转型

数字化时代，学术期刊在坚持以内容质量为核心的同时，应更加注重服务质量和用户体验。内容虽然是学术期刊的立足之本，但如何更好地传播内容、满足用户需求成为学术期刊持续发展的关键。期刊出版单位需要构建全媒体、全方位的知识服务体系，提供在线阅读、移动阅读、个性化推荐等多样化、个性化的服务，并不断优化服务来满足不同用户群体的需求，提升用户满意度，从而在激烈的市场竞争中立于不败之地。

（3）夯实数字化发展的基础

期刊出版单位应加强与技术开发商的合作，积极引入先进技术实现数字化转型，例如运用大数据分析、人工智能等技术手段，提升内容筛选、编辑、传播的效率和质量。期刊单位要培养一支具备数字化技能和思维方式的编辑团队，不断适应数字化发展的需求，并加强人才队伍建设，提升编辑人员的数字化素养，为学术期刊的数字化发展提供有力的人才保障。

2. 优化内容生产流程

（1）数字化出版技术的应用

借助数字化出版技术，对现有的出版流程进行深度优化与再造，充分发挥数字化出版的独特优势能有效提升学术期刊编辑的工作效率，进一步缩短出版周期，提升期刊的市场竞争力。

（2）先进采编平台的使用

采用先进的采编平台，期刊出版单位能够对内容生产流程中的各个

环节进行严格的时间管理。例如精确设定初审、复审、终审、录用以及网络出版等各个环节的时间单位，缩短出版周期，提高作者的满意度与体验感。

（3）全流程解决方案的提出

针对市场上现有系统产品的不足，出版单位应结合学术期刊的出版特点与市场需求，提出一套全新的全流程解决方案，以内容信息流为核心，实现期刊论文的结构化加工与深度处理，完成单篇论文的标引标注工作。此外，还应借助动态计算学术评价指标与实时排名，全面管理论文相关的全媒体资源，最终实现"一次加工，多元发布"的高效数字化出版模式。

3. 构建数字化平台

（1）完善数字化平台功能

出版单位需要积极构建并持续不断地完善各类学术期刊的数字化平台，如期刊数据库第三方平台、学术期刊门户网站平台以及开放存取平台等。在内容生产、技术服务以及其他相关的生产运营方面，数字化平台应当达到高水平的标准化程度，才能提供给用户更优质、更便捷的服务，满足用户在学术研究和知识获取方面的诉求。

（2）提升商业数据库服务水平

为促进学术期刊的数字化转型，出版运营商需要提升中国知网、维普网、万方数据等在内的商业数据库的服务品质，包括增强这些平台的公益性质与服务能力来满足更广泛用户群体的需求。通过优化用户体验、扩充数据资源以及提高检索分析工具的智能化水平，商业数据库将能更有效地支持学术研究、教育活动和知识传播工作。同时，出版商也应注重数据安全与隐私保护，从而获得用户的信任与依赖。

（3）促进融合发展

学术期刊应实现纸质与数字传播的深度整合，出版机构需借助互联网及大数据技术构建融合线上线下优势的新型运营模式，以促进期刊适应数字化趋势并满足读者日益多元化的阅读需求。具体实施策略包括构建专业网站和移动应用程序，实现在线阅读、资料下载以及互动交流功能，运用大数据分析以优化内容推荐机制并通过社交媒体与在线社区扩大期刊的影响力。在纸质出版方面，应重视印刷品质与设计美感，同时推出电子版期刊，便于读者能够便捷地获取最新研究成果，从而推动学术交流和知识的广泛传播。

（4）推动国际交流与合作

出版单位应积极促进中外学术期刊的交流与合作，共同打造与国际接轨的学术期刊数字化合作平台，推动数字化学术期刊"走出去"，进一步提升国内学术期刊在世界范围内的传播力和影响力。学术期刊数字化建设一般采取以下两种构建数字化平台的方式：第一，独立型数字化网络出版模式。大型出版机构可以依托强大的技术实力和资本资源建立独立网站进行学术期刊的网络出版，这种模式允许出版单位根据自身需求设计独特的界面和风格，从而获取更多的收益。第二，联合型数字化网络出版模式。部分期刊出版单位可以通过合作构建共同的网络出版平台，实现资源共享，提高出版效率，降低出版成本，推动学术期刊数字化转型的进一步发展。

4. 推进数字化营销

出版单位应充分利用搜索引擎、网络社区和互动体验等网络新媒体技术，进行精准且高效的促销活动。针对具有刚性需求或浓厚兴趣的核心用户，数字化营销能够实现精准触达，相较于传统促销方式，搜索引擎营销采用按点击效果收费的模式，促销成本更低，更具经济效益。出版单位应积极探索线上线下相结合的营销策略，利用专业期刊营销平台拓宽发行渠道，增加发行量，构建自有营销网络，利用官方网站、社交媒体等渠道加强与读者的互动与联系。除了提供高质量的学术内容，出版单位还可进行"期刊+智库"和"期刊+演绎"等服务形态创新，例如，与权威机构合作建立专家智库，提供给读者解决真实问题的专业建议。此外，还可以利用语音阅读和个性化推送等新技术手段，提升读者的阅读体验和服务质量。

5.版权保护的强化

在数字化出版流程中，出版单位应加大原创作品知识产权保护力度，运用技术手段，防范内容被非法复制、传播和滥用。强化版权教育，提升作者、读者与编辑的版权意识，使其深入理解版权法基本原则与规定，充分认识到保护版权的重要性，自觉遵守版权法规。采用数字水印、加密技术、访问控制等技术手段，对学术期刊进行保护，防止未经授权的复制、传播与使用。期刊管理部门应进一步完善版权法律制度，明确学术期刊的版权归属、使用权、传播权等，用法律保障版权。出版单位应构建健全的版权管理机制，明确责任分工，加强对作者投稿的版权审查，合法保护学术期刊的版权。

6.数字化人才的培养

出版单位应制订全面的人才培养规划，明确培养目标、内容、途径和时间安排，连贯和完整地培养人才。期刊单位应构建长期且高效的学习培训机制，为数字化人才提供稳定的学习与发展平台，与高等教育机构建立紧密的合作关系，共同推进数字化人才培养；开设专业课程、组织研讨会议、开展实习实训等，给学生提供实践机会，助力学生掌握数字化技能。学术期刊编辑应具备一定的数字化素养，包括图像处理、信息筛选、媒体操作等技能。出版单位需加强对出版人员的数字化培训，提升编辑的数字化技能水平，也可利用招聘、引进等方式吸引具备数字化技能和经验的优秀人才加入学术期刊编辑队伍。

（三）加强学术期刊数字化营销

1.建立完善的数字化营销平台

出版单位应构建一套全面而高效的数字化营销平台，涵盖官方网站、社交媒体账号、电子邮件订阅等多元化渠道，优化与读者的互动和沟通。平台应提供便捷的在线投稿、审稿和支付等功能，从而提升作者的投稿体验并提高编辑工作效率。

2. 制定有针对性的营销策略

期刊出版单位应依据自身特色和读者需求，精心策划并实施具有针对性的营销策略。期刊单位可利用搜索引擎优化（SEO）提升网站在各大搜索引擎中的排名，进而扩大品牌曝光度；利用社交媒体平台积极开展推广活动，吸引更多年轻群体的关注与参与；通过定向邮件推送，精准地将期刊文章推荐给特定领域的专家学者，扩大期刊的影响力和知名度。

3. 优化期刊内容和排版

出版单位应持续优化期刊内容与排版，增加文章可读性，提高文章吸引力并推出特色栏目或专题，进一步激发读者兴趣，促进学术交流与发展。

（1）内容精进

在选择每期主题时，期刊出版单位选择的主题需具备明确性、创新性、先进性和实用性。筛选流程要严谨，稿件征集要全面且精细，才能保证每期期刊论文品质卓越。在论文审稿环节，期刊单位将实行严格的审查制度，坚决维护学术的严谨性和原创性，采取同行评审、专家审稿等措施，进一步提升期刊的学术影响力和声誉。为推动作者与读者之间的交流以及增强期刊的趣味性和可读性，出版单位应积极设立读者来信、作者回复等互动环节。为丰富期刊内容形式，学术期刊的文章不应仅限于学术论文，还可引入综述、评论、访谈、特色栏目或专题等多样化内容，不断吸引更广泛的读者群体。

（2）排版优化

出版单位应着力优化版面布局，使设计简洁明了，便于读者迅速定位所关注内容，合理配置标题、摘要、关键词等关键要素，提升信息传递效果。在版面设计中，出版单位应严格遵循美学设计原则，运用优美规范的字体、色彩和图片增强期刊的整体视觉美感。同时，保持版面风格的一致性与协调性，防止设计过于繁复或混乱。对于涉及数据与图片的论文，务必保持图表清晰、易读并合理安排图表的位置和尺寸，充分展示关键信息同时保持版面美观。为提高文本可读性，出版单位还要合理运用分栏、加粗、斜体等排版技巧并严格控制每期期刊的篇幅，确保内容既不过于冗长也不过于紧凑。

（3）技术精进

期刊出版单位需将期刊内容转化为电子格式，以便读者在线阅读与下载并构建完善的期刊数据库，从而提升读者信息检索与引用的效率。学术期刊中引入互动功能如在线评论、点赞、分享等交互元素，可有效增强读者参与度和黏性，使期刊内容更具吸引力。利用数据分析工具，出版单位可深入研究读者阅读习惯与兴趣偏好，为优化期刊内容提供有价值的参考信息。

4. 加强协同合作与深度交流

出版单位与作者之间的密切合作与高效沟通，对于确保期刊内容的学术质量、吸引高质量稿件、提升学术影响力具有重要意义。出版单位需构建与作者的稳定沟通机制并通过定期举办作者座谈会、在线研讨会等，为作者提供与编辑、同领域专家直接交流的平台，便于作者及时掌握期刊的出版动态、审稿标准以及研究方向，为期刊编辑深入了解作者的研究需求与兴趣提供有效途径。出版单位需进一步优化审稿流程，提升审稿效率。借助人工智能、大数据等技术手段，简化审稿环节，缩短审稿周期，完善审稿反馈机制，确保作者在审稿过程中能够获得及时、准确、具体的反馈意见以及更加高效、便捷的审稿服务，提升作者的满意度和合作意愿。出版单位还应加强与作者的版权保护合作，明确双方的版权归属与使用权限，坚决维护作者的知识产权，严防发生学术不端行为，积极构建健康、有序的学术生态，推动学术研究健康发展。

5. 利用数据分析优化营销策略

针对学术期刊的营销策略，深入分析读者行为、来源渠道、文章点击量等数据，期刊出版单位能够更准确地了解读者的需求和偏好，从而制定更加精准的营销策略，及时调整和优化营销策略，实现最佳的市场效果。

（1）数据收集与整合

第一，读者行为数据。利用网站分析工具收集并分析读者在期刊网站上的浏览、下载、阅读、购买等行为数据。

第二，市场数据。收集并分析竞争对手的营销策略、市场份额、定价策略等信息。

第三，引用数据。获取并分析期刊文章被其他研究者引用的次数和趋势，客观且准确地评估期刊影响力。

第四，社交媒体数据。监测并分析期刊在社交媒体平台上的讨论、分享和互动情况。

（2）数据分析

第一，读者行为分析。利用数据可视化工具深入解析读者行为数据，洞察读者的偏好、阅读习惯和购买动机。

第二，市场趋势分析。通过对比市场数据和竞争对手数据，揭示市场趋势和潜在机会。

第三，影响力分析。结合引用数据和社交媒体数据，全面评估期刊在学术界的影响力和知名度。

（3）策略制定与优化

第一，内容优化。根据读者行为分析的结果，调整期刊内容，增加受欢迎的主题和栏目。

第二，定价策略。根据市场趋势分析和成本效益分析，调整期刊定价策略，吸引更多读者。

第三，营销渠道拓展。利用社交媒体数据和合作伙伴关系，拓展新的营销渠道，提高期刊曝光度。

第四，客户体验提升。借助改进网站设计、提升客户服务质量等方式，优化读者体验。

（4）实施与监控

第一，营销活动策划。根据策略制订具体的营销活动计划，如线上推广、学术会议合作等。

第二，执行与跟踪。实施营销活动并持续跟踪其效果，利用数据分析工具监测关键指标的变化。

第三，效果评估与调整。定期评估营销策略的效果，根据评估结果及时调整策略，持续优化营销效果。

（四）构建学术期刊数字化评估机制

1. 内容品质

对数字化期刊的学术深度、论文质量、作者群体和引文影响力等核心要素进行评估。借助量化分析，如期刊载文量、被引频次、篇均被引频次、影响因子、即年指标与被引半衰期等，全面揭示期刊的学术价值。

2. 技术基础

对数字化期刊所采用的技术平台进行综合性评价，确保平台稳定、用户友好且兼容性强。评估数字化期刊的访问速度、稳定性、兼容性和界面设计，便于读者在浏览期刊时获得流畅的体验。

3. 用户体验

重视用户对数字化期刊的整体感受，借助用户满意度调查和用户反馈等方式，深入了解用户在获取内容和使用过程中的便利性，使得期刊内容能够迅速、准确地传达给读者。

4. 数字化程度

对数字化期刊的数字化水平进行详细评价，考察期刊是否提供全文检索功能，是否兼容多种阅读设备（如电脑、手机、平板电脑等），评估期刊是否提供多媒体内容来满足不同用户的需求。

5. 版权保障

对数字化期刊的版权保护机制进行全面审查并采取切实有效的技术手段，坚决防范非法复制和传播行为，从而切实地维护作者和期刊出版单位的合法权益，营造健康的版权环境。

第五节　学术期刊数字化转型的发展方向

学术期刊将在数字化转型的道路上稳健前行，逐步实现从内容数字化向平台多元化的过渡，进而探索数据化运营与智能化服务的融合，秉承开放共享理念，为学术研究和知识传播提供更为高效、便捷和智能的支持。

一、内容生产数字化

学术期刊的数字化转型是将数字化技术深度融入传统期刊的内容生产过程中，全面实现内容生产、管理流程、产品形态与传播渠道的数字化和网络化。数字化转型对传统的生产和传播方式进行了创新，也对学术期刊的选题策划、内容创作与审稿、宣传和营销以及消费模式等产生了颠覆性的影响。

（一）数字化内容生产

由于学术期刊具有专业性强、受众相对有限以及发行量相对较小等特点，数字化转型成为拓展期刊发行空间的重要途径。运用数字化技术如建立官方门户网站、加入数字期刊群等措施，学术期刊能够突破传统发行的地域性和专业性限制，实现更广泛的传播。借助先进的数字化技术如人工智能和大数据分析等，学术期刊可以对期刊内容进行深度处理和挖掘，包括文本挖掘、语义分析以及知识图谱构建等，提高内容质量和生产效率。在内容生产领域，数字化驱动的学术期刊能够充分利用数字化技术，重新整合所拥有的学术资源，实现出版与传播的无缝对接。例如，实施"优先数字出版"策略，学术期刊可以实现稿件接收与正式出版之间的即时同步，从而有效减少出版时滞，加快知识的传播速度，提升学术期刊的影响力，促进学术研究快速进步。

（二）数字化内容管理

学术期刊内容管理的数字化转型是学术期刊积极应对数字化时代媒介多元化挑战的重要战略，为学术期刊的可持续发展提供了重要契机。运用数字化技术，学术期刊能够实现内容的在线编辑、审稿、排版、发布等全过程数字化管理，显著提升了内容管理的效率和质量。数字化管理不仅缩短了出版周期，使科研成果迅速为人们所接受，便于受众及时了解学术研究进展，还能对期刊中的图、表、文字等资料进行合理整理与汇总，形成数字化的学术文献资源。运用多媒体形式展示编写要点、创新点与图表标题的注释等，进一步丰富了学术文献的表现形式。

二、传播方式数字化

学术期刊在传播方式的数字化转型过程中，主要借助互联网和数字技术的力量，对传统传播模式进行数字化改造和智能化升级，提升学术期刊的传播效率和影响力，使期刊更加适应数字化时代的发展需求。利用数字化传播方式，学术期刊可以更好地与读者和研究者互动，扩大传播范围，提升学术价值和社会影响力。

（一）内容数字化

期刊内容数字化是指将传统以纸质形式存在的学术期刊转化为电子形式，以便读者阅读、下载和保存。为适应新技术和新媒体的发展，学术期刊内容数字化传播可采用多种渠道、多种方式，将优质学术资源广泛传播给更多读者，推动学术交流和知识共享。网络发布是通过学术期刊的官方网站或在线出版平台，将数字化的期刊内容发布到互联网上，供读者在线阅读、下载和引用，以提高学术期刊的传播速度和覆盖范围，方便读者随时随地访问期刊内容。数据库收录是将数字化的学术期刊内容纳入各类学术数据库，如中国知网、万方数据、维普网等，利用检索、分类等手段整合期刊内容，便于读者快速定位所需信息，数据库还提供在线阅读、PDF下载等多种阅读方式来满足读者的不同需求。随着移动互联网的普及，越来越多的读者使用手机、平板电脑等移动设备阅读学术期刊，期刊内容数字化传播需适应这一趋势，将内容制作成HTML5、PDF等适合移动设备阅读的格式，通过学术期刊的官方APP或第三方阅读平台提供给读者。社交媒体传播是利用社交媒体平台如微信、微博、知乎等，将数字化的学术期刊内容传播给更广泛的读者群体。出版单位还可通过建立官方账号、发布摘要或全文、开展线上讨论，吸引更多读者关注和参与，从而扩大期刊的影响力和传播范围。

（二）传播渠道多元化

学术期刊应采取多元化的传播途径，更广泛地推广学术成果来吸引更多读者与作者。为应对市场环境和读者需求的不断变化，期刊出版单位需持续优化传播策略，确保信息能迅速、准确地传递给目标受众。学术期刊可与线上数据库平台（如中国知网、万方数据、维普网等）合作，实现内容数字化存储与在线访问，使学术资源快速传播，提高共享效率，促进学术交流与知识创新。为提供更便捷的服务与丰富的信息，很多学术期刊建立了自己的官方网站，读者可通过官方网站轻松访问期刊内容、了解期刊动态、获取投稿指南，期刊网站还提供了在线审稿、互动交流等功能，优化作者与读者的使用体验。在社交媒体日益普及的背景下，学术期刊开始利用这些平台扩大影响力，如在微博、微信、抖音等平台上发布期刊动态、研究成果与学术观点，吸引更多读者关注，提升品牌知名度。出版单位还应积极参与学术会议，展示最新研究成果与期刊特色，与学者建立紧密联系，吸引优秀作者关注并鼓励其投稿。开放存取平台为学术期刊提供免费向公众展示内容的机会。为了提高曝光率与访问量，出版单位需关注学术搜索引擎（如 Google 学术、百度学术等）排名情况，积极优化网站结构与内容质量，努力在学术搜索引擎中提高排名，吸引更多潜在读者与作者关注，促进学术资源开放共享与研究进步。

（三）服务智能化

智能化服务在学术期刊中的应用主要是运用先进技术手段，如人工智能、大数据和云计算等，对学术期刊的内容、生产流程、传播方式和服务模式进行全面升级和改造，提升学术期刊的整体质量和影响力，从而更好地满足读者和作者的需求。在内容方面，期刊出版单位可以运用自然语言处理和机器学习等技术，对学术期刊论文进行自动分类、摘要提取和关键词提取等处理，提高内容的可读性和可理解性，为读者提供更加便捷和高效的阅读体验。在生产环节，期刊单位可以利用智能化技术，对学术期刊的投稿、审稿和编辑等流程进行自动化和智能化处理，提高生产效率和质量，减少人为错误和疏漏，确保学术期刊的准确性和可靠性。在传播方面，期刊出版单位可通过社交媒体、搜索引擎和推荐算法等渠道，将学术期刊的内容精准推送给目标读者，扩大期刊传播范围和影响力，提高学术期刊的知名度和美誉度。在服务方面，期刊单位可利用大数据和人工智能等技术，对读者的阅读行为、兴趣偏好等进行分析和挖掘，为读者提供个性化的推荐服务和定制化的内容服务，满足读者的不同需求和偏好，提高读者满意度和忠诚度。

三、用户服务数字化

期刊出版单位应深化对数字化的认识，实现从"内容至上"的传统观念向"内容为基，服务为王"的现代理念的转变。为此，出版单位需构建全面且多媒体的知识服务体系，满足用户在数字化时代的需求。

（一）数字化平台构建

构建数字化平台服务涵盖技术、内容、用户体验和运营策略等多个层面，是一个循序渐进的过程，如表4所示。第一步，需求洞察；第二步，技术选型；第三步，内容整合；第四步，用户界面设计；第五步，功能研发；第六步，测试与优化；第七步，运营与推广。

表4 数字化平台服务涵盖层面表

步骤	内容
需求洞察	期刊出版单位需对读者、作者、编辑等用户群体进行详尽的需求洞察，深刻理解用户群体在数字化平台上的期望与需求。
技术选型	基于需求洞察的结果，选择恰当的技术与工具来构建平台，包括内容管理系统（CMS）、数据库、搜索引擎、用户认证与授权系统等，还需考量平台的可扩展性、安全性与稳定性。
内容整合	将期刊内容整合到数字化平台，涵盖文字、图片、视频等多媒体内容，进行扫描、格式转换等数字化处理并构建一个便于管理与维护的内容库。
用户界面设计	设计直观、易用、美观的用户界面需考虑多设备、多屏幕尺寸的适配问题，使读者能轻松浏览、搜索和阅读期刊内容，确保用户体验的一致性。
功能研发	根据需求洞察的结果，研发相应的功能模块，这些功能应能满足用户在线投稿、审稿系统、订阅管理等基本需求，提供卓越的用户体验。
测试与优化	在平台上线前，必须进行全面测试并根据用户反馈与使用数据持续优化和改进平台，确保平台功能与性能达到预期标准。
运营与推广	制订运营策略与推广计划，吸引更多读者与用户，建立用户反馈机制，及时响应用户需求与问题，包括内容推广、社交媒体营销、合作推广等方式。

（二）个性化推荐服务

期刊出版单位利用数据分析技术，可以依据读者的偏好和研究领域推送相关学术文章，还可以根据读者习惯和兴趣提供个性化推荐服务，如最新、热门和高引用文章。借助个性化推荐服务，读者能更快找到感兴趣的内容。期刊单位提供的个性化推荐服务满足了读者特定研究领域和兴趣的需求，允许定制订阅内容；利用自然语言处理技术实现了智能问答，简化了常见问题的解答流程，提高了服务效率；运用大数据分析读者行为，优化期刊内容和服务，改善阅读体验并建立互动平台，促进读者、作者和编辑之间的交流，增强读者的参与感和归属感。

（三）智能化咨询服务

期刊出版单位可依托自然语言处理、大数据分析与预测等技术打造智能化在线咨询服务体系，因而迅速响应读者需求并提升服务效率。运用自然语言处理（NLP）技术，期刊单位可构建智能问答系统，自主解答读者关于学术期刊的各类问题，涵盖期刊内容、发表流程、投稿要求等各个方面。期刊单位还可引进智能客服系统，自动处理读者的咨询与投诉，实现24小时不间断的优质服务，有效降低人工客服的工作压力。借助大数据分析和预测技术，深入挖掘读者的行为数据，精准决策支持期刊编辑和出版，助力优化期刊内容、调整发行策略。开发智能化订阅服务，读者便可根据个人兴趣和需求定制期刊内容。

（四）数据化评估与反馈

数据化评估的基础在于广泛采集和整理学术数据，包括期刊论文发表数量、引用频次、读者行为模式等多元化指标。运用专业的数据处理与分析技术，期刊出版单位可实现对期刊学术表现全面、深入的洞察，建立健全的反馈机制，有效整合读者反馈、专家评审意见与引文分析等多元信息，帮助期刊编辑精准识别期刊本身的竞争优势与待改进之处，从而有针对性地优化内容质量、编辑流程乃至整体出版策略。数字化技术为数据化评估和反馈提供了更高效、精准的工具，推动了期刊出版流程的创新与优化。例如，数据挖掘和机器学习等技术有助于深入挖掘期刊的潜在价值，而社交媒体和在线调查等数字化手段能够更直接地了解读者的真实需求与反馈。

四、出版模式数字化

学术期刊出版模式的数字化转型是指借助数字技术与智能化手段，对传统学术期刊出版流程进行全面改造与提升，促进学术期刊的数字化转型与智能化发展，如表5所示。数字化转型的核心特点主要体现在四个方面，即数字化出版、智能化处理、交互式出版、个性化服务。实施数字化转型改变了学术期刊的出版模式。相较于传统纸质期刊，数字化转型使学术期刊能够根据读者的需求与偏好，提供按需印刷、个性化推荐等更为精细化和个性化的出版服务，提升了读者的阅读体验，也增强了学术期刊的市场竞争力。出版单位利用先进技术对期刊内容进行深度挖掘与分析，提炼出更多具有学术价值的信息，为学术期刊赋予了更多的互动和社交功能，促进了学术交流与合作。

表5 学术期刊出版模式的数字化转型

数字化转型模式	核心特点	描述
数字化出版	将纸质学术期刊转化为数字形式	实现在线发布与传播，提升出版效率，拓宽读者群体，加快传播速度，增强影响力
智能化处理	运用人工智能、自然语言处理等技术	进行智能化操作，如自动分类、自动生成摘要、自动推荐等，提高易用性与可读性
交互式出版	在线平台实现即时沟通与互动	提升学术期刊的互动性与参与度，促进学术交流与合作
个性化服务	根据读者需求提供个性化推荐与定制服务	优化阅读体验，提升满意度，满足不同领域、不同层次读者的多样化需求

第三章 学术期刊数字化转型发展的必要性

第一节 数字化转型发展适应数字化时代需求

学术期刊数字化转型在出版融合发展战略中具有重要作用,随着媒体融合的深入推进,出版单位必须紧跟时代步伐,主动拥抱新技术,实现数字化转型来提升学术期刊的出版效率和质量,扩大传播范围和影响力。例如,上海大学期刊社在数字化转型的道路上走在了前列,上海大学期刊社积极拥抱大数据、人工智能等前沿技术,实施了"融合出版+集群建设"的数字化出版战略。由于实施了数字化出版战略,期刊社的编辑、审稿、出版等各个环节都实现了智能化、自动化,提高了工作效率和质量,期刊内容因而更加丰富,涵盖了各个学科领域的最新研究成果和前沿动态,吸引了更多的读者和作者,进一步提升了期刊的学术影响力和社会影响力。

一、数字化转型提升出版效率和传播速度

数字化转型对出版业的发展起到了积极促进作用,尤其是在学术期刊领域,不仅推动了出版流程的电子化、在线化和网络化,提升了出版效率和传播速度,也推动了学术交流和知识共享。在此过程中,学术期刊得以摒弃过往的烦琐环节如纸质投稿、线下审稿、耗时排版、印刷和发行等,而采用电子化投稿、在线审稿、实时编辑和排版以及在线发行等高效手

段，实现了出版周期的显著缩短和出版效率的提高。数字化转型对学术期刊的传播速度也产生了显著影响，相较于传统纸质期刊发行依赖印刷、物流等环节耗时较长的特点，利用网络平台和数字化转型学术期刊实现了即时传播。读者可以随时随地利用网络即时性地访问和下载期刊内容，加速了信息的传播，也扩大了学术期刊的读者群体和影响力。

二、数字化转型发展满足读者阅读需求

数字化转型发展是满足读者阅读需求的必要途径，随着科技的进步和数字化时代的到来，读者的阅读习惯和需求也在不断变化。应用先进的技术和创新的业务模式，期刊的数字化转型发展可以为读者提供更加便捷、高效、个性化的阅读体验，满足不同读者的多元化需求。出版单位可以借助数字化技术，将文字、图片、音频、视频等多种形式的内容融合在一起，增强读者的阅读体验。通过分析读者的阅读习惯和偏好，出版单位可以为读者推荐适合他们的阅读内容，提供个性化的阅读建议和更加便捷的阅读方式，如利用移动设备、智能语音等技术让读者能够随时随地进行阅读，不再受时间和地点的限制。学术期刊数字化平台可以提供实时互动、社交分享等功能，为读者提供更加便利的交流条件，可以说，数字化转型发展是出版单位满足读者阅读需求的必由之路。

三、数字化转型发展推动学术研究进步

随着人工智能技术的不断突破，学术期刊正逐步实现数字化、智能化和开放化的转型升级。通过改变传统的阅读模式，学术研究更加高效便捷，加上平台间的良性竞争，学术期刊持续提升数字化水平并实现了功能创新。数字化转型带来了高效的信息传播方式，利用数字化手段，期刊内容能够迅速且便捷地被获取和传播，从而加速学术研究成果的共享速度。通过智能化的信息处理和推荐算法，期刊出版单位能够精准地将相关研究成果推送给感兴趣的学者，进而提高学术交流的效率和针对性，使学术期

刊具备更丰富的功能和服务。学术期刊数智平台不断开发协同研究平台、研学平台以及个性化定制服务等，为学者提供更加便捷的研究环境，提升了学者的研究效率，促进了跨学科、跨领域的合作与交流。数字化转型助力学术期刊提升自身的影响力和竞争力，通过与新媒体平台的合作，扩大传播范围并增强影响力，吸引更多的读者和作者；通过不断开发新的功能和服务满足了读者的多样化需求，也提升了用户的阅读体验和满意度。

第二节　数字化转型发展提升传播效率和影响力

数字化转型后，学术期刊可利用互联网、移动设备等多元化方式传播，为读者提供便捷的获取和阅读途径。

一、数字化引领传播方式的创新

传统学术期刊受纸质媒介限制，传播速度、范围和互动性受限。随着大数据、人工智能等信息技术的发展，学术期刊传播方式正经历创新式发展，数字化重塑了期刊传播模式，使其更快速、智能和广泛，增强了影响力和竞争力，推动了学术研究的进步。数字化技术显著缩短了出版周期，实现了在线投稿、审核、编辑和发表，提高了出版质量和效率，减少了人为错误和烦琐的工作，实现了多媒体内容展示和交互。对学术界和研究者而言，数字化技术可加速研究成果的传播，提升学术影响力和竞争力，促进交流与合作，推动学术资源共享。对读者而言，数字化技术使其更方便地获取和阅读学术期刊，提高阅读效率并拓宽阅读范围。

二、学术期刊的智能化与网络化

随着人工智能、大数据等技术的应用，学术期刊步入数字化、智能化、开放化的新时代。智能化技术可优化编辑流程，提升内容质量，加快出版效率，增强读者互动。自然语言处理与机器学习算法能简化编辑工作，辅助论文筛选、格式检查与语言润色，聚焦内容评估与创新性判断。大数据分析助力作者把握学科前沿与热点，提升论文学术价值与创新性，揭示研究趋势与关联。自动化排版与即时出版系统可缩短出版周期，实现论文即时检索与共享。在线评论、社交媒体分享等功能可增强读者与作者交流，促进学术思想碰撞与融合，提升期刊影响力。网络化发展促使出版单位构建学术期刊资源平台，提升资源利用效率与传播效果，促进国际合作与交流，推动学术研究全球化与国际化。同时，网络化还可打破地域限制，拓宽读者覆盖范围，缩短出版周期，提升信息时效性与利用率。在线评论、论坛等增强了交流互动性，多元化渠道传播学术期刊，提升了期刊的知名度与影响力。

第三节 数字化转型发展促进学术交流与合作

数字化技术在不断进步，学术交流与合作因而迎来了新的发展机遇。数字化技术为学术交流与合作提供了广阔的平台和高效的工具，从而可以更加便捷和高效地跨地域、跨学科传播学术知识，学术资源共享加强了不同领域学者之间的沟通与合作，推动着学术研究深入发展。

一、数字化技术推动学术交流的创新与发展

数字化技术为学术交流搭建了一个全新的平台，使学者们能够随时随地分享研究成果、交流学术思想，打破传统学术交流的地域和时间限制，实现学术资源的共享和整合，提高学术研究的效率，扩大学术研究的范围。传统的学术会议和研讨会等学术交流方式，通常需要学者们面对面交

流，数字化技术的出现使学术成果得以迅速地在全球范围内传播和分享。学者们只需通过在线平台就能轻松地发表论文、参与学术讨论、分享研究心得，从而拓宽学术交流的广度和深度，学术交流不再受限于特定的地域和时间。除了传统文字论文，学者们可以利用视频、音频、图表等多种形式展示研究成果，使学术交流更加生动和直观，还可以参与在线互动、实时问答，使学术交流更具互动性和参与性，进一步增强学术交流的深度和广度，为学术交流提供更加多样丰富的形式。利用大数据分析、机器学习等技术手段，学者们能更加深入地挖掘和分析学术数据，发现新的研究问题和规律，从而推动学术研究不断创新和发展。可以说，通过运用数字化技术，学术交流具有了更加广阔的舞台和更加丰富的形式。

二、数字化技术推动学术合作迈向新阶段

数字化技术的快速发展，特别是人工智能、大数据和云计算等技术领域的进步，为学术合作带来了前所未有的便捷与高效，不仅重塑了传统学术合作的模式，更在推动学术研究发展方面发挥了重要作用。借助云计算和在线协作平台，研究者可以突破地域和时间限制，实现实时资料共享、问题讨论以及论文的协同编辑。人工智能技术的语义理解和自然语言处理技术有效提升了专家学者处理邮件、文献和资料的效率，为学术合作提供了更加便利的沟通与协作手段。大数据技术简化了数据的获取、存储和处理过程，使研究者能够更深入地探索研究对象和现象，而人工智能技术的数据挖掘和预测分析功能有助于揭示数据中的深层次规律和趋势，为学术研究提供更为精准的理论依据、预测分析和数据支撑。利用互联网和在线平台，研究者可以轻松地与全球各地的同行建立联系，分享最新的研究成果和经验，推动学术研究的国际化发展，为全球范围内的学术合作提供更加便捷和高效的途径，进而促进学术合作的国际化进程。数字化技术为学术合作提供全方位、高效和精准的支持，推动学术研究持续进步与发展。借助智能化技术的力量，学者们能够更精确地找到合作伙伴，实现跨学

科、跨领域的深度合作，增加了远程协作和在线项目管理的可能，从而使学术合作更加高效、便捷。

三、数字化技术促进学术研究与发展革新

随着大数据、人工智能、云计算等先进科技的日新月异，数字化技术已广泛融入学术研究的多元领域，对学术创新与发展产生了深远且持久的影响。相较于传统学术研究对大量人力、物力的依赖，数字化技术通过自动化和智能化方式显著提高了数据处理速度，提升了学者进行数据采集、储存与分析的效率，使学者能够更专注于研究的核心内容。借助大数据分析和人工智能技术，期刊出版单位可以对庞大的数据集进行深度挖掘和分析，揭示隐藏于数据背后的规律和趋势，为学术研究提供更为全面和深入的视角。借助互联网和云计算技术，出版单位能够连接不同领域、不同地区的学者和机构，构建一个开放、共享、协同的学术生态环境，从而推动学术研究的交流与合作，促进学术研究持续进步与发展。

四、数字化技术推动学术期刊创新和发展

数字化技术的运用对学术期刊的创新与发展起到了积极的推动作用，明显提高了学术期刊的生产效率、传播效果和服务水平，促进了学术期刊生产方式的数字化转型、知识传播的网络化进程以及知识服务的智能化发展，也推动了学术期刊的整体创新与发展。例如，借助人工智能技术对大量的文献进行智能分析、归类和筛选，从而提升选题策划和内容创作的效率；利用大数据技术对读者行为进行深入分析，了解读者的需求和阅读习惯，进而精准推送符合读者兴趣的内容，优化学术期刊的生产流程。传统的学术期刊传播方式受限于印刷和发行渠道，而数字化技术通过网络、移动设备等渠道实现了快速、广泛地传播，助力提升学术期刊的传播效果。利用社交媒体、搜索引擎等新媒体平台可以进一步扩大学术期刊的影响力，吸引更多读者。例如，通过建立在线协同研究平台、个性化定制服务

等，为读者提供更加便捷、高效的研究支持；利用数据分析等功能，为学者提供精准的研究主题推荐和学术趋势分析等服务，从而使学术期刊拥有全新的服务模式。

第四节　数字化转型提升学术期刊综合影响力

学术期刊的数字化转型发展能够显著提高编辑和出版效率，有效增强期刊的品牌形象，进而推动期刊综合影响力的提升。

一、数字化转型提升读者体验

学术期刊在数字化转型过程中，利用数字化平台为读者提供了更加便捷、高效、个性化的服务并不断优化读者体验，助力提高读者的阅读效率和学术研究水平。

（一）阅读形式的多元化发展

随着科技的日新月异，电脑、手机等数字化设备已成为人们进行信息获取和事务处理的主流工具。电子期刊的崛起，为科研人员的研究方式带来全新的改变。学术期刊数字化转型改变了传统的阅读模式，使人们前往图书馆阅读和复印期刊文章的频率逐渐降低，而更多地依赖在办公室或家中利用电脑、手机等设备访问和下载所需的学术文章，更为便捷地阅读学术期刊，满足了科研人员对碎片化阅读的需求。学术期刊的数字化显著提高了出版效率与信息传播速度，让学者可以摆脱时间和空间的束缚，随时随地下载学术期刊数据资源；而即时访问的特性赋予了阅读更高的灵活性，研究者无论是在办公室、家中，还是在乘坐交通工具时，都能轻松获取并阅读所需的学术资源。期刊数字平台的兴起为学术期刊的多样化阅读提供了丰富的选择，这些平台通常提供多样化的阅读体验，如在线浏览、

PDF下载、电子书阅读等，从而满足不同读者的个性化需求。

（二）学术资源的重塑获取

数字化平台优化了检索与获取机制，显著提升了用户获取内容的效率，用户可利用关键词搜索、分类浏览等功能迅速定位所需文章，简化获取流程，大幅提升学术资源的利用效率。数字化技术使学术期刊实现了无障碍访问，无论学者、研究人员还是学生，只要有互联网接入便可随时下载和阅读期刊文章，消除了地域和时间限制，学术资源变得更加普及和易于获取。数字化平台为内容呈现提供了更多元化的形式，除了传统的文字内容，数字化期刊还融入了图片、图表、音频、视频等多种媒体元素使内容更为生动、易于理解。数字化技术还为学术期刊增添了超链接、互动注释等扩展功能，进一步增强了内容的可读性和互动性。学术期刊数字化推动了个性化内容推荐的发展，通过分析用户的阅读偏好和行为数据，数字化平台能够为用户推荐更符合其需求的学术文章，从而提高内容获取的针对性和效率。

（三）个性化推荐服务

在学术期刊数字化转型过程中，个性化推荐服务具有明显的优势，有效提高了读者的阅读体验并精准推送读者感兴趣的学术文章和期刊资源，帮助读者在海量信息中迅速定位所需内容，提升阅读效率和质量。个性化推荐服务有助于促进学术交流，读者因而能更好地了解学术领域的前沿动态和研究成果，进而推动学科的发展。个性化推荐服务还能够增加用户黏性，提供定制化的服务和内容，增强读者对学术期刊的依赖和黏性，从而提高期刊的影响力和竞争力。为了实现个性化推荐服务，期刊出版单位需要采取一系列措施，如收集和分析读者的个人信息、阅读行为等数据建立用户画像，为个性化推荐提供数据支持。基于用户画像和文章内容，构建推荐模型，利用人工智能技术实现智能推荐并不断优化推荐算法，提高推荐的精准度和效率，为读者提供更好的阅读体验。个性化推荐服务是一种创新的服务模式，具有重要的价值和意义，可提高读者的阅读体验、促进学术交流和增加用户黏性，提升学术期刊的影响力和竞争力，推动学术期刊数字化转型发展。

（四）互动性增强

互动性在学术期刊发展中具有重要地位，能够提高读者的参与度和研究兴趣，促进学术观点的深入交流与碰撞。伴随着数字技术的迅猛发展，期刊出版单位日益注重与读者的互动，例如，众多学术期刊纷纷引入在线评论功能，允许读者对文章内容进行实时评论与探讨以增强读者的参与感，推动学术思想的交流与碰撞。期刊单位也在积极整合社交媒体资源，将其视为重要的推广与互动途径。通过发布文章预告、摘要和全文链接吸引更多潜在读者，在社交媒体平台与读者展开直接沟通与交流能更好地激发读者的分享与讨论热情，及时收集读者反馈与建议，不断提升出版品质与读者体验。在数据可视化方面，数字化技术为学术期刊提供了呈现复杂研究数据与成果的新手段。借助图表、动画等直观方式展示数据使文章内容更加易于理解，激发了读者的阅读兴趣与参与度，引导读者深入探索与交互数据，进一步推动了学术交流的深入发展。利用数字技术举办在线研讨会和讲座活动，期刊单位可以为学者与读者构建便捷的互动交流平台，邀请专家学者进行主题演讲、深入讨论与互动问答，从而推动学术观点的广泛交流与碰撞。

二、数字化转型提高学术影响力

期刊出版单位应积极利用数字化与智能化工具，注重优化出版流程、扩大传播渠道以及改善阅读体验，从而为学术评估提供新颖的视角与方法。借助大数据分析，出版单位得以深刻洞察学科领域的研究热点和发展趋势，进而精准策划与组织高质量的学术内容，全面提升期刊学术影响力。伴随着数字化技术广泛应用于学术领域，审稿、编辑与出版环节得以优化并提升了精确性。在线平台使作者能够实时了解稿件进度，实现高效沟通，缩短出版周期，确保学术内容的时效性与前沿性。数字化平台打破地域与时间的限制，将学术成果迅速传播到全球，拓展了学术期刊的传播途径，扩大了读者群体，也提升了影响力。在数字化时代，读者可享受到便捷、个性化和互动式的阅读体验。数字化平台使读者随时随地浏览期刊内容，轻松定制个性化阅读内容并精准搜索，提高了效率与满意度。在线评论、分享与引用等交互功能鼓励读者积极参与学术交流与讨论，增强了读者与期刊的黏性，提升了忠诚度。期刊出版单位运用全新的学术评价视角和方法，借助数字化、自然语言处理与机器学习等技术实现了学术论文的自动化评价与推荐，提高了评价的客观性与准确性，发掘出传统方式难以捕捉的学术价值和潜力。

三、数字化转型增强互动性

随着信息技术的日益发展，学术期刊正逐步从传统的纸质媒体转变为数字化形态，从而拓宽了学术信息传播的渠道，提升了传播效能并显著增强了学术期刊的互动性和用户体验。在转型过程中，期刊出版单位要积极引入人工智能、大数据等先进技术对期刊内容进行深度挖掘和智能化处理。利用自然语言处理、数据挖掘等技术手段，数字化转型的学术期刊能够自动化地对文章进行主题分类、关键词提取等操作，便于读者快速、准确地获取所需信息。数字化转型为学术期刊带来了智能化推荐服务，能够深入分析读者的阅读习惯和兴趣偏好，为用户提供更加符合其需求的文章和期刊。期刊出版单位借助大数据分析和人工智能技术能够实现不同学科领域的深度整合和交叉融合，推动知识共享和创新，提升学术期刊的学术水平和影响力。数字化转型显著增强了学术期刊的互动体验，期刊单位应用先进技术可实现内容的智能分析和个性化推荐，提高阅读效率和用户满意度，促进跨学科交流与合作，推动学术期刊向更高水平发展。此外，数字化转型的学术期刊还开发了在线评论、论坛等功能，进一步增强了作者、读者和编辑之间的互动，激发更多的学术讨论和交流，助力出版单位更好地了解读者的需求和反馈，从而不断改进和优化内容。

四、数字化转型提升可视化呈现

学术期刊作为学术成果传播的重要载体，历来以文字为主要呈现形式。随着数字化转型的深入发展，学术期刊正逐步融入图表、动画、视频等多元化视觉元素，以更生动、直观的方式展现学术内容，从而提升内容的观赏性与理解度。期刊出版单位应积极探索并采用数字化技术与智能化手段，持续完善自身的呈现方式和服务模式，更好地契合读者的需求与期望，推动学术交流与合作的深化发展。在呈现方式上，学术期刊正逐步实现由传统文字和静态图表向动态图表、交互式数据可视化等更为生动直观的形式转变，复杂的数据与实验结果因此得以清晰展现，激发读者的阅读兴趣并深化读者对文章核心内容与研究成果的理解。从读者体验出发，数字化技术赋予学术期刊在线调查、读者评论、实时讨论等互动环节，使读者能更积极地参与到学术内容的探讨与创作中。互动增强了读者的参与度和黏性，更促进了学术交流与合作的深化。在传播效率方面，数字化技术使学术期刊能够快速出版与传播，确保最新的研究成果能够在第一时间传达给读者。跨平台传播，如社交媒体、移动应用等，进一步扩大了学术期刊的受众范围，也相应提升了学术传播的影响力和覆盖面。

第四章　学术期刊数字化转型发展的路径与策略

第一节　学术期刊数字化转型发展路径

学术期刊数字化转型的成功，依赖于期刊界、学术界与技术界等多方的通力合作与共同努力，只有经过持续的探索与实践才能确保学术期刊数字化转型稳步推进与实现。

一、数字化平台建设

期刊出版单位在数字化转型过程中，首要任务是构建自身的数字化平台，将传统的纸质期刊内容转化为数字化形式，实现期刊在线发布和阅读，提高期刊传播速度和范围，增加读者的获取渠道。数字化平台要具备丰富的交互功能，促进读者与期刊之间的互动，有效增强读者的参与感和黏性。期刊单位还可以利用数字化平台提供在线订阅、付费阅读、广告推广等多样化的增值服务，增加期刊的营业收入来源并开展数据分析、用户调研等活动，更深入地了解读者的需求和偏好，从而为期刊的改进和优化提供有力的数据支持。为了更好地推广期刊内容，出版单位应积极寻求与第三方平台合作，以此拓宽期刊的传播渠道。第三方平台往往拥有庞大的用户群体和成熟的运营模式，通过与这些平台合作，期刊单位可以将期刊内容推送给更多的潜在读者，从而提升期刊的知名度和影响力。举例来说，期刊单位可以与学术搜索引擎、社交媒体和在线阅读平台等进行合作，将期刊内容嵌入这些平台中，以便更多读者能够轻松发现和阅读期刊内容。

二、多媒体融合与跨学科合作

数字化转型为学术期刊带来了无限可能性。在传统意义上，学术期刊主要以文字为主要载体传递学术研究成果。随着数字化技术的快速发展，学术期刊开始尝试将多媒体元素如图片、图表、音频、视频等融入文章中，内容变得更加生动、形象。多媒体融合的方式增强了文章的吸引力和可读性，帮助读者更深入地理解研究内容和背景。除了多媒体元素的应用，学术期刊还可以借助可视化技术来呈现数据和研究成果，例如，通过制作交互式图表、数据可视化等将复杂的数据转化为直观、易懂的图形，帮助读者快速捕捉关键信息，提升文章的吸引力，激发读者的阅读兴趣。为了丰富文章的内容和话题，出版单位还应积极寻求与其他学术团体和机构的合作，举办跨学科的专题论坛和研讨会，集聚来自不同领域的专家学者，共同探讨学术前沿和热点问题，拓宽学术视野，吸引更多高质量稿件，提升期刊的学术影响力。

三、人工智能技术与大数据分析

传统学术期刊编辑流程包括稿件征集、审稿、修订与最终出版，操作复杂且耗时较长，随着人工智能技术融入其中，这一现状已发生根本性改变。运用自然语言处理与机器学习等科技手段能够有效协助编辑自动化处理大量稿件，大幅提升审稿效率与准确性。数据挖掘与文本分析技术为编辑提供了深入了解读者阅读习惯、兴趣爱好与学术需求的途径，编辑可借此精细挖掘与分析数据，准确掌握期刊目标受众，优化栏目设置与内容策划。大数据分析为期刊提供科学评估指标，如文章阅读量、下载量与引用量等，为编辑团队客观评价期刊的学术价值与影响力提供有力支持。在信息爆炸的时代背景下，读者面临海量学术信息选择，为帮助读者快速定位感兴趣的内容，出版单位可引入智能推荐系统。该系统基于读者的历史阅读记录与兴趣爱好，向读者推荐相关学术文章与研究成果，使读者获得个性化阅读体验，满足读者需求，增强期刊忠诚度与满意度。

四、协同共进模式

学术期刊构建协同共进模式可以获取更多资源扶持，如优质稿件、专业审稿团队以及广泛的读者群体，资源的优化整合将提升学术期刊的品质，进一步扩大期刊影响力。各类媒体、机构和学者各具特色与优势，协同合作使学术期刊得以借鉴各方所长、弥补自身不足，实现资源最优配置与优势互补，吸引更多关注与支持，提升期刊在学术界和社会上的影响力。期刊出版单位可与知名媒体、机构和学者建立紧密合作关系，提升品牌知名度和美誉度；还可与高校、研究机构、图书馆等机构携手，共同举办学术研讨、培训、展览等活动，促进学术成果的交流与推广，为学术期刊创造更多合作机遇与资源支持。例如，出版单位可与知名学者和专家建立稳固合作关系，邀请专家学者撰写高质量论文和评论，策划和组织专题栏目或研究项目，共同提升学术期刊的学术水平和影响力。

五、编辑队伍的技能提升与团队建设

（一）编辑队伍的数字化技能培训

在数字化转型背景下，传统的编辑工作已不能满足当前的需求，编辑人员除了需要具备文字处理和内容审核的基本技能，还需掌握数据分析、网络传播、多媒体制作等数字化技能。为此，期刊出版单位应组织定期的培训课程，邀请专家授课，或与高校、研究机构等合作，系统培训编辑人员的数字化技能，培养编辑人员的数字化思维和模式，使编辑人员能够理解和适应数字化转型的必要性和重要性；提升编辑人员运用最新数字技的能力，如数字化出版技术、大数据分析技术、社交媒体传播技术等；让编辑人员熟练掌握各种数字化工具，如在线编辑工具、多媒体制作工具、社交媒体平台等；培养编辑人员的数字化内容制作的能力，如数字化内容策划、编辑和呈现等；让编辑人员掌握数字化版权保护的知识和技能，如版权法律法规、数字水印技术、加密技术等；提高编辑人员的数字化营销与推广能力，如社交媒体营销、搜索引擎优化（SEO）、在线广告投放等。通过以上培训帮助学术期刊编辑队伍更好地适应数字化转型发展的需要，提升期刊的数字化水平，为读者和作者提供更优质、更便捷的学术服务。

（二）数字化人才引领学术期刊转型

在学术期刊数字化转型过程中，引进掌握数字化技能并富有创新意识的人才显得非常重要。数字化技能在学术期刊的转型过程中起着重要作用，这些技能包括数据分析、信息技术与网络安全等。具备这些技能的专业人员能有效推动学术期刊内容的数字化存储、检索和传播，从而提升出版效率、削减运营成本并为读者提供更加优质的阅读体验。创新意识对于学术期刊在数字化时代的竞争力具有决定性的影响，随着信息时代的来临，读者对于内容的需求也在不断变化。读者不再仅仅满足于传统的纸质期刊，而是更加关注内容的实时性、互动性和个性化，只有具备创新意识的人才能不断创新产品和服务，满足读者的需求，提升学术期刊的品牌价值和影响力。为了吸引并留住这样的人才应采取一系列措施，出版单位可与高校和研究机构建立紧密的合作关系，吸引优秀的毕业生加入；也可以举办培训班、研讨会等，提升现有员工的数字化技能和创新意识；建立灵活的招聘机制，吸引具备丰富经验和专业技能的人才同样重要。当然，在引进人才的同时，出版单位还需为技术人才提供一个良好的工作环境和发展空间，包括提供必要的设备和技术支持、制定合理的薪酬和奖励机制，以及为员工提供培训和晋升机会等。

（三）编辑队伍的创新意识与团队合作精神培养

在数字化转型过程中，期刊出版单位必须高度重视编辑队伍的创新意识与团队合作精神的培养。创新意识是推动学术期刊适应数字化时代的核心驱动力，编辑人员需具备敏锐的洞察能力，紧密追踪学术研究的最新动态和技术发展的前沿趋势。编辑人员可参与专业培训、学术研讨会等活动，不断更新和扩充自身的知识储备，提升自身专业素养，鼓励自身积极探索新的内容呈现方式和传播渠道，如利用社交媒体平台、开放存取机制等来拓宽学术成果的传播力和影响力。团队合作精神是保证学术期刊数字化转型顺利推进的关键因素，在数字化转型过程中，编辑人员需与技术团队、作者群体、审稿专家等各方紧密协作，共同应对各种挑战和问题。出版单位应组织多样化的团队建设活动并设立定期沟通会议，促进编辑队伍之间有效沟通与协作，营造和谐高效的工作氛围并建立相应的激励机制，充分激发编辑人员参与数字化转型的积极性。例如，利用设立创新奖项、完善绩效考核体系等方式，对在数字化转型过程中表现突出的编辑人员给予表彰和奖励，进一步激发编辑的创造力和工作热情，推动整个编辑队伍持续进步与发展。

六、绿色低碳模式

学术期刊数字化发展的绿色低碳模式是追求在提高学术传播效率与质量的同时，实现对环境友好的可持续发展，利用技术创新和资源优化，降低数字化过程中的能耗和排放，达到学术发展与生态保护的和谐共生。在实施过程中，出版单位应重视资源的节约与高效利用。在学术期刊数字化过程中，积极采用先进的编码技术和压缩算法来降低数据存储和传输的能耗，优化数字出版流程，减少纸质期刊的印刷和发行量，减少资源消耗和废弃物产生。推动绿色阅读方式的普及，通过提供便捷的在线阅读、下载和分享功能，鼓励采用电子设备阅读学术期刊，减少纸质期刊的使用和浪费。此外，研发节能的阅读模式，如调整屏幕亮度、减少不必要的功能等，降低阅读过程中的能耗。加强数字化平台的绿色建设，采用节能的服务器和数据中心，优化数据存储和运算效率，降低能耗和碳排放并关注用户隐私和数据安全，确保在数字化过程中用户信息不泄露，保障数据安全。另外，通过举办相关培训和宣传活动，普及绿色低碳理念在学术期刊界的应用，提高学术期刊编辑、作者和读者的环保意识，引导其共同参与绿色低碳行动，鼓励学术期刊在内容中融入环保理念和绿色知识，推动学术研究和生态保护相结合。

第二节　学术期刊数字化转型发展策略

学术期刊数字化转型发展策略需要综合考虑多个因素，如明确数字化转型目标、整合和优化内容资源、建立在线投稿和审稿系统、加强数据分析和挖掘、推动开放获取和合作共享，以及强化用户体验和服务等。全面实施这些策略，学术期刊才能更好地适应数字化时代的需求和挑战，提高内在价值和影响力。

一、数字化转型目标的明确

在推进学术期刊数字化转型过程中，核心任务在于优化和提升内容质量。传统的学术期刊主要依赖纸质媒介进行信息的传递与分享，但在数字化浪潮的冲击下，信息的获取与传递方式已发生翻天覆地的变化。出版单位必须积极拥抱新技术，充分运用大数据分析、人工智能等先进技术手段深入探索并捕捉研究领域的最新动态与热点问题，从而为读者提供更加精准、专业和前沿的内容。期刊出版单位需对编辑手段进行创新，例如借助自动化校对、在线协作等先进技术，有效降低编辑过程中的人为失误和沟通成本，提高编辑工作的精确性与效率。丰富内容的展现形式也是数字化转型的关键一环，除了传统的文字、图表等形式，出版单位还应积极探索并应用多媒体技术、虚拟现实技术等，为读者带来更加直观、生动且全面的内容体验。在数字化时代，信息传播的速度与范围得到了很大提升，但同时也面临信息过载和激烈的市场竞争等挑战。期刊单位要积极利用社交媒体、搜索引擎优化等手段，全面提升自身的知名度与影响力，从而吸引更多的读者与作者共同推动学术研究的进步与发展。

二、数字化内容资源的整合与优化

针对学术期刊的内容资源如纸质期刊、网络期刊、数据库等存在分散、冗余、不易获取等问题，出版单位应运用数字化手段对内容进行分类、标签化、结构化处理，以期提升内容的可发现性和可利用性，便于更好地服务学术研究和读者需求，有效整合与优化内容资源，充分发挥期刊的学术价值。

（一）建立统一的数字化平台

出版单位运用数字化手段实现学术期刊数字化平台对期刊内容的分类和标签化，从而提升管理效率并便利用户检索与浏览，应遵循以下步骤：首先，搜集需分类和标签化的期刊内容包括文章标题、摘要、关键词和正文等。其次，对这些内容进行预处理，如剔除停用词、词干提取或词形还原等，提高后续分类和标签化的精确性。然后，从预处理后的数据中提取具有代表性的特征，这些特征可以是文本中的关键词、短语或句子，也可以是文章的元数据（如作者、出版日期等），所提取的特征应能准确反映文章主题和内容。在此基础上，根据期刊内容的特性和需求，选择适当的分类算法。常见的分类算法包括朴素贝叶斯、支持向量机、决策树、随机森林等，根据算法性能、计算复杂度以及是否适用于大规模数据等因素进行选择。随后，利用带标签的样本数据训练分类器，这些样本数据应包含已分类的期刊内容，以便让分类器学会如何对新的期刊内容进行分类，训练过程中需调整分类器参数以优化性能。训练完成后，对新的期刊内容运用已训练好的分类器进行分类并为其赋予相应标签。标签可以是预设的，也可以是根据分类结果自动生成的，选择标签时应确保能够准确反映文章主题和内容，同时便于用户检索和浏览。最后，随着期刊内容的不断更新和增加，定期更新和优化分类器和标签来适应新的数据和需求，通过收集用户反馈、分析分类结果等方法实现持续优化，如表6所示。

表6 学术期刊数字化平台管理步骤

步骤	内容
搜集期刊内容	文章标题、摘要、关键词、正文等
预处理内容	剔除停用词、词干提取、词形还原等
提取特征	关键词、短语、句子、文章元数据（作者、出版日期）
选择分类算法	朴素贝叶斯、支持向量机、决策树、随机森林等
训练分类器	利用带标签的样本数据，调整参数优化性能
分类与标签	对新的期刊内容进行分类，赋予其预设或自动生成的标签
更新与优化	定期更新和优化分类器和标签，适应新数据和需求

学术期刊的数字化平台建设具有深远的意义，数字化平台能够实现期刊内容的分类和标签化，便于读者快速找到所需内容，提高阅读效率，为出版单位提供精准的市场定位和服务。学术期刊借助数字化平台广泛传播研究成果，打破了地域和时间的限制，借助互联网轻松获取和浏览期刊内容，从而提高学术研究成果的可见性，促进学术交流与合作，推动学术研究的发展；同时提升期刊的推广效率，运用社交媒体、电子邮件等渠道迅速推送最新内容给读者，提高阅读率和参与度。在构建数字化平台时，出版单位需关注以下几个方面：首先是确保平台的安全性和稳定性，保护读者的个人信息和提升阅读体验，不断优化平台功能和界面设计，提升用户体验和满意度。其次是加强与读者的互动和沟通，积极倾听读者需求和反馈，持续改进和优化数字化平台的服务。

（二）建立结构化的数据库

出版单位构建学术期刊的结构化数据库涉及多个环节，以下提供一个基础步骤指南：首先，明确目标和需求。确定数据库具备何种功能，如便于检索与引用，或用于数据分析等。明确目标有助于确立数据库架构与所需数据字段。其次，收集所需学术期刊文章，可能涉及购买文章或从开放获取资源中搜集，务必确保有权使用这些文章并遵守版权和许可协议。然后，进行数据清洗与预处理，此步骤为确保数据质量与一致性包括纠错、格式化文本和删除无关信息等。随后，将预处理后的数据转化为XML或JSON等结构化格式，要求将文章各部分（如标题、作者、摘要、关键词等）分配到不同字段，或需自定义XML或JSON模式定义字段。索引构建能提高检索效率，通过采用搜索引擎软件（如Elasticsearch或Solr）来实现。此外，根据需求和目标，开发用户界面并设计友好界面，使用户轻松搜索、浏览和引用文章并提供全文搜索、字段搜索等多种选项。在发布前，对数据库进行全面测试，确保各项功能正常运行，收集用户反馈并根据其需求进行优化改进。最后，进行维护与更新。定期添加新文章，删除过时或不需要的内容，确保数据库安全与稳定，防止数据丢失或损坏，如表7所示。

表7 学术期刊结构化数据库构建步骤

步骤	内容
明确目标和需求	确定数据库功能，确立数据库架构与数据字段
收集学术期刊文章	购买或搜集文章，确保有权使用并遵守版权和许可协议
数据清洗与预处理	纠错、格式化文本、删除无关信息
数据转化为结构化格式	将文章各部分分配到不同字段，自定义XML或JSON模式定义字段
索引构建	提高检索效率，采用搜索引擎软件来实现
开发用户界面	设计友好界面，实现搜索、浏览和引用文章等功能
全面测试	确保功能正常运行，收集用户反馈，根据需求进行优化改进
维护与更新	定期添加新文章，删除过时和不需要的内容，防止数据丢失或损坏

对于出版单位而言，为了实现对期刊内容的高效管理，构建结构化数据库有助于提升读者体验，增强学术期刊影响力，还能深度处理和优化期刊内容。通过提取并标准化处理期刊内容中的关键信息，如作者、标题、摘要、关键词等，学术期刊可呈现出清晰、有序的数据结构，便于读者迅速获取所需信息，同时也为数据挖掘和分析奠定了坚实基础。例如，通过对期刊内容的关键词进行统计和分析，出版单位可以洞察当前学术界的研究热点和趋势，为期刊选题和策划提供科学依据。结构化数据库对学术期刊具有重大战略价值，借助数据库中的数据挖掘和分析功能，期刊单位能够深入了解读者的阅读习惯和兴趣偏好，实现精准的目标群体定位，助力期刊的广告投放和市场推广。结构化数据库还能为学术期刊的学术评价提供数据支撑，如论文的引用次数、下载量等，这些均为衡量论文质量和影响力的重要指标，助力提升出版单位的整体运营效率。利用数据库的自动化处理功能，可以大幅减少人工操作的烦琐步骤和错误，提高出版流程的效率和准确性，实现期刊内容在线存储和备份，保障数据的安全性和可靠性。

（三）强化学术资源的整合与优化

学术期刊数字化平台的资源筛选、分类与整合的目的在于满足出版单位提升学术资源利用效率与研究质量的需求，具体关键步骤如下：第一，资源筛选。依据学术期刊的定位、读者群体和研究领域，制定明确的筛选准则，涵盖文章主题、研究方法、数据质量与学术价值等元素。从众多投稿或已发表文献中，依据筛选标准初步筛选出符合要求的稿件，邀请相关领域专家对初筛文章进行评审，确保质量与学术价值。第二，资源分类。根据文章研究领域与主题，将之归类到相应栏目或专题，便于读者查找与阅读。基于研究方法，将文章划分为不同类型，如实验研究、理论研究、综述等。依据发表时间，将文章分为不同阶段，以便读者了解研究领域的进展和趋势。第三，资源整合。整合不同学术期刊中的相关资源，构建统一的学术资源平台，提升资源利用效率。将传统纸质文献转化为数字化形式，便于读者在线查阅与下载。运用大数据和人工智能技术，对整合资源进行深度挖掘与分析，为读者推荐优质文献和研究成果，如表8所示。

表8　学术期刊数字化平台资源筛选、分类与整合步骤

步骤	内容
资源筛选	制定筛选准则，初步筛选符合要求的稿件，专家评审确保质量
资源分类	按研究领域与主题归类，便于查找、阅读与了解研究进展
资源整合	构建统一的学术资源平台，推荐优质文献和研究成果

学术期刊是学术传播的重要媒介，期刊内容资源与其他学术资源如图书、会议论文、专利等存在着紧密的关联与互补。出版单位应采取切实措施，促进学术资源的有效整合，从而构建一个全面且系统的学术知识体系。出版单位需构建跨学科的学术资源平台，集成学术期刊、图书、会议论文、专利等各类资源，实现学术资源共享与交流，促进不同学科间的融合与创新。出版单位在整合学术资源时应重视资源的筛选、分类与整合工作，确保所整合的学术资源具备高质量、高水平与高价值。为保持学术知识体系的动态与完善，资源的更新与维护同样重要。出版单位还应关注学术资源的优化工作，包括资源的深度整合、高效利用以及价值的提升，例如运用数据挖掘、知识图谱等技术，对学术资源进行深度分析与挖掘，揭示数据背后的规律与趋势。

三、在线投稿与审稿机制的构建

构建学术期刊的在线投稿与审稿机制涉及技术、流程与用户需求等多方面因素，通过科学的设计与实现，可以打造出一个高效、便捷、安全的在线投稿与审稿系统，提升期刊的审稿效率和质量，促进学术交流与发展。出版单位构建在线投稿与审稿机制需遵循一定的步骤与原则，以下是一个基础框架：第一，明确需求与目标。要先了解学术期刊的定位、目标读者群体、审稿流程、投稿要求等信息，明确在线投稿与审稿机制的需求

和目标。第二，设计系统架构。依据需求和目标，规划在线投稿与审稿系统的整体架构，包括功能模块、数据流程、用户界面等。第三，开发系统平台。依据系统架构，搭建相应的系统平台，选用合适的开发技术、开发环境、数据库等编写代码，实现系统功能。第四，设计投稿流程。在线投稿是系统的核心功能之一，需设计清晰、易用的投稿流程，包括注册账号、填写投稿信息、上传稿件、选择审稿人等环节，设定合理的投稿要求和限制来优化稿件质量和规范性。第五，设计审稿流程。审稿是期刊编辑出版的重要环节，应设计科学、高效的审稿流程，包括初审、复审、终审等阶段，明确各环节的审稿标准、周期、意见反馈等，设置合适的审稿人选择和分配机制来保证审稿的公正和专业。第六，实现交互界面。为方便用户使用，设计直观、易用的交互界面，包括投稿、审稿、管理系统页面等，使用户能够便捷完成相关操作。第七，测试与优化。开发完成后，对系统进行测试与优化，包括功能、性能、安全性等，发现问题及时修复，优化系统并提高稳定性和效率。第八，维护与更新。系统上线后，需持续进行维护与更新，如定期备份数据、更新系统版本、处理用户反馈等，以此来保障系统正常运行和持续发展，如表9所示。

表9 在线投稿与审稿机制构建框架

步骤	内容
明确需求与目标	明确期刊定位、读者、审稿流程、投稿要求及投稿、审稿目标
设计系统架构	设计在线审稿系统架构，如功能、数据流程和界面
开发系统平台	搭建平台，选用技术编写代码实现功能
设计投稿流程	简化注册、信息填写、上传稿件和选择审稿人流程
设计审稿流程	建立初审、复审和终审，明确审稿标准、周期和反馈方式
实现交互界面	设计用户友好的界面，如投稿、审稿和管理系统
测试与优化	优化功能、性能和安全性并修复问题
维护与更新	定期备份数据、升级系统版本、处理用户反馈

通过构建完善的在线投稿与审稿机制，学术期刊可实现稿件的电子化提交、审核、修订与发布流程，提升稿件处理效率。传统投稿方式要求作者将稿件邮寄或直接送到编辑部，经过编辑审核后再进行编辑修订，最终才能正式发表，过程耗时费力，还存在诸多不确定因素，例如稿件遗失、审核延误等。相对而言，在线投稿与审稿机制能够完全规避这类问题，作者仅需在线填写相关信息并上传稿件即可等待编辑审核。在审核过程中，编辑与作者可通过系统进行实时沟通，及时对稿件进行修改，提升审稿效率，大幅降低人为错误，从而有效提高稿件的整体质量。出版单位还可以积极运用人工智能与机器学习等技术，对稿件进行自动分类、筛选与推荐，如根据稿件的主题、关键词等信息，自动将稿件归类于相应的学科领域，为编辑与审稿专家提供便利。机器学习算法对大量稿件进行持续学习与分析后，就会不断提高审稿的精确性，减少漏审与误审的情况，进而提高审稿效率，使整个审稿过程更加公正、客观。

四、数据解析与利用的深化

学术期刊的数据解析与利用需运用数据采集、清洗、预处理、挖掘分析与可视化解读等技术手段，根据实际研究需求和目标进行优化与完善并加强跨学科的合作与交流，提升数据解析与利用的效果。以下是对出版单位如何深化学术期刊数据解析与利用的一些建议：第一，根据研究主题与目标，制订详尽的数据采集计划，明确数据来源、采集方法和采集周期。对获取的数据进行清洗，消除错误、重复和不完整数据，确保数据准确可靠。第二，对数据实施标准化和归一化处理，消除不同数据间的量纲差异。对缺失数据进行填充或插值，提高数据完整性。第三，运用数据挖掘技术，如聚类分析、关联规则挖掘和分类预测等，从数据中挖掘有价值的信息和知识。根据研究主题和目标选择合适的分析方法，如描述性统计、推断性统计和回归分析等，对数据进行深度分析。第四，利用可视化技术，如柱状图、折线图、散点图等，将分析结果以直观形式展示。结合专业知识和实践经验,对可视化结果进行解读和分析,提取有价值的信息和结论。第五,将分析结果应用于实际研究中,为学术研究和期刊编辑提供有力支持。建立反馈机制,持续优化数据分析过程,完善数据解析与利用效果。第六,加强与计算机科学、数学、统计学等相关学科的交流与合作,共同推动学术期刊数据解析与利用技术发展。积极参与国内外学术会议和研讨会,分享经验、交流成果,提高学术影响力,如表10所示。

表10　学术期刊数据解析与利用建议表

序号	内容	具体措施
1	制订数据采集计划	明确数据来源、采集方法和采集周期;清洗数据,消除错误
2	数据处理	实施标准化和归一化处理;通过填充或插值处理缺失数据
3	数据挖掘与分析	运用聚类分析、关联规则挖掘、分类预测等技术;选择描述性统计、推断性统计、回归分析等方法进行数据挖掘与分析
4	数据可视化	展示分析结果,结合专业知识进行解读和分析
5	应用分析结果	将分析结果应用于实际研究中,建立反馈机制,持续优化分析过程
6	跨学科合作与交流	加强交流与合作;参与国内外学术会议和研讨会,分享经验、交流成果

出版单位应充分利用数字化平台所汇聚的数据资源,进行细致入微的分析与挖掘,洞悉读者的兴趣所向与需求所在,从而灵活调整内容策略,读者可获得更加贴心、个性化的推荐服务。出版单位借助数据分析客观评估学术期刊的社会影响力与学术价值,可为期刊的持续发展提供坚实的数据支持。在数据解析方面,出版单位应深入挖掘数字化平台所收集的读者数据,如读者的阅读习惯、研究领域、兴趣偏好和所在机构等,对这些数据进行综合分析,能更加精准地把握读者的需求变化,进而优化期刊的内容构成,确保内容与读者的期望高度契合。例如,出版单位可以根据读者的研究领域和兴趣偏好,策划推出更具针对性的专业栏目和专题报道,从而吸引更多的目标读者群体。在评估期刊影响力与价值方面,数据分析具

有不可或缺的作用。通过统计和分析期刊的浏览量、下载量、引用量等数据，出版单位能够客观地评价期刊的学术贡献与社会影响力，助力出版单位了解期刊自身的优势与不足，为学术期刊的未来发展提供宝贵的决策依据。例如，根据数据分析结果灵活调整期刊的发行周期、优化栏目设置、提升内容质量，可全面提升学术期刊的学术水平和社会影响力。出版单位还应充分利用数字化平台提供的在线调查、读者反馈等功能，进一步获取读者的真实需求和宝贵意见。出版单位经过在线调查可收集读者对期刊的满意度、改进建议等关键信息，为期刊的持续改进提供重要参考并实时关注读者反馈，及时获取读者对期刊的评价和意见，使得期刊的改进工作始终与时俱进。

五、开放获取与协同共享的推进

出版单位推动学术期刊开放获取与协同共享需要制定全方位的策略，以下是一些建议：第一，设定开放获取政策与标准。出版单位应明确制定开放获取政策，并遵循国际公认的开放获取规范，确保政策内容涵盖学术期刊资源的可访问性、可重用性和可持续性。第二，选择适当许可协议。出版单位应选用合适的开放获取许可协议如创作共享协议（Creative Commons），确保合法使用和共享学术期刊资源。第三，强化技术基础设施。出版单位应建立健全的技术基础设施支持开放获取和协同共享的实施，包括数字化出版平台、在线存储和检索系统、数据共享平台等。第四，增进作者参与和合作。出版单位应鼓励作者积极投身开放获取，将研究成果发表在开放获取期刊上，促进作者间的合作与交流，使用协同研究、合作论文等形式推动学术资源共享。第五，深化与图书馆和信息机构的合作。出版单位应与图书馆、信息机构等协同推动开放获取和协同共享如签订合作协议，将学术期刊资源纳入图书馆数字资源库，便于读者访问和下载。第六，提供培训与宣传支持。出版单位应为作者和读者提供开放获取和协同共享的培训与宣传活动，如举办讲座、研讨会、在线教程等，提升作者对开放获取和协同共享的认识和参与度。第七，探索商业模式与激励机制。出版单位可探索适应开放获取和协同共享的商业模式与激励机制，如引入赞助、捐赠等资金来源，或通过提供增值服务、建立合作伙伴关系等途径实现经济回报，如表11所示。

表11 推动学术期刊开放获取与协同共享策略表

策略序号	策略内容	具体建议
1	设定开放获取政策与标准	明确制定开放获取政策，并遵循国际公认的开放获取规范
2	选择适当许可协议	选用合适的开放获取许可协议如创作共享协议
3	强化技术基础设施	建立健全的技术基础设施，如数字化出版平台、在线存储和检索系统、数据共享平台等
4	增进作者参与和合作	鼓励作者积极投身开放获取，将研究成果发表在开放获取期刊上
5	深化与图书馆和信息机构的合作	与图书馆、信息机构等协同推动开放获取和协同共享，将学术期刊资源纳入图书馆数字资源库
6	提供培训与宣传支持	为作者和读者提供开放获取和协同共享的培训与宣传活动
7	探索商业模式与激励机制	探索适应开放获取和协同共享的商业模式与激励机制等实现经济回报

开放获取是推动学术期刊持续发展的关键策略，借助开放获取，学术期刊中的文章可在互联网上被自由获取，消除了传统订阅模式的限制，更广泛地传播和引用研究成果，进而提升期刊的可见性，促进学术交流与合作，助力科学进步。目前，很多研究者更倾向将研究成果发表于开放获取期刊，因其能扩大研究成果的影响力和可见性。除了推动开放获取，出版单位也可通过协同共享强化自身竞争力，可与各类机构、数据库等合作，实现资源共享与互利共赢。例如，期刊出版单位可与图书馆、科研机构等携手，提供期刊文章的在线访问服务，为这些机构的研究者提供便利；与其他数据库合作，将期刊文章纳入其中，扩大传播范围，提升期刊的可见

性和影响力，吸引更多读者和作者。期刊出版单位还可通过其他途径增强自身可见性，例如出版机构可融入社交媒体等在线平台，与读者和作者保持紧密互动；定期举办学术研讨会、讲座等，吸引更多学者和专家参与，从而提高期刊的知名度和影响力。

六、用户体验与服务升级的深化

在学术期刊数字化转型进程中，出版单位应提升用户体验与服务质量。通过改良网站架构、提升内容品质与可读性、强化互动与社交机制等措施，增强用户的满意度与忠诚度；通过个性化推荐与定制化服务，更好地满足用户的独特需求。

（一）网站架构的改良

采用响应式网站设计能保证在各种设备和屏幕尺寸下为用户带来一致的体验，涵盖桌面电脑、平板电脑和手机等设备。网站信息架构的改良，使用户能轻松获取所需内容，包括重新设计导航菜单、调整页面布局和优化搜索功能等。选用或开发符合学术期刊需求的内容管理系统（CMS）非常重要，系统应支持多媒体内容、在线投稿与审稿流程以及用户权限管理，实现期刊内容的便捷发布、更新和管理。将评论、分享和关注等社交媒体功能融入网站，激发用户参与和互动，从而提高网站活跃度和用户黏性。针对移动设备用户，提供简洁的移动版页面和一键拨打联系电话等功能，提升移动用户满意度和转化率。利用网站分析工具收集访问量、跳出率和停留时间等用户行为数据，评估网站性能和用户满意度。根据数据分析结果进行页面布局调整、内容质量改进等优化，确保网站架构具备充足的安全性和稳定性，保护用户数据和抵御恶意攻击，包括采用安全协议（如HTTPS）、定期备份数据和监控服务器性能等。考虑到学术期刊的读者和作者可能来自不同国家和地区，网站应支持多种语言并提供国际化的功能和界面，如表12所示。

表 12　响应式网站设计与学术期刊内容管理系统需求表

需求	详细说明
设备适应性	保证在各种设备和屏幕尺寸下获得一致的内容体验
信息架构	重新设计网站导航菜单，调整页面布局，优化搜索功能
内容管理系统（CMS）	选择或开发学术期刊内容管理系统，支持多媒体、在线投稿审稿流程及用户权限管理
社交媒体功能	融入评论、分享和关注等社交媒体功能，提高网站活跃度和用户黏性
移动设备优化	提供简洁的移动版页面和一键拨打联系电话等功能
数据分析	依据用户行为数据，使用网站分析工具进行优化
安全性	确保网站架构安全稳定，涉及使用安全协议、定期备份和监控服务器
国际化	网站支持多种语言，提供国际化的功能和界面

（二）内容品质与可读性的提升

数字化转型为学术期刊带来了深远影响，借助数据挖掘、语义分析等技术，对学术内容进行深度处理和分析，从而提高内容的准确性和可靠性，挖掘出更多潜在的信息和价值。借助数字化转型，学术期刊提供了更加多样化的内容形式，例如，通过引入图表、数据可视化、多媒体等元素使内容更加生动、直观、易于理解，也使读者更好地理解文章的核心观点和研究结果，提升内容的可读性和吸引力。在可读性方面，数字化转型进一步优化了学术期刊的互动性和个性化服务，例如，通过建立在线平台、提供个性化推荐等方式为读者提供更加便捷、个性化的阅读体验，帮助读者更快地找到感兴趣的内容，提高阅读效率和满意度。数字化转型还助力学术期刊与新媒体平台相融合，通过与新媒体平台合作，学术期刊可扩大传播范围，吸引更多读者和用户。新媒体平台也能为学术期刊带来更多的流量和用户反馈，促进内容的优化和改进。

（三）互动与社交机制的强化

传统的学术期刊主要依赖邮件、电话等途径与作者、读者沟通，这种方式效率不高且难以产生规模效应。在实现数字化转型后，学术期刊可以运用在线投稿系统、在线审稿系统等，实现与作者、读者的实时互动和高效沟通，为学术期刊提供更多互动方式，如在线论坛、在线问答等，从而使读者能够更便捷地参与学术讨论。数字化转型在很大程度上改变了学术期刊的互动机制，对社交机制产生了深远影响。传统学术期刊难以构建大规模的社交网络，然而在数字化转型后，学术期刊可借助社交媒体平台（如微信、微博等）建立自身的社交网络，发布最新研究成果、分享学术观点、组织线上活动等，进而吸引更多学者和读者参与互动与交流，使读者能更便捷地参与学术讨论。社交功能的实现增强了学术期刊的互动性和趣味性，也提高了期刊的影响力和传播效果。

（四）个性化推荐与定制化服务的提供

学术期刊数字化平台搜集并分析用户在使用过程中（如阅读文章、搜索关键词、浏览历史等）产生的行为数据，以期了解用户兴趣和偏好。运用机器学习和人工智能等技术对用户数据进行深度挖掘，构建用户画像，为个性化推荐提供依据。根据用户画像和数据分析结果，搭建个性化推荐系统，向用户推送与其兴趣和需求相匹配的学术文章和期刊。为提升推荐准确性和用户满意度，推荐系统应包括内容推荐、协同过滤推荐等多种算法。为满足用户个性化需求，推荐系统可提供定制化学术期刊服务，如个性化期刊订阅、主题推送、定制化学术报告等。通过用户调研、用户反馈等途径，不断优化和完善定制化服务，期刊才能适应用户需求的变化。在学术期刊数字化平台上增设互动和社交功能，如用户评论、讨论区、专家问答等促进学术交流和互动。以上这些功能既能增强用户的参与感和归属感，也能为个性化推荐和定制化服务提供更多用户反馈和数据支持。在收集和分析用户数据的过程中，需严格遵守隐私保护和数据安全相关法律法规，加强对用户数据的保护和管理，防止数据泄露和滥用。

第五章　融合出版背景下学术期刊的数字化出版

在当前出版融合发展环境下，学术期刊数字化出版已势在必行。期刊出版单位应大力探究与实践智慧编辑、智能印刷、智慧媒体和智能阅读等领域，从而更好地顺应数字化时代的要求，提升出版效率与质量并扩大期刊影响力与传播范围。

第一节　融合出版与学术期刊数字化出版

伴随着数字技术的飞速发展，我国学术期刊正在稳步推进媒体融合与数字化、智能化转型发展进程。融合出版是结合传统媒体与新兴媒体的优势，构建出一个多元化、全方位的传播体系，确保内容、渠道、平台、经营、管理等各个层面实现深度融合。学术期刊数字化出版则是运用数字技术、人工智能等手段，提升学术期刊在策划、组稿、编辑、出版、传播、服务等多个环节的品质。学术期刊数字化出版包括实施"融合出版+集群建设"的数字化出版战略，运用大数据、人工智能等技术进行内容分析、推荐、挖掘等，进而提高学术研究的创新性和效率。

在融合出版与学术期刊数字化转型背景下，出版单位应抓住发展机遇，积极进行转型升级，以便更有效地传播科技与文化，深入推动媒体融合，将数字化集成与融合确定为未来发展的重要目标；将重点放在科技服务和知识服务上，追求个性化服务，实现核心作者与期刊的即时互动；同时发展多渠道战略，结合融媒体的实际情况进行手机APP开发并丰富网站功能。

一、融合出版与学术期刊数字化出版的关联

（一）技术运用

融合出版与学术期刊数字化出版在技术应用方面具有一定的相似性，二者均采用新兴技术，例如人工智能、大数据和云计算等，为各自的转型升级和发展提供坚实的技术支持和动力。融合出版的过程需依赖数字化技术，实现纸质图书向电子书籍的转换，从而满足跨平台、跨终端的便捷阅读需求。学术期刊数字化出版则运用扫描、OCR等技术将期刊内容电子化，为读者提供更为便捷的搜索和阅读体验。

（二）内容创新

融合出版与学术期刊数字化出版在内容创新方面均取得了一定的成果。二者都是通过运用技术手段整合多媒体资源，增强互动性并提供个性化推荐等方法，对传统出版内容进行数字化处理与呈现。通过创新内容形式，研发出更加契合用户需求的新型内容产品，为读者带来更优质、高效的服务。

（三）用户体验优化

融合出版与学术期刊数字化出版均以用户体验为核心，通过优化产品交互设计、提升内容可读性与可访问性等途径，提高用户满意度和忠诚度。二者共同关注用户体验的优势，促使出版迈向数字化、智能化、多元化的发展方向，为用户带来更为丰富、便捷的信息获取、互动交流和满足个性化需求的体验。

二、融合出版与学术期刊数字化出版的差异

（一）侧重点不同

融合出版是对整个出版产业的整合与升级，覆盖内容生产、传播、营销等环节；学术期刊数字化出版则专注于期刊自身的数字化转型与智能化升级，主要涉及内容展示、数据处理、知识服务等领域。融合出版强调深度融合传统出版与新兴的数字技术、新媒体平台，实现出版内容、形式、渠道、管理等多方面的创新，消除传统出版与数字出版之间的界限，构建全新的出版生态，从而提升出版业的整体竞争力。在融合过程中，注重跨媒体、跨平台、跨领域的整合与协同，实现出版资源的优化配置和出版流程的创新。相较而言，学术期刊数字化出版主要关注期刊的内容、管理、运营等全方面的数字化升级，目的在于提高期刊的传播效率、用户体验和运营效率。学术期刊数字化出版强调的是运用大数据、云计算、人工智能等技术手段，对期刊的内容生产、分发、交互等环节进行智能化处理与优化，用以提供更精准、高效、个性化的服务。总之，融合出版侧重于整体出版生态的创新与改变，而学术期刊数字化出版更侧重于期刊自身的数字化升级与优化。

（二）实施主体的差异

融合出版的实施范围覆盖整个出版产业，包括出版社、发行机构以及印刷企业等多方参与者。然而，学术期刊数字化出版的主导力量主要集中在学术期刊出版社和相关学术研究机构。融合出版主要针对传统出版机构，如出版社、报社和杂志社等。在面对数字化、网络化和智能化等新兴技术的挑战时，这些机构需积极应对改变，利用技术创新和模式创新，实现传统出版与新兴出版的深度融合，更好适应数字化时代读者阅读方式和习惯的改变。学术期刊数字化出版的主体则是学术期刊的编辑部门或出版单位，目前，学术期刊正逐步向数字化、智能化方向发展。

编辑部门需借助先进技术手段，对学术期刊的内容、生产流程和管理方式进行全面数字化改造和智能化升级，以期提升编辑效率、出版品质和传播影响力。

（三）发展目标存在差异

融合出版的目标在于推动我国出版产业实现数字化转型与升级，进一步提升产业竞争力和创新能力。融合出版目标的实现，取决于对各类出版资源的高效整合以及对先进技术的应用，其共同推动传统出版与新兴出版之间的深度融合，进而塑造出版产业新格局。目标实现的关键在于消除传统与新兴出版之间的界限，实现出版流程的数字化、智能化和网络化，从而提升出版效率和质量，满足读者多元化的阅读需求。相较而言，学术期刊数字化出版更侧重于提升期刊的学术影响力和传播效率，运用数字化、智能化技术使学术期刊内容实现快速传播、广泛共享和高效利用，进而增强期刊的学术价值和影响力。

（四）发展趋势对比

融合出版的发展趋势在政策引领和技术迭代两个方面得以体现，在政策层面，我国陆续发布了多项关于融合出版的政策文件，为出版深度融合的高质量发展提供了政治保障，并明确了发展方向。在技术层面，数字出版技术作为核心驱动力，推动出版深度融合，实现了介质、形式、组织、战略的全面整合。学术期刊数字化出版的发展趋势主要表现为学术交流的强化和内容形式的创新。随着数字化技术的飞速发展，越来越多的学术期刊选择以数字化形式发布学术论文并提供开放获取的学术资源，进而推动学术交流的深入。在内容创新方面，数字技术的提升使期刊的内容形式越发丰富，例如视频、音频、图像等多媒体元素的融入，进一步丰富了学术期刊的表现形式。

第二节 技术驱动下的学术期刊数字化

伴随着科技的迅猛进步,学术期刊的数字化转型已逐步成为时代发展的必然趋势,成为推动学术期刊主动创新、追求卓越的核心驱动力,更是一次深远且全面的自省与创新。在这一过程中,学术期刊需从根本上摒弃传统思维方式,积极融入数字化与智能化的新兴产业,以焕然一新的姿态应对未来的挑战。

一、学术期刊数字管理系统的构建

(一)数字管理系统需求分析

学术期刊数字管理系统的需求涵盖稿件提交、稿件追踪、审稿管理、出版管理以及用户管理等多个方面,深入理解这些需求有助于明确系统的功能和特性,如表13所示。

表13 学术期刊数字管理系统功能表

功能模块	描述
硬件设备	RFID读写器用于实时读取并更新稿件信息,传感器监测环境条件如温度和湿度
软件平台	接收、处理并存储硬件设备采集的数据;自动化管理稿件分配;实时更新稿件状态;数据可视化技术展示复杂数据
审稿管理流程	整合投稿、约稿、查稿、排版、发布等工作流程;自动跟踪稿件状态;自动统计与分析审稿过程;支持在线审稿、在线沟通、在线修改
出版管理功能	全面支持在线出版功能,包括排版、校对、发布;多样化的发布方式满足用户需求;强化版权保护功能
用户管理系统	用户注册与验证、权限分配、行为监控以及反馈与互动等环节;记录和监控用户访问行为;用户反馈与互动渠道

1. 稿件提交功能

数字管理系统应提供一个简洁明了的稿件上传界面,界面应以用户友好为设计原则并能兼容 Word、PDF 等多种文件格式。作者在创作过程中可能会使用各种软件工具,具备兼容多种文件格式的上传系统有助于减轻作者的操作负担,从而提高作者工作效率。为确保稿件内容的安全性和真实性,系统应在上传过程中采用加密技术,防止内容在传输过程中被非法截取或篡改,充分保护作者的知识产权。在实际应用中,部分先进的数字管理系统已采用 SSL/TLS 等加密协议,对稿件内容进行加密处理,保障数据的安全性和完整性。

2. 稿件追踪机制

(1)硬件设备在稿件追踪中的基石作用

在数字化管理框架内,硬件设备是稿件追踪得以实现的关键,尤其是 RFID 标签、传感器以及 RFID 读写器等设备,在稿件追踪过程中发挥着重要作用。RFID 标签是一种集成芯片与天线的设备,为每一份稿件提供独一无二的标识,保证了稿件的精确识别。借助 RFID 读写器,出版人员能够实时读取并更新标签上的各项信息,如稿件的标题、作者与投稿状态等,从而提高编辑与审稿人员的工作效率,使他们迅速获取到与稿件相关的关键信息。传感器主要用于监测稿件所处的环境条件,如温度和湿度等,这些环境数据对于预测稿件的保存状况很重要,管理者借此及时发现并处理潜在问题,确保稿件质量不受损害。

(2)软件平台在稿件追踪中的核心作用

数字化管理系统的核心组成部分是软件平台,平台职责包括接收、处理并存储硬件设备采集的数据。在稿件追踪过程中,软件平台必须具备以下关键功能:首先,根据预设的规则和流程,实现自动化管理,软件平台应自动将稿件分配给相应的编辑和审稿人员,从而大幅降低人为干预与潜在误差。其次,软件平台应提供实时更新功能,使编辑和审稿人员能够随时掌握稿件状态与进度,确保信息的时效性与准确性。最后,借助数据可视化技术，软件平台将复杂数据以直观的图形化方式展示，使编辑和审稿人员能更清晰地了解稿件整体状况，为决策提供有力依据。

3. 审稿管理流程

数字管理系统为审稿管理工作提供了全面的信息化处理服务，通过在线平台整合投稿、约稿、查稿、排版、发布等各项工作流程，确保各个环节高效有序进行。作者仅需在线提交稿件，编辑与审稿人便可实时查看、评估与反馈，实现稿件信息即时共享与高效处理。系统可采用先进的XML、网络、在线编辑及工作流等技术提升审稿管理智能化与自动化水平，自动跟踪稿件状态、实时更新审稿进度，使编辑与审稿人全面掌握审稿工作实时动态。同时，系统可自动统计与分析审稿过程，数据化方式使审稿过程更加规范、公正、高效。编辑与审稿人可根据系统提供的数据，清晰了解稿件质量与趋势，为审稿决策提供有力支持。数字管理系统应配备丰富的功能与工具，支持在线审稿、在线沟通、在线修改等操作，提升审稿工作的便捷性、灵活性与高效性，从而提高审稿质量与效率，进一步提升整个出版流程的专业性与竞争力。

4. 出版管理功能

（1）全面支持在线出版功能

数字管理系统是运用自动化技术支持学术期刊的在线出版流程，全面覆盖排版、校对、发布等环节，从而有效提升出版效率。在排版方面，系统依据期刊的版面设定和格式规范，自动调整文章布局，使文章呈现更为美观且易于阅读。在校对环节，自然语言处理技术被广泛应用，系统能自动识别出文章中的错别字和语法错误，从而提高校对的准确性和效率。在发布环节，系统支持多样化的发布形式，如网页版和PDF版来满足不同用户群体的需求。

（2）多样化的发布方式满足用户需求

数字管理系统在支持传统PDF版本发布的基础上，提供了网页版等多样的发布形式。对于偏好在线阅读的用户，网页版凭借便捷的在线浏览功能受到用户欢迎；而对于希望打印或保存资料的用户，PDF版则以其高品质的文档格式成为理想选择。系统还兼容各类设备如电脑、手机、平板电脑等，用户可随时随地畅享学术期刊的丰富内容。

（3）强化版权保护功能

数字管理系统提供的版权保护功能，确保了学术期刊的知识产权得到充分保护，包括对文章内容进行加密处理以及设置访问权限等措施。加密处理有助于防止文章内容被非法复制或篡改，访问权限的设置则有助于限制用户对文章内容的访问范围。这样一来，只有获得授权的用户才能访问相关内容，为学术期刊的可持续发展提供有力保障。

5. 用户管理系统

用户管理构成数字管理系统的核心部分，涵盖用户注册与验证、权限分配、行为监控以及反馈与互动等多个环节。用户注册与验证是数字管理系统的重要组成部分，确保合法用户独享学术期刊资源，维护内容安全与完整性，防止未经授权的访问与非法复制。根据用户角色与身份，系统为用户分配合适的访问权限，作者可以提交和修订稿件，审稿人可以评审，普通用户则仅限浏览和下载已发表论文。权限管理策略使得用户仅能访问被授权的内容，进而维护了期刊出版秩序与学术诚信。

数字管理系统还具备记录和监控用户访问行为的功能，有助于发现异常行为，如过度下载、大量引用未注明来源等，据此采取相应措施。通过对用户行为数据的深入分析，系统能更好地了解用户需求与偏好，为优化学术期刊的出版与服务提供宝贵借鉴。系统通常设有用户反馈与互动渠道，如评论、评分、答疑等，增加用户与学术期刊的互动交流，提升用户参与度和满意度。通过收集用户反馈，系统可迅速发现并解决问题，持续改进期刊质量和服务水平。

（二）数字管理系统的规划设计

深入的需求分析是设计工作的基础，在此基础上，设计师需全面展开系统设计，涵盖系统架构、数据库结构、用户界面等核心领域。在系统架构方面，设计师应高度重视稳定性、可扩展性与可维护性，确保长远发展需求得到满足。在数据库设计环节，设计师需严格保证数据的安全性、一致性和完整性，使数据具有精确性与可靠性。对于用户界面设计，设计师应充分考虑用户操作习惯与体验，力求打造简洁、直观、高效的操作界面，经过一系列精心设计构建出高效、稳定、安全的数字管理系统，如表14所示。

表 14 数字管理系统规划设计表

领域	设计要点	设计理念与方法
系统架构	稳定性、可扩展性、可维护性	分层架构、微服务架构
数据库设计	安全性、一致性、完整性	数据加密、访问控制、备份恢复、数据约束和触发器、数据校验和清理
用户界面设计	用户操作习惯和体验	遵循用户认知和操作习惯、强化用户体验和可用性

1. 系统架构规划

系统架构是数字管理系统的重要支柱，决定了整个系统布局和各组件之间互动的基调。在架构设计过程中，稳定性、扩展能力以及维护便利性被视为重要的考量因素。为了实现这些核心目标，设计师可以采用先进的架构设计理念，如分层架构和微服务架构。

分层架构是将系统划分为多个独立逻辑层次，明确各层次间的依赖关系，从而降低系统内部的耦合度，这种设计思路有助于提升系统的可维护性和扩展性。例如，设计师可以将系统细化为数据访问层、业务逻辑层和表示层等，各个层次各司其职并通过标准接口实现信息交互。微服务架构是一种将整体系统拆分为多个小型独立服务的设计方法，每个微服务具备独立的部署和扩展能力，赋予系统更高的灵活性和可扩展性。同时，这种架构模式可以提高系统的容错性和维护性，因为每个微服务都可以由不同团队独立开发和维护。

2. 数据库设计

数据库设计是数字管理系统的核心环节，担负着数据存储与管理重任。在设计过程中，安全性、一致性和完整性是三条重要的原则。为确保数据安全，设计者需实施严格的安全措施，如数据加密、访问控制与备份恢复，数据加密保证数据在传输与存储过程中的安全；访问控制确保仅授权用户可操作数据；备份恢复机制则能在数据丢失或损坏时使其迅速恢复，将减损降至最低。

为维护数据一致性，设计者需细致规划数据库表结构及关系并设定相应数据约束与触发器，数据库表结构应精确反映数据实体及关系；数据约束确保数据合法性与准确性；触发器则在数据变动时自动执行相应操作，维护数据一致性。关于数据完整性，设计者需采用数据校验、数据清理等策略，数据校验确保输入数据的合规性；数据清理能定期清除过期或无效数据，确保数据库保持整洁与高效运行。

3. 用户界面设计

用户界面是用户与计算机系统之间关键的交互渠道，对于使用者的体验与满意度起着重要作用。在进行用户界面设计时，设计人员需全面深入地关注用户的操作习惯和体验需求。

（1）遵循用户认知与操作习惯

为了确保用户能够顺畅、高效地使用系统，设计者应根据用户的认知习惯和操作习惯进行界面设计。例如，可以借鉴用户熟悉的操作流程与界面布局，降低用户的学习成本，提供明确的用户帮助和提示信息，助力用户更快速地掌握系统操作。

（2）强化用户体验与可用性

在进行用户界面设计时，要关注对用户体验与系统可用性的提升，设计者应采用简洁明了的界面布局，搭配直观易懂的交互方式，从而优化用户使用体验；通过搜集用户反馈并进行严谨的测试，持续对界面设计进行迭代与优化，满足用户不断增长的需求。

（三）数字管理系统开发

数字管理系统在开发过程中要求开发者紧贴预设的系统设计蓝图，构建精细化的流程，打造功能完备、性能稳定、可靠性高的软件系统。在此过程中，开发者需谨慎选择合适的编程语言和开发工具，精心编写代码，确保软件质量和性能。同时，对系统进行周密测试，保障系统具有稳定性和可靠性，进而为用户提供优质的使用体验。

在系统开发阶段，编程语言和开发工具的选择非常重要，编程语言的选择将直接影响代码的可读性、可维护性和性能。例如，针对处理大量数据和复杂逻辑的系统，开发者可能会倾向于选用性能卓越的C++或Java等编程语言；而对于快速构建原型和迭代开发的系统，Python或Ruby等动态语言可能更为适宜。开发工具的选择也很重要，现代软件开发工具如集成开发环境（IDE）和版本控制系统（VCS）有助于提升开发效率和质量，IDE提供一站式代码编辑、编译、调试等服务，开发者因此更专注于实现系统功能；VCS助力团队协同工作，管理代码版本和变更历史，确保代码具有可追踪性和可回溯性。在实现系统功能的过程中，开发者需遵循编程规范和最佳实践，包括命名规范、注释和文档编写、代码重构和优化等。合理的代码组织和优化可以提高系统可维护性和可扩展性，为系统后续升级和功能扩展奠定基础。在系统开发过程中，测试环节也很重要，测试能保障系统的稳定性和可靠性，发现并修复潜在错误和问题。测试过程涵盖单元测试、集成测试和系统测试等多个阶段，单元测试针对代码单个模块进行，确保模块正常工作；集成测试检查模块间交互和协作；系统测试全面评估整个系统，包括功能、性能和安全测试，确保系统满足用户需求。测试环节助力发现并修复缺陷和漏洞，提高系统质量和稳定性，帮助开发者深入了解系统行为和特性，为后续优化和改进提供支持，如表15所示。

表 15　数字管理系统开发过程表

开发阶段	关键活动	重要性	示例
系统设计	紧贴预设的系统设计蓝图，构建精细化的流程	打造功能完备、性能稳定、可靠性高的软件系统	—
编程语言和开发工具选择	选择合适的编程语言和开发工具	影响代码的可读性、可维护性和性能	C++ 或 Java；Python 或 Ruby；IDE 和 VCS
代码编写	精心编写代码，保证软件质量和性能	遵循编程规范和最佳实践	命名规范、注释和文档编写、代码重构和优化
系统测试	进行周密测试，保障系统的稳定性和可靠性	发现并修复潜在错误和问题	单元测试、集成测试、系统测试

（四）数字管理系统部署方案

在系统开发圆满完成后，部署环节成为关键环节。对出版单位来说，清晰地认识到数字管理系统部署的核心价值非常重要。部署意味着将系统从开发环境平稳过渡到生产环境，对系统稳定性、安全性和可靠性进行全面考验。

在部署过程中，首要关注的是确保系统所需的软件和硬件得到妥善的安装与配置，涵盖了操作系统、数据库、中间件以及服务器的搭建和配置。为了保证系统高效运行必须选择性能稳定、兼容性出色的软硬件，根据系统的实际需求进行合理的资源配置。数据迁移和备份的重要性也不容忽视，在系统迁移的过程中，如何确保数据的完整性、准确性和安全性是部署人员必须面对的重要挑战。制订详尽的数据迁移计划，并且在迁移过程中实施充分的数据备份和恢复测试是保障数据安全的必要步骤。完成软硬件的安装与配置后，部署人员需要将系统发布到线上环境并对环境进行全面的性能测试、压力测试和安全性测试，目的是使系统在高并发、大数据量的情况下仍能够稳定运行。持续的系统监控和维护也是必不可少的，它能够及时发现并解决系统运行中可能出现的潜在问题。为确保系统部署的顺利，部署人员需要建立一套完善的部署流程和管理规范，包括部署前的准备工作、部署过程中的操作步骤以及部署后的验收标准。部署人员可以在规范化的部署流程中降低部署风险、提高部署效率使系统顺利上线，如表16所示。

表16 数字管理系统部署环节核心价值表

部署环节	核心价值	注意事项
软硬件安装与配置	确保系统从开发环境平稳过渡到生产环境	操作系统、数据库、中间件及服务器的搭建和配置
资源配置	保证系统高效运行	选择性能稳定、兼容性出色的软硬件，进行合理资源配置
数据迁移与备份	保障数据的完整性、准确性和安全性	制订详尽的数据迁移计划，实施数据备份和恢复测试
性能测试	确保系统在高并发、大数据量下稳定运行	进行全面的性能测试、压力测试和安全性测试
系统监控与维护	及时发现并解决系统运行中的潜在问题	持续的系统监控和维护
部署流程和管理规范	降低部署风险，提高部署效率	建立完善的部署流程和管理规范如准备工作、操作步骤和验收标准

（五）数字管理系统维护

数字管理系统的稳定运行离不开全面的维护环节，部署完成后，维护人员需对系统进行全方位的维护，包括系统更新升级、故障排除和数据备份等。定期执行更新与升级是维护工作的重中之重，可有效优化系统性能、增添功能、修复已知漏洞，从而提升系统的稳定性和安全性，使系统紧跟时代步伐，满足用户需求，同时在维护过程中解决可能出现的故障。当系统出现故障时，专业的维护团队需迅速定位问题并采取有效措施进行修复，高效的团队能在最短时间内使系统恢复正常运行，减少损失。数据备份是维护过程中不可或缺的环节，为确保数据安全性，维护人员需定期进行数据备份并在发生故障时及时进行数据恢复，基于此，制定完善的备份策略和采用可靠的备份设备是维护工作的重中之重。系统维护的范畴还包括性能监控、安全性检查和用户支持。性能监控有助于维护人员及时发现系统瓶颈，从而优化性能；安全性检查可以预防潜在风险，确保系统安全稳定运行；用户支持能解答用户在使用过程中遇到的问题，提供技术支持和培训，从而提升用户体验。

数字管理系统维护复杂且重要，全面维护措施能保证系统稳定运行和数据安全，提供优质服务。建立学术期刊数字管理系统时，应注意数据安全性、用户体验和可扩展性。涉及敏感数据，如作者信息、稿件内容，需保护安全；考虑用户操作习惯与体验，应提供易用界面和友好交互；支持业务需求变化，应具备良好的可扩展性，充分理解业务需求并选用合适的技术方法，确保稳定性、可靠性和易用性，如表17所示。

表17 数字管理系统维护措施表

维护环节	维护内容	维护目的
系统更新升级	优化系统性能、增添功能、修复已知漏洞	提升系统稳定性和安全性，满足用户需求
故障排除	迅速定位问题并采取有效措施进行修复	减少损失并尽快恢复正常运行
数据备份	定期进行数据备份并在发生故障时及时进行数据恢复	确保数据安全性
性能监控	及时发现系统瓶颈并优化性能	提升系统性能
安全性检查	预防潜在风险，确保系统安全稳定运行	保障系统安全
用户支持	解答用户问题，提供技术支持和培训	提升用户体验

二、学术期刊中人工智能技术的应用

在出版领域持续改进的融合环境中，人工智能技术在学术期刊建设方面展现出日益显著的影响力与关键性作用。

（一）内容生产环节

人工智能技术在内容生产环节展现出智能化、自动化和精确性特征，对学术期刊产生了深远影响。运用自然语言处理和机器学习等技术，能够深度挖掘和分析庞大的文献资料库，精确识别研究领域的发展热点和前沿趋势，为编辑团队提供科学、合理且具有预见性的选题建议，从而大幅提升选题策划的质量和水准。机器学习算法能够对学术论文进行深度分析，自动审查原创性、引用准确性和格式规范等，协助期刊编辑筛选出优质稿件。利用自然语言处理与机器学习技术构建智能推荐系统，可根据读者的个性化阅读习惯和兴趣，提供给读者相关论文推荐，实现文章自动分类，便于读者与编辑快速定位所需的论文内容。深度学习和自然语言处理等技术还可应用于学术论文的研究方法、数据分析和结论等方面，对论文进行自动评估，为审稿专家提供辅助决策支持，从而缩短审稿周期、提高审稿效率并确保论文质量。机器学习技术还能对学术期刊的大量数据进行挖掘与分析，揭示研究趋势和热点话题，为期刊编辑与作者提供有益信息，助力学术期刊精准定位发展方向，提升内容质量和影响力。

（二）编辑校对过程

出版单位在编辑校对过程中运用人工智能技术可实现文本的自动化校对，自动识别并纠正拼写、语法和标点等错误，从而减轻人工校对的负担。应用自然语言处理技术可深入分析文本的结构和语义，有效发现潜在问题并提供切实可行的改进建议。在内容审核方面，人工智能技术同样发挥着重要作用，以新闻编辑为例，人工智能技术可以自动检查文本中是否含有敏感信息或违规内容，确保新闻报道的准确性和公正性，为媒体行业提供有力的技术支持。人工智能技术具有强大的个性化推荐能力，可根据用户兴趣和偏好推荐合适的内容。在编辑过程中，人工智能结合读者反馈和数据分析，可为编辑提供个性化的内容推荐建议，进一步提升内容的吸引力和可读性，满足广大读者的阅读需求。运用人工智能技术，出版单位可对海量的文本数据进行深入分析和挖掘，揭示出有价值的信息和见解，助力编辑更深入地了解读者的需求和喜好，进而优化内容的质量和结构，提升整体编辑水平。

（三）内容分发环节

利用人工智能技术，学术期刊实现了个性化推荐，根据用户的阅读偏好、兴趣与研究领域，精准地推送符合其需求的学术内容，从而提高用户满意度，增加期刊的阅读量和影响力。人工智能技术还可借助自然语言处理等方法，对学术文章进行智能分类和标签化，确保文章能精确地归属于相应的学科领域，便于用户快速检索和获取相关信息。尤其是标签化功能对于用户更快地理解文章主旨和内容、进一步提高内容分发效率作用很大。在社交媒体整合方面，人工智能技术有助于出版单位将学术期刊的内容广泛传播到各大社交媒体平台，如微信、微博等，吸引更多关注该领域的用户，扩大文章的影响力和传播范围。

（四）内容消费环节

人工智能技术能够分析用户的阅读记录、兴趣爱好、研究领域等信息，从而为其推荐相关学术期刊文章，提升用户阅读效率，扩大学术期刊的影响力，吸引更多读者。利用自然语言处理和文本挖掘等技术，人工智能可对学术期刊文章进行自动筛选和分类，使用户能迅速找到感兴趣的内容，进一步提高阅读效率，提升学术期刊的内容质量，提高发表文章的学术水平。人工智能技术还能通过语义理解和知识图谱等技术，对学术期刊文章进行深度解读和分析，使用户能更全面地理解文章内容，提升阅读质量，为学术期刊提供新的创作思路和方法。借助智能问答和智能推荐等技术，可以提升学术期刊与用户的交互性，增加用户的参与度和黏性，从而提高学术期刊的用户满意度和影响力。

三、移动互联网与学术期刊的融合

在当前融合出版背景下，移动互联网与学术期刊的整合呈现出旺盛的生命力，主要体现在媒体融合方面。媒体融合涉及内容、渠道、平台、经营和管理等多个方面，拓宽了学术期刊的传播途径，提升了期刊影响力，让读者享受到更加便捷、高效、个性化的阅读体验。

（一）基于数字化资源共享平台的融合

近年来，在国家信息化建设政策的积极推动下，中国知网、万方数据、维普网、OA平台等综合性数据库，集信息资源产品、信息增值服务、信息处理方案于一体，发展迅速且日新月异。这些平台与期刊达成合作协议，对数字化期刊进行集中分类、存储和整合，为用户提供了高效的信息服务。利用数据库的规模效应，期刊实现了知识资源的高效传播与共享，与共享平台形成相互依赖、共同成长、合作共赢的紧密关系。

随着互联网技术的飞速发展，数字化资源共享平台在推动学术信息传播、促进社会进步方面的作用日益凸显。利用平台的融合，期刊的知名度和影响力得到显著提升，为广大读者提供了更加便捷的学术资源获取途径。随着数字化资源共享平台不断壮大，一些问题也逐渐浮现。平台上学术论文的版权问题日益受到关注，如何在保护作者知识产权的同时实现知识共享，已成为亟待解决的问题；平台上信息的真实性和准确性也受到质疑，确保信息的真实、准确、权威已成为共享平台必须面对的挑战。针对上述问题，我国政府部门已开始积极行动，不断完善相关政策法规，加强对数字化资源共享平台的监管。例如，明确规定平台需进行信息审核，确保信息具有真实性和准确性；为解决版权问题提供新思路，如推动实施知识共享协议，作者需在保留版权的前提下，允许他人免费使用和传播其作品。为进一步提升数字化资源共享平台的服务质量，许多平台已开始引入人工智能技术进行信息筛选和推荐，运用大数据分析用户需求提供更精准的服务。同时，平台还加强了与期刊、学术机构、作者等各方的合作，共同提高学术信息传播的效率和效果。

站在新的历史节点上，数字化资源共享平台在推动学术信息传播与社会进步中的作用越发明显。我国将坚定不移地推进信息化建设，完善政策环境，为数字化资源共享平台的发展提供有力支持。与此同时，平台也需不断创新，优化服务质量，以满足广大读者和研究者的需求为己任。在积极与国际接轨的过程中，推动全球学术信息共享与传播，为构建人类命运共同体贡献中国智慧和中国力量。在这一过程中，期刊出版单位与数字化资源共享平台之间的合作将更加紧密，共同推动学术信息传播的发展。广大读者将因此受益，享受到更加丰富、便捷的学术资源。数字化资源共享平台与期刊的合作共赢局面将进一步深化，为我国乃至全球的学术信息传播和科技创新注入新的活力。

（二）基于期刊网站的融合

众多学术期刊已纷纷建立门户网站，利用网站塑造品牌、吸引广泛关注、获取优质稿源、提升期刊品质。网站一般汇集了信息发布、在线阅读、下载服务、作者投稿、留言互动和编辑审稿等多重功能，具有较高的自主性，可视为期刊的"名片"。基于网站整合可从内容优化、互动功能提升、传播渠道拓展、网络安全与隐私保护以及关注行业发展趋势等方面进行优化。通过这些改进，可以全面提升期刊网站建设水平，为可持续发展奠定坚实基础。

为提升用户体验，期刊网站建设需注重内容精细化、特色化与时效性，精细化体现在网站内容详尽周全，涵盖期刊各个层面，如栏目设定、编委团队、审稿流程、发表周期等；特色化强调彰显学科特色与优势，吸引潜在作者与读者；时效性要求网站更新迅速，信息发布及时，确保用户第一时间获取所需资料。为增强网站活跃度，加强作者、读者与编委间的互动交流，设立在线留言板、论坛、微信群等交流平台，便于用户提问、发表观点与分享经验。同时，举办线上活动，如征文比赛、学术讲座、专家访谈等提高用户黏性。利用互联网传播优势，扩大期刊网站影响力，采用搜索引擎优化（SEO）技术，提升搜索引擎排名，增加曝光度；利用社交媒体平台（如微博、微信公众平台、抖音等）广泛推广，吸引更多关注；与其他学术期刊、学术机构、图书馆等合作实现资源共享，达到互惠互利。在网站建设过程中，对于网络安全与隐私保护采取措施确保用户信息安全，防止数据和投稿信息泄露、被篡改或遭受恶意攻击；尊重用户隐私，遵守法律法规，避免滥用个人信息。

（三）基于社交媒体的推广

随着社交媒体的广泛应用，众多学术期刊纷纷借助微信、微博、抖音等平台进行宣传推广，发布最新文章摘要、研究动态、征文通知等信息，以便及时向用户传递期刊的最新资讯。利用社交媒体，期刊出版单位可以与作者及读者展开互动，听取他们的意见和建议，进而提升期刊的亲和力和认同感。社交媒体助力学术期刊扩大影响力，打破地域和时间桎梏，实现了全球范围内的传播。然而，在利用社交媒体推广学术期刊的过程中也存在若干问题。在社交媒体环境下，信息传播速度很快，但也容易受到虚假信息、谣言等的影响，所以学术期刊在发布信息时应严格把关，确保信息的真实性与准确性，避免误导用户。传统的传播效果评估主要依赖发行量、点击量等指标，但这些指标无法全面反映学术期刊在社交媒体上的影响力，学术期刊单位需探讨更为科学、全面的传播效果评估方法，以便更好地了解自身在社交媒体上的表现，进而调整传播策略。

由于学术期刊专业性较强，作者与读者往往具备较高的专业素养。然而，社交媒体的普及使更多人可以参与学术讨论，意味着学术期刊在传播过程中，需兼顾专业性与大众化，使更多人能够参与到学术讨论中。我国学术期刊在社交媒体推广方面已取得显著成果，以微信、微博为代表的社交媒体平台为学术期刊提供了全新的传播渠道，使学术成果得以广泛传播，学术期刊可借助这些平台及时了解作者和读者的需求来提升服务质量。今后，学术期刊应深化与社交媒体之间的协作，充分挖掘自身优势，更有效地提升期刊的影响力。具体策略：优化信息发布策略，确保信息的真实性与准确性；研究更为科学的传播效果评估方法，以便指导传播策略的调整；强化期刊与作者、读者之间的互动，提升期刊的亲和力与认同感；重视专业性与普及性的平衡，促使更多人参与学术讨论。

四、学术期刊微信公众平台的运营

为了提高学术知识传播的效率和广度，增强期刊影响力，数字化媒体平台的整合已成为发展的必然趋势。在这一背景下，微信逐渐成为学术期刊融媒体传播平台并发挥着重要作用，现已成为期刊宣传的重要领域。然而，近期调查数据显示，我国学术期刊在微信公众平台的入驻率仅约为一半，且在运营过程中面临诸多困境，成效尚待提升。

（一）学术期刊微信公众平台运营现状和问题

1. 入驻率不高

作为我国最具影响力的社交媒体之一，微信公众平台以其庞大的用户基础，成为学术期刊传播的重要渠道。然而，当前我国学术期刊在微信公众平台上的入驻率尚不高，仅约半数期刊选择入驻。这一现象意味着，尽管微信公众平台具备巨大的传播潜力，但是大量学术期刊尚未充分利用这一渠道，从而错失了提升影响力、加快传播速度的良好契机。但微信公众平台确实为学术期刊带来了一种全新的传播方式，使学术论文、研究成果能迅速传递给广大读者，提高学术交流效率，且平台具有较强的互动性，读者可在阅读过程中发表观点、评论，甚至与作者进行线上交流，激发思考并提升学术讨论的活跃度。

然而，为何仍有众多学术期刊未入驻微信公众平台呢？原因或许包括以下几方面：一是传统观念的制约。部分期刊可能认为，微信公众平台内容较为碎片化，不宜发布严谨的学术成果，从而对其持有偏见，不愿将学术传播与社交媒体相结合。二是运营能力的短缺。微信公众平台的运营需要一定的专业技能如公众号推广、内容编辑与发布等，部分学术期刊或因人力、财力等限制，难以在微信公众平台上开展有效运营。三是担忧学术诚信问题。微信公众平台信息传播速度快，但也可能引发学术不端行为如抄袭、剽窃等，一些期刊担心在微信公众平台上发布学术成果会加大学术诚信问题的风险。针对这些问题，期刊出版单位应转变观念，认识到微信公众平台的重要价值并采取措施提高入驻率；加强微信公众平台的运营能力，通过专业团队或外部服务提供商予以支持；建立健全学术诚信管理体系，加强对微信公众平台上学术传播的监督与管理。

2. 运营困难

在数字化时代，学术期刊纷纷寻求线上传播途径来扩大期刊影响力。作为中国最大的社交软件之一，微信公众平台拥有庞大的用户群体，期刊出版单位应将其视为重要的传播阵地。然而，运营学术期刊的微信公众平台并非易事，许多期刊在实践过程中普遍遇到一系列难题，包括内容策划、粉丝互动以及运营团队建设等多方面的挑战。学术期刊的内容具有较高的专业性和严谨性，相较于其他类型的微信公众号，其内容策划更具挑战。如何在保持学术性的同时，提升内容的吸引力、可读性和实用性是学术期刊运营团队需持续探索的问题。由于学术期刊的受众群体相对特定，如科研人员、师生等，粉丝互动受到限制，如何扩大影响力，吸引更多非特定受众关注并参与互动，是学术期刊微信公众平台运营中需克服的困境。而期刊出版单位往往面临人力资源有限的问题，运营团队在人员配置、专业能力、工作经验等方面可能存在不足，如何构建一支高效、专业的运营团队，提高微信公众平台的运营水平成为学术期刊必须面对的问题。

针对所面临的问题，学术期刊可采取以下策略：首先，加强与专业团队的协作，汲取成功经验，提升内容策划与粉丝互动能力；其次，充分运用现有资源如学术会议、专家讲座等，策划有针对性的活动，扩大影响力；再次，培育或引进具备新媒体运营经验的优秀人才，加强运营团队建设，提高整体运营水平；最后，关注行业动态，紧密跟踪发展趋势，不断优化运营策略来适应微信公众平台的发展变化。

3. 效果欠佳

尽管部分学术期刊在微信公众平台上具有一定的关注度，但其传播效果并不理想，难以实现学术知识的有效传播。在当前信息化时代，学术期刊纷纷寻求线上传播途径来扩大影响力。微信公众平台是普及度较高的社交媒体，自然成为学术期刊的选择。在实际运营过程中，许多学术期刊在微信公众平台上发布的信息主要以文字为主，缺乏图片、音频、视频等多媒体形式，内容形式单一而使信息显得较为单调。在信息爆炸的时代，用户更容易被丰富多彩的形式吸引，学术期刊应尝试创新内容形式来提升用户的阅读体验。部分学术期刊在微信公众平台上的更新速度较慢，甚至长时间不更新，使用户关注度逐渐下降。为保持关注度，期刊应提高更新频率，至少每周发布一篇有价值的内容来满足用户的信息需求。

在微信公众平台运营过程中，学术期刊与用户的互动较少，用户在阅读过程中产生的疑问、建议等难以得到及时回应。加强互动性，既可以提升用户体验又能提高期刊的亲和力，期刊单位可以通过举办线上活动、征集读者意见等方式，增加与用户的互动。另外，部分学术期刊在微信公众平台上的推广力度较小，关注度有限。出版单位可以利用合作推广、朋友圈广告等推广手段提高知名度，还可以利用其他社交媒体平台进行跨平台推广，扩大传播范围。

（二）学术期刊微信公众平台私域流量运营策略

1. 精准定位

在当下信息爆炸的时代背景下，要想在竞争激烈的市场中稳固地位，期刊出版单位必须明确自身受众群体，根据不同群体制定具有针对性的内容策略与运营方案，从而确立市场定位，获得受众的喜爱与认可。出版单位需深入剖析期刊读者的特征，包括年龄、性别、职业、地域、兴趣爱好等，在掌握这些特点后，进一步分析读者的需求和期望，提供给读者更加符合口味的高品质内容。内容是学术期刊的灵魂，唯有高质量、有价值的内容才能吸引读者。在制定内容策略时，出版单位应充分考虑读者需求，根据读者特点制定相应的内容策略，提供他们关心且感兴趣的话题。同时，注重内容的原创性与独家性来保证学术期刊的独特性。运营方案是推动学术期刊发展的关键，出版单位需根据读者特点和需求制定有针对性的运营策略，如线上线下活动、社交媒体推广、合作伙伴关系等来扩大期刊影响力。同时，根据读者反馈，不断调整与优化运营策略，提高读者满意度。

数据分析和评估同样重要，出版单位对期刊读者数据进行分析，可以了解期刊在市场中的表现，为后续内容策略和运营方案提供依据。此外，还需注重评估期刊运营效果，对不合理的策略进行调整，确保期刊持续发展。针对不同群体制定相应的内容策略和运营方案，精准定位期刊读者是学术期刊在市场竞争中取得优势的关键。只有充分了解和把握读者需求，才能为他们提供满意的期刊产品，进而实现期刊的长远发展。

2. 内容为王

在当下信息丰富的环境中，出版单位需秉持内容为王、质量为本的原则，积极创作具有学术价值和创新性的作品，吸引并维系读者群体。在整个创作与传播过程中，质量应被视为核心竞争力。学术价值是出版单位追求的核心目标，在知识更新速度日益加快的背景下，提供具有学术价值的内容，才能为读者带来最新的研究成果和见解，帮助读者紧跟所在领域的研究进展，激发对相关领域的浓厚兴趣。学术价值突出的内容通常具备以下特点：第一，论述过程严谨，遵循逻辑推理与实证分析，从而使观点立论有据。第二，对研究领域内的核心问题展开深入探讨，提供独到见解。第三，关注领域内的研究趋势，为未来发展方向提供有益启示。

创新性同样是出版单位关注的重点，在竞争激烈的内容市场中，创新成为吸引读者的关键因素，具有创新性的内容能够带给读者新的体验和启发，展现作者的独到之处。创新性可以从以下几个方面体现：一是观点新颖，提出与众不同的观点，挑战传统认知；二是形式创新，打破传统的内容呈现形式，如图文结合、短视频、互动式体验等；三是跨界融合，结合不同领域的研究成果，形成独特的视角和见解。为吸引和留住读者，出版单位需关注内容质量以及读者需求和喜好,以下几点建议有助于实现目标:第一,标题吸引。精心设计标题,简洁明了地传达文章主题,激发读者的好奇心。第二,内容易懂。用通俗易懂的语言表达复杂的概念和观点,降低阅读门槛。第三,结构清晰。合理组织文章结构,让读者一目了然,提高阅读体验。第四,情感共鸣。融入真挚的情感,让读者产生共鸣,感受到作者的诚意。

(三)个性化运营

在信息爆炸的时代背景下,学术期刊作为重要的知识传播载体,面临巨大的竞争压力。为确保在众多期刊中脱颖而出,出版单位需深入探讨期刊的独特之处,实施个性化平台运营策略,策划具有特色的线上线下活动,提高粉丝活跃度和忠诚度。

首先,出版单位需全面了解目标受众,包括其兴趣爱好、需求和期望。运用调查、数据分析等手段精准把握受众的阅读习惯和喜好,为个性化运营提供数据支持。其次,充分挖掘期刊的独特性,塑造独一无二的品牌形象。每本期刊均有其独特的历史、内容和风格,出版单位应在此基础上发挥创意,策划具有吸引力的专题活动,吸引更多目标受众。再次,针对期刊特点,策划一系列线上线下活动。线上活动包括征文比赛、专家讲座、线上研讨会等;线下活动包括读者见面会、主题沙龙、实地考察等,组织这些活动可以让粉丝更深入地了解期刊,增强粉丝对期刊的认同感和归属感。此外,出版单位应紧跟时代潮流,不断创新。利用社交媒体、短视频、直播等新兴平台,拓宽传播渠道,提升期刊的知名度和影响力。同时,结合传统媒体报纸、电视、广播等实现多元化传播,覆盖更广泛的受众群体。最后,出版单位需加强与粉丝的互动,建立良好的沟通机制。借助设置留言区、开设投稿邮箱、开展问卷调查等方式,及时了解粉丝的意见和建议,为粉丝提供更加贴心的服务。同时,鼓励粉丝参与期刊的策划、编辑等工作,使粉丝成为推动期刊发展的重要力量。

（四）跨平台推广

在数字化时代，学术期刊的传播方式不断改变，以期更有效地推广学术成果并扩大读者群体。借助微博、抖音等社交媒体平台实施跨平台推广，已成为学术期刊传播的重要策略。

1. 跨平台推广的意义

利用各类社交媒体平台进行学术期刊相关信息发布，广泛拓展传播渠道，使更多的公众了解并关注学术期刊。社交媒体平台各自具备独特的用户特征，跨平台宣传使得学术期刊更加精准地满足不同受众群体的需求，提升了学术期刊在网络环境中的知名度，从而进一步提高了学术期刊的影响力。借助其他社交媒体平台，学术期刊能以更为丰富的形式展示研究成果，如图文、音频、视频等。

2. 微博、抖音等社交媒体平台的应用

作为我国具有广泛影响力的社交媒体平台之一，微博会聚了大量用户。学术期刊可充分运用微博平台，发布最新论文摘要、研究动态与作者简介等信息并通过微博话题、热门榜单等，提升期刊曝光度。抖音是一个以短视频为主的社交媒体平台，用户活跃度很高，期刊出版单位可发布与研究领域相关的短视频，如实验操作、研究进展汇报等吸引更多用户关注。

3. 跨平台推广策略

跨平台推广针对各类社交媒体平台的特性和目标受众，明确学术期刊的定位和读者群体，进而有针对性地规划推广策略；根据学术期刊的研究领域，创作丰富的特色内容激发读者的阅读兴趣；通过组织线上问答、直播讲解等互动活动，提高用户黏性，增强学术期刊的口碑。同时，加强与其他学术期刊、研究机构、学者的合作，共同推广学术成果，扩大传播范围。跨平台推广是实现学术期刊多元化传播的有效手段，充分利用微博、抖音等社交媒体平台可拓宽学术期刊的传播渠道、提升期刊影响力并满足不同受众需求。

（五）数据分析

在数字化时代，数据分析已逐步渗透到企业运营的各个环节，微信公众平台等社交媒体领域更是如此。微信是我国领先的社交平台，在微信平台上进行运营的出版单位应充分运用数据分析工具优化运营策略，实现精准传播，从而提升品牌影响力。

1. 定期收集微信公众平台运营数据

定期整理学术期刊微信公众平台的运营数据涉及多个环节与工具，在实施过程中，首先，明确所需收集的数据指标，如阅读量、点赞数、转发数、评论数与用户增长等。其次，设定数据收集的频率，如每日、每周或每月等。微信公众平台为运营者配备了基础数据分析工具，可在后台查看粉丝分析、图文分析、消息分析、接口分析等数据；市场上很多第三方数据分析工具，如新榜、清博指数、微小宝等，都可提供更为丰富的数据维度和深入的数据分析，运营者可根据需求选择合适的工具并与微信公众平台绑定来定期获取数据。

对于擅长编程的运营者可编写自动化脚本或利用现有工具定期抓取微信公众平台的运营数据。自动化抓取数据需遵循微信公众平台使用协议并确保不对服务器造成过大负担，还需确定数据收集的具体时间如每日几点、每周几等，并设定数据收集的格式与存储方式如Excel、CSV等。分配专人负责数据收集工作来确保数据的时效性与准确性。收集到数据后进行整理与分析，了解微信公众平台的运营状况。根据分析结果，编制运营报告，为后续运营策略提供依据。同时，确保数据安全，防止泄漏，遵守相关法律法规，尊重用户隐私。根据数据分析结果，持续优化运营策略，提升微信公众平台的影响力和用户黏性，定期审视数据收集与分析流程，根据实际情况进行调整与优化。

2. 数据整理与清洗

运营者必须明确各类数据来源，例如用户行为数据、文章阅读数据以及用户反馈数据等。在此基础上，全面搜集各类数据并确保数据的完整性和准确性。在进行数据清洗之前，可能需要进行一定的预处理工作，如去重、处理缺失值等。数据清洗的目标是消除重复、错误或不完整数据并将数据规范化，涵盖删除重复记录、修正错误数据、填补缺失值等。清洗后的数据需进行分类和编码，方便后续的数据分析和处理。随后，将清洗后的数据存储在适当的数据库中，便于后续分析和处理。在数据整理与清洗的最后阶段，需验证数据的准确性和完整性来保证数据质量。

3. 数据可视化分析

在启动数据可视化分析之前，出版单位需明确拟实现的目标，如掌握读者阅读习惯、评估文章传播效果等，确定需分析的具体数据内容如阅读量、点赞量、转发量等。根据分析目标，搜集相应的数据并确保数据的准确性和完整性。搜集到的数据为了后续进行分析需经过清洗、整理和处理。根据分析需求和数据特点，选择合适的可视化工具，如Excel、Tableau、Power BI等帮助运营者将数据转化为直观的图表和图形，根据分析目标和内容，设计适合的可视化图表和图形。选择合适的图表类型（如柱状图、折线图、饼图等）以及颜色、字体等视觉元素，使图表简洁明了且能吸引读者注意力。利用可视化工具对处理后的数据进行分析，生成可视化图表和图形。接着，根据图表和图形解读分析结果，挖掘数据中的规律和趋势，为学术期刊的编辑和出版提供决策依据。根据分析结果和读者反馈，持续优化和更新可视化分析，改进图表设计、调整分析角度和方法，提升数据可视化分析的质量和效果。

4. 数据驱动运营策略优化

运用数据分析微信公众平台的运营有助于学术期刊出版单位更加深入地理解粉丝的需求，优化运营策略，进而提升品牌影响力。对微信公众平台的运营数据进行定期分析，不断调整与优化运营策略将有助于实现微信公众平台的持续发展。根据数据分析的结果，有针对性地调整运营策略，深入分析粉丝所偏爱的文章类型、话题以及内容的发布时间与频率等因素，制定更契合粉丝需求的内容策略。依据粉丝的活跃时间，策划各类线上活动，提高粉丝的参与度，如在粉丝活跃时段发布活动来增加活动的曝光度。分析粉丝对内容的反馈，加强与粉丝的互动来提升粉丝的忠诚度，如鼓励粉丝留言评论，及时回应粉丝的问题等。根据数据分析结果，了解粉丝的兴趣爱好、地域分布等信息，为广告投放和其他推广活动提供依据，实现精准传播。

（六）人才培养和运营团队建设

优化运营团队建设，增进团队在内容策划、粉丝互动、数据分析等领域的专业能力，人才培养是出版单位发展的重要环节。在市场竞争激烈的环境下，拥有高素质、高效率的运营团队应从多方面着手加强团队建设，持续提高团队在内容策划、粉丝互动、数据分析等方面的综合能力。

1. 人才培养

内容策划在运营团队中占据重要地位，优秀的策划团队应具备敏锐的市场洞察力、丰富的创意资源与扎实的文字表达能力。为提升团队策划能力，出版单位应定期组织内部培训活动，分享行业前沿动态和成功案例，激发团队成员的创新思维，还可邀请外部专家进行授课，传授内容策划的专业知识与实用技巧。

粉丝互动对于运营团队同样重要，出色的互动团队应具备良好的沟通技巧和人际关系处理能力。为提升团队在这方面的能力，出版单位可开展系列团队建设活动，增强团队凝聚力，培养成员间的信任与默契。学习粉丝互动的成功案例，深入了解粉丝需求，提升团队在互动中的反应速度与服务质量。数据分析是衡量运营团队绩效的关键指标，专业的数据分析团队需具备扎实的统计学基础与丰富的数据处理经验。出版单位应引入先进的数据分析工具与软件，提升团队数据处理能力。同时，组织团队成员学习数据分析方法与技巧，培养团队成员从海量数据中挖掘有价值信息的能力。决策数据驱动，优化运营效果，从而实现出版单位的既定目标。

2. 平台运营

经过细致严谨的数据分析可以看出，学术期刊在微信公众平台运营的过程中，深入理解粉丝需求、持续优化运营策略以及精准提升品牌影响力等都是不可或缺的重要环节。通过定期审视微信公众平台运营数据，出版单位可以科学合理地调整和完善运营策略，确保平台稳健且持续发展。基于数据分析，笔者提出以下策略性建议：首先，内容优化是吸引并维持粉丝关注的核心要素。通过深入分析粉丝偏好的文章类型、话题以及内容发布的时间点和频率，出版单位可以制定更为贴合粉丝需求的内容策略，从而提升内容的吸引力和传播效果。其次，精心策划活动是提高粉丝参与度和活跃度的重要手段。出版单位应依据粉丝的活跃时间段，策划具有吸引力的线上活动，提高活动的曝光度和参与度。再次，积极与粉丝互动是增强粉丝忠诚度和黏性的重要途径，出版单位应密切关注粉丝对内容的反馈，及时回应粉丝的疑问和建议并鼓励粉丝积极留言评论，从而建立起与粉丝之间的紧密关系，深入了解粉丝的兴趣爱好、地域分布等信息，为广告投放和其他推广活动提供精准的目标定位，以期达到更高效的传播效果。最后，加强运营团队的建设，提升团队在内容策划、粉丝互动、数据分析等方面的专业能力是实现上述策略的重要保障。出版单位应通过定期的内部培训、邀请外部专家授课等方式，持续提升团队的专业素养和综合能力。

（七）期刊案例剖析

1. "Wiley 威立"

约翰威立（Wiley）位居全球第三大学术期刊出版商之列，出版物广泛涉足生命科学、物理、化学等多个领域。威立（Wiley）微信公众平台立足于其自身、与学协会合作出版的100多种工程期刊，以及与包括英国工程技术学会（IET）、美国陶瓷学会、美国化学工程师学会等在内的20多个顶尖学会和多个合作伙伴的紧密合作关系。

"Wiley威立"微信公众平台的数字化核心表现为移动端稿件状态查询及提醒服务，侧重于我国科研人员和作者的需求，使其能通过微信便捷地查询稿件状态并接收相关通知。目前，该微信公众平台上线的首批期刊包括47本材料科学和高分子科学期刊，以及26本化学科学期刊。用户只需关注Wiley作者服务与开放科学微信公众号，点击菜单栏左下角的"稿件查询"，进入注册页面，选择投稿的期刊并注册激活接收稿件通知功能，即可启用该服务。此外，结合微信公众平台的特点，Wiley还推出了诸如"专家访谈"等特色栏目，提升粉丝活跃度和黏性。为了更好、更快地帮助中国作者扩大科研影响力和促进学术交流，威立（Wiley）中国官方社交媒体平台（微信公众号和微博）现已开启免费学术论文推广服务。

2. 中科院之声

"中科院之声"微信公众号是中国科学院的官方微信公众平台，不仅是科研工作者和公众沟通的桥梁，更是普及科学文化、提升全民科学素养的重要阵地。微信公众平台由近期要闻、重点专栏、系列专题等三大板块组成，平台视频中用诙谐幽默且科学的语言介绍动态画面的科学现象、科研故事等。在中科院之声微信公众号上，读者可以了解到最新的科研动态和前沿科技进展，无论是深海探测、量子通信，还是基因编辑、人工智能，这些令人瞩目的科技领域的最新研究成果都在这里得到了深入浅出的解读。除了关注科研成果，"中科院之声"微信公众号还注重展示科研人员的风采，采用专题报道、人物访谈等形式，讲述科学家们在科研道路上的艰辛与执着。

3. 名作欣赏

"名作欣赏"微信公众平台，专注于文学与艺术领域，常态发布文学与艺术作品欣赏及深度解析文章，提升广大读者的鉴赏能力。平台内容丰富，观点独到，解析深入。名作欣赏杂志社经常在平台上举办各类线上线下活动,如征文比赛等,扩大学术期刊的影响力。同时,在自定义一级菜单中,链接到微店,提供期刊订阅与购买服务。

在学术期刊微信公众平台的私域流量运营策略中,精准定位、内容质量、个性化运营等环节都很重要。通过不断优化微信公众平台运营策略,可以实现学术知识的广泛传播,从而提升期刊影响力。

第三节　学术期刊数字化转型中的内容创新

学术期刊应不断深化内容创新,着力提升学术价值来适应数字化时代的传播需求,推动商业模式的创新,以求在新时代背景下保持竞争力和生命力。

一、内容形式创新

传统学术期刊主要以纸质形式存在,期刊内容传播受到物理媒介特性和发行流程的制约,在时空上存在一定的限制。随着数字化转型进程的推进,出版单位纷纷探索网络期刊、电子书、移动阅读等数字化发布形式,以实现内容创新。

网络期刊的广泛应用为学术领域提供了高效且便捷的发布和传播途径,出版单位借助在线平台可实时更新和发布最新研究成果,读者能迅速获取到最新的学术信息。网络期刊强大的搜索和导航功能帮助读者快速定位感兴趣的研究领域和主题。电子书也属于新型的阅读方式,为学术期刊提供了多元化的展示形式。在制作电子书时,出版单位将文字、图片、图表等元素有机融合,呈现出更为生动、形象的内容。电子书具备便携性强、可随时随地阅读的优点,使读者能在碎片化时间内轻松阅读学术期刊。随着智能手机的普及,移动阅读逐渐成为学术期刊阅读的新动向,出版单位应根据移动设备的特性，优化内容的排版和设计，提升内容的可读性和互动性，还可以利用移动应用程序、微信公众平台等渠道与读者开展互动和交流，从而增强读者的参与度和归属感。

二、内容质量提升

随着数字化转型的深入推进，学术期刊在学术信息的搜集和处理方面呈现出前所未有的高效和精确。借助先进的数字化工具，出版单位能够迅速获取并整合大量学术资源，从而提升内容的精确度和可靠性。学术期刊采用前沿的数字化技术，在学术资源的整合和处理方面涵盖了各类学术论文、深度研究报告和丰富的数据集，跨越了多个学科领域。结合先进的自动化处理和智能化分析手段，期刊出版单位能够精确筛选出高质量、具有创新性的学术成果，生产出最新、最具价值的学术资讯。

数字化转型为学术期刊的审稿与编辑流程带来显著优化，传统的审稿与编辑流程耗时费力，而数字化手段能大幅缩短出版周期。在线审稿系统的引入使作者能实时提交稿件并与编辑和审稿人进行即时交流，加速了审稿速度，提高了审稿质量，学术期刊因而能迅速发布高品质的学术成果。数字化转型还为学术期刊拓展了传播渠道和展示形式，借助在线平台，学术期刊的内容能迅速触达全球读者，打破地域限制。利用多媒体技术和交互式设计，学术期刊能够以更生动、直观的形式展现内容，如视频、图表和动态数据等，丰富了内容展现形式并提升了读者的阅读体验。

三、个性化内容服务

实现个性化内容服务的关键在于先进的数据分析技术与智能推荐算法的应用，出版单位应主动引入与研发相关的技术工具，不断提高数字化水平和服务能力。在此过程中，数据安全与隐私保护尤为关键，需确保读者个人信息不被泄露或滥用。通过深入剖析读者的阅读习惯和偏好，出版单位能提供契合读者需求的个性化内容服务，优化阅读体验，提升满意度，从而推动学术研究成果广泛传播和深度推广。借助数字化转型提供的数据分析工具能够洞察读者的阅读行为与偏好；通过收集和分析读者的浏览历史、阅读时长、下载频率等数据能精准勾勒出读者画像，准确把握读者兴趣与需求。在此基础上，运用智能推荐系统，向读者推送与其兴趣和需求相匹配的学术文章与研究成果。

四、内容交互性增强

出版单位应充分利用网络平台，积极构建多元化的互动空间，如在线论坛和评论功能，鼓励读者积极参与、提出问题与分享个人见解，从而提升学术期刊的互动性和社交属性。在线论坛为读者提供了一个专门针对学术论文进行深度探讨和分享观点的平台，论坛的设立缩小了学术期刊与读者之间的距离，使期刊从单纯的信息传播平台转变为汇聚思想、碰撞观点的学术社区。评论功能为读者提供了一个表达对文章看法的渠道，读者可通过评论对文章表示认同、提出疑问或与其他读者进行互动交流，增强了学术期刊的社交属性，也让读者在参与讨论的过程中感受到学术研究的魅力与乐趣。

第四节　平台建设与学术期刊数字化

平台建设与学术期刊数字化之间存在相互促进、相互依赖的关系，智慧数字平台的建设为学术期刊数字化提供了坚实基础和更为广阔的发展空间，而学术期刊数字化也助力平台建设不断完善和升级。

一、学术期刊数字化平台建设

构建学术期刊数字化平台涉及学术生态、传播、队伍建设以及数据安全等领域，只有全面评估并付诸实践，才能促使平台建设不断深化和发展，为学术研究和知识传播提供更高效、便捷的服务。

（一）坚持内容为王，塑造卓越的学术生态

学术期刊的核心价值在于期刊承载的高质量学术内容，而数字化平台建设的首要任务就是维护和提升数字化内容的品质。出版单位应使用严格的审稿机制和高质量的编辑团队，结合数据挖掘、语义分析等技术，对文章进行深度解析与关联推荐。学术期刊上发布的每篇文章都应经过精心打磨，具备原创性与学术价值，为读者提供更加全面、深入的学术见解。

（二）促进媒体融合，拓宽学术传播渠道

数字化平台应充分利用互联网技术优势，实现传统媒体与其他数字平台的无缝融合。期刊出版单位应寻求与主流媒体、社交平台等建立协同合作关系，制定统一的出版规范，推动学术期刊间的资源共享与互联互通，消除传播障碍，共同打造开放、协同的学术生态环境，实现学术成果的迅速、广泛传播。

（三）注重用户体验，构建人性化交互界面

数字化平台的建设须以用户需求和习惯为根本导向，提供便捷的互动功能，如在线评论、学术讨论区等，积极倡导用户参与学术交流，提升用户的参与度和忠诚度。期刊出版单位应运用大数据分析、用户调研等方法，深入挖掘用户的使用偏好和阅读习惯，为用户量身定制内容推荐和智能化服务。

（四）加强队伍建设，提升编辑人员的数字素养

随着数字化技术的进步，编辑人员的数字素养已逐渐成为影响学术期刊竞争力的重要因素。出版单位应定期开展培训、学术交流与技能竞赛等活动，激励编辑人员积极参与学术交流，借鉴国际先进经验，不断提升编辑团队的数字技术应用水平和创新能力，从而推动我国学术期刊数字化发

展水平持续提高。

（五）确保数据安全，保障用户隐私

在数字化平台建设过程中，数据安全与用户隐私保护非常重要，为解决这些问题，应采用先进的安全技术和管理措施，建立严格的数据管理制度和隐私保护政策。政策应明确数据使用范围和目的，如数据加密、访问控制、安全审计等，从而确保用户数据的安全性和完整性，防止用户隐私遭到侵犯。

二、学术期刊数字化运营与管理

学术期刊的数字化运营与管理的核心在于顺利进行传统印刷型学术期刊向数字化形态转型，在此过程中，先进的数字化平台与工具是保证期刊内容高效传播、管理精细化以及运营科学化的关键。在技术层面的操作中，运营者需对期刊内容有深入的理解，精准把握读者需求并对市场环境进行全面且深入的分析和认识。

（一）平台建设是数字化运营的重心

数字化平台是学术期刊数字化运营的基础和前提，一个稳定、高效、用户友好的数字化平台对于优质内容访问体验的提升非常重要。平台应具备直观易用的界面设计，用户可以迅速且准确地获取所需信息并通过强大的搜索功能，迅速在丰富的学术资源中定位相关内容。为满足不同用户的支付需求，平台应支持多种支付方式，如在线支付、移动支付等，以此来提升支付的灵活性与便捷性。数字化平台建设在数字化运营中不可或缺，对于优化用户体验与提高运营效率具有深远影响。

（二）出版单位要建立完善的内容管理体系

为应对数字化时代所提出的挑战，期刊出版单位应构建一套完善且高效的内容管理系统。系统需具备处理大量文章、图片、视频等多媒体内容的自动化能力，大幅度降低人工干预，提升整体运作效率。系统还需配备

强大的版本控制与审核功能，使得所发布内容具有准确性与权威性，避免因信息错误或遗漏对读者产生误导。在数字化环境下，版权保护问题日益突出。作为知识产权的重要载体与传播平台，期刊单位必须实施切实有效的版权保护措施，包括运用先进的数字水印技术追踪非法复制来源，应用加密技术防止内容被非法访问和篡改，使学术期刊的知识产权得到充分尊重，进一步维护期刊声誉与公信力。

（三）数据分析在数字化运营中的重要地位

在数字化运营背景下，数据分析通过系统地收集和分析用户行为、阅读偏好等核心数据，深入地了解了读者的真实需求和阅读习惯，为出版单位的运营策略提供坚实的数据依据。例如，当某一特定领域文章的阅读量明显上升时，出版单位可以迅速调整策略，通过增加该领域文章的发布数量满足读者的迫切需求。动态的调整可增强期刊的针对性和实用性，使期刊在激烈的市场竞争中占据先机。数据分析为学术期刊评估市场影响力提供了客观依据，也为商业运营决策提供有力支持。数字化时代，社交媒体营销已成为期刊推广和宣传的重要途径，出版单位应充分利用精心策划的社交媒体活动提升品牌影响力，加深与读者互动，及时收集宝贵的反馈和建议。创新的营销方式可提升期刊的知名度和曝光率，增强用户黏性，增大用户流量，为期刊的持续优化和改进提供宝贵的参考。

（四）合作与联盟是数字化运营中的重要策略

合作与联盟在数字化运营中具有重要作用，出版单位可与图书馆、科研机构与技术公司等建立合作关系，通过跨领域的研究与合作项目，共同推进数字化发展，实现资源的高效整合与互补。合作与联盟助力提升学术期刊的传播效能与商业价值，推动整个学术界的数字化进程，扩大研究视野，提升影响力。在学术期刊的数字化运营与管理过程中，应综合运用多种技术手段，涵盖数字化平台建设、内容管理、版权保护、数据分析、社交媒体营销等，目标在于提高学术期刊的传播效能和用户体验。

三、学术期刊数字化品牌建设

随着出版深度融合发展，学术期刊数字化品牌建设的紧迫性日益显现，不仅关乎学术信息的传播效能，也直接影响到期刊的核心竞争力和长远发展。在数字化浪潮迅速蔓延全球的当下，推进学术期刊数字化品牌建设已经成为顺应时代趋势、提升竞争力、实现可持续发展的关键要素。一个精细化打造的数字化品牌可助力学术期刊在激烈竞争中脱颖而出，促进学术研究的蓬勃发展与进步，引领知识创新与传播。

（一）内容质量：品牌之根，立命之本

学术期刊品牌建设的核心在于高品质内容，要想打造一个卓越的学术期刊品牌必须以优质内容为基础。为确保品质，期刊出版单位应对稿件进行严格甄选，坚守学术诚信原则，确保发布的每一篇文章都经过严谨的同行评议，从而在学术界树立权威地位和创新形象，这既是对学术研究的敬意，也是对读者负责任的表现。在追求高质量内容的同时，期刊单位还需关注内容的多元性和时效性，灵敏地捕捉学术研究的热点和趋势，尽快报道前沿领域的最新研究成果和观点。利用数字化技术的优势，运用视频、音频、图表等多媒体形式，丰富内容的展示方式，使学术成果更具生动性和直观性来满足各类读者的阅读需求。

（二）技术平台：品牌之基，展翅之翼

在学术期刊数字化品牌建设过程中，技术平台犹如翱翔之翼，为品牌的持续发展提供坚实保障。稳定、高效且易操作的技术平台是保证学术期刊数字化顺利进行的核心。在选择技术平台时，期刊出版单位应重视平台的前沿性和可扩展性，积极采用最新的数字化技术与标准，务必保证平台的稳定性和兼容性，以期适应不断变化的市场需求和技术环境。构建技术平台必须着重于高度的安全性与稳定性，这是用户数据安全与隐私的重要保障，平台需要推行严密的数据加密措施以及精细的权限管理机制，有效

保护用户信息的完整性与可信度。此外，技术平台还需具备灵活的功能定制和扩展能力来满足期刊不断增长的需求，为品牌的持续发展提供坚实的技术支持。

（三）市场营销策略：品牌之路，引领之航

学术期刊数字化品牌建设的核心在于明确市场营销策略，为品牌发展提供清晰的方向和指引。出版单位需明确市场定位和目标受众，深入进行市场分析和用户研究，精准把握读者的需求和偏好，为他们提供定制化服务。在市场推广方面，出版单位应充分发挥数字化媒体优势，利用社交媒体、搜索引擎优化、电子邮件营销等多元渠道，吸引潜在读者和作者关注。出版单位还要积极与其他学术机构、企业等建立合作关系并策划和组织线上或线下学术活动，共同提升品牌知名度和影响力。借助大数据分析技术，深入了解用户行为和需求，为市场策略的制定提供科学的数据。

（四）用户互动：品牌之脉，活力之源

在数字化时代背景下，用户互动已成为品牌塑造的重要因素，出版单位需积极与读者及作者展开互动交流，悉心倾听他们的声音并持续优化服务质量。通过推出在线问答、评论、投票等互动功能，鼓励用户参与讨论并分享见解，激发社区活力和创造力。出版单位还应定期举办线上或线下的学术交流活动，构建读者社群，增强用户归属感和忠诚度，为读者提供交流与学习的平台，吸引更多潜在用户加入期刊大家庭。出版单位在持续的用户互动和社群建设中，可以与读者及作者建立紧密联系，为品牌长远发展注入源源不断的动力。

（五）品牌形象：品牌之形，魅力之韵

品牌形象是学术期刊数字化品牌建设的重要外在表现，期刊独特而富有吸引力的设计对吸引广泛关注具有重要价值。为了提升品牌的辨识度和赞誉度，出版单位应精心策划并打造醒目的标识、口号以及统一的视觉风格。在这一过程中，出版单位必须深入思考和挖掘期刊的核心价值观与特

色，确保品牌形象能够精准传达期刊独特的魅力和价值。随着时代和市场的不断变迁，品牌形象也需持续更新与优化，才能具有持久的吸引力。学术期刊的数字化品牌建设是为了在数字化时代保持学术期刊的竞争力和影响力，因此出版单位必须在内容质量、技术平台、市场策略、用户互动以及品牌形象等多个方面持续投入，不断提升服务质量以及创新品牌形象。

第五节　学术期刊数字化转型发展的政策、环境与人才培养

学术期刊数字化转型发展离不开政府的有力支持和环境的持续优化，在这一过程中，人才培养成为关键因素。唯有不断提升从业人员的数字化素养与技能，才能使学术期刊数字化转型发展得以稳步推进。在此基础上，政府政策的科学引导和社会各界的共同努力也不可或缺，共同助力学术期刊数字化转型发展取得更为显著的成果。

一、数字化转型发展的政策导向与环境基础

学术期刊在数字化转型发展道路上，受到了政策环境的重要支持与引导。在当前高度数字化、信息化的社会背景下，政策的积极介入和有效引导，如同明灯照亮前行的道路，为学术期刊数字化转型提供了明确的方向和强大的动力。

（一）资金扶持

政府在财政层面为学术期刊的数字化转型提供了强有力的支持并颁布了《国家出版基金资助项目管理办法》等政策文件。这些政策为学术期刊提供了全面周到的资金保障，涵盖了数字化转型所需的基础设施建设，如

高端数字化设备的购置、安全稳定的服务器和网络环境的构建等，同时拓展到人才培养、技术研发等多个方面，有效地缓解了学术期刊在转型过程中的经济压力，使期刊能够更加专注于提升学术内容的品质和传播效益。

（二）制定政策和标准

政府在学术期刊融合出版过程中，颁布了一系列富有前瞻性和战略性的政策文件，如《关于组织实施中国科技期刊卓越行动计划二期项目的通知》以及国家标准《学术论文编写规则》等，为期刊数字化转型提供了坚实的政策支持。这些政策文件积极推动学术期刊实现数字化转型，通过财税优惠和金融政策扶持，减轻期刊数字化转型的负担和风险。政策文件关注细节和可操作性，为学术期刊的融合出版提供了明确的方向和支持，为行业健康发展创造了有利的政策环境。

（三）政策扶持与引导

近年来，国家针对乡村振兴战略和文化企业税收政策等问题，先后颁布了《中共中央 国务院关于实施乡村振兴战略的意见》以及《关于支持文化企业发展若干税收政策问题的通知》等关键性政策文件，保障出版事业和产业的持续稳定发展。学术期刊作为非营利性出版机构的重要组成部分，其生存和壮大与政府及社会各界的扶持息息相关。有鉴于此，政府特别设立了专项资金，如国家社科基金"哲学社会科学精品期刊资助计划"等，为学术期刊积极搭建服务平台，目的在于有效引导并激励哲学社会科学的发展和进步。一系列措施促进了多元化投入机制的构建，保障了学术期刊的融合出版。

（四）增强国际传播效能

学术期刊在彰显我国学术研究成果与影响力方面具备优良的国际传播能力，为促进学术期刊的国际合作与交流，我国政府制定了一系列相关政策和标准，如《关于深化改革培育世界一流科技期刊的意见》《关于组织科技期刊国际化出版传播能力提升交流活动的通知》等。这些文件鼓励学术期刊积极与国际出版机构展开合作，拓展国际发行渠道，扩大影响力范围，使全球更深入地认识和接纳我国学术研究水平与成果。通过加强与海外出版机构的合作，我国学术期刊能够更有效地传播学术观点，展示研究成果，提升我国在国际学术领域的地位和影响力。

（五）监管和引导

为了保证学术期刊在数字化转型过程中保持健康、有序和稳定的发展，我国政府已制定并实施了《期刊出版管理规定》《关于规范学术期刊出版秩序促进学术期刊健康发展的通知》等相关政策法规。政府对学术期刊实施了严格的监管并提供了必要的引导，确保了行业的健康发展。对于任何违反规定的行为，政府均采取了及时且严厉的惩处措施，坚决维护学术界的公正与尊严。政府相关机构还积极组织研讨会和培训班等，提升期刊编辑人员的数字化素养与技能水平，推动整个行业持续发展。

（六）数字化转型

为进一步推动学术期刊的数字化转型，我国政府积极实施数字出版战略并全面启动了"国家数字复合出版系统工程""数字版权保护技术研发工程""中华字库工程"以及"国家知识资源数据库工程"等新闻出版重大科技工程。政府采取国家扶持和企业自主研发相结合的策略，加速学术期刊数字化转型的步伐。政府还大力推动技术创新体系建设，提升企业研发实力，激励创造自主知识产权，推动出版传媒技术更新换代。政府采取的政策措施为学术期刊数字化转型提供了有力的技术支持。

二、数字化转型发展中的行业协作与沟通

由于数字科技的飞速发展，学术期刊领域正面临数字化转型的重要历史节点，在此背景下，学术期刊需要广泛且深入的协作与沟通，才能紧跟数字化转型步伐，实现出版流程的数字化改造，进而深化学术研究层次与领域。

（一）出版单位与科技企业联合

从出版单位的视角来看，与科技企业的合作具有多重优势。科技企业为出版单位提供技术支持和创新动力，助力优化出版流程，提升工作效率和质量，降低成本，增强市场竞争力。同时，科技企业协助出版单位拓展新领域和商业模式，例如数字化出版和在线教育，为双方带来新的机遇和增长点。科技企业也可从中获益，获取丰富的内容资源和品牌影响力，提升产品和服务品质，满足用户需求，扩大市场知名度。二者合作形式多样，共同开发数字化平台，开展在线教育项目，探索新型商业模式，推动行业创新。

（二）出版单位与图书馆协同合作

在资源共享视角下，出版单位掌握着图书、期刊、电子出版物等资源，而图书馆则是这些资源的重要汇聚地。通过协同合作，出版单位能够及时向图书馆提供最新的出版物，丰富馆藏资源并满足读者需求。图书馆可将馆藏资源数字化，与出版单位共同建设数字图书馆，实现资源的在线共享，合作模式可打破信息壁垒，提高资源利用效率，促进文化的传播。在服务质量方面，协同合作有助于提升图书馆的服务效果，满足读者个性化需求。出版单位则可以借助图书馆的平台进行刊物推广，提高期刊知名度，还能推动文化产业创新与发展，探索数字化出版、在线阅读等新型模式，加强版权保护、文化传承等的合作，保障文化产业的持续健康发展。

（三）出版单位与科研高校的协作

出版单位与科研高校在内容创作和资源整合方面具备优势，科研高校拥有丰富的学术资源，与出版单位合作可以将这些资源转化为具有学术价值和市场前景的出版物。出版单位专业的编辑和出版经验有助于转化科研成果，使之以更易被读者接受的形式呈现。通过出版学术著作和期刊论文，双方共同促进学术交流，为公众提供了解学术前沿的途径，推动科学文化传播，助力培养专业人才，提升双方的学术声誉和影响力，为期刊长远发展奠定坚实基础。

（四）出版单位与国际同行的交流与合作

在全球范围内，期刊出版单位应强化与国际同行的交流与合作，积极参与国际学术会议，策划并主办国际学术研讨会，共享数字化转型实践经验与成果，共同探索学术期刊数字化转型的未来发展方向。跨国合作与交流有助于提升我国学术期刊在国际舞台上的地位与竞争力，推动全球学术期刊数字化发展的共同进步。出版单位与国际同行深化合作与交流可共同开启学术期刊数字化转型的新篇章，为全球学术界的繁荣与进步贡献中国智慧和方案。社会各界也应积极参与学术期刊数字化转型过程，例如推动学术期刊与商业数据库联合，为期刊数字化转型提供数据支撑与市场渠道；广泛传播开放获取（Open Access）理念，为学术期刊数字化转型提供更广泛的传播平台与读者基础。学术期刊数字化转型的行业合作与交流是通过与技术公司、相关机构及国际同行的深入合作与交流，共同推进学术期刊数字化转型的进程，实现出版流程的数字化转型，优化资源配置，提升学术影响力。

三、数字化转型发展的人才培养和团队建设

期刊出版单位需顺应当前数字化传播途径，满足读者需求，打造一个富有创新精神、高效运作和团结协作的团队，共同推动期刊数字化转型发展。

（一）人才培养：构建适应数字化转型发展的高素质团队

在学术界，打造一支适应数字化转型升级需求的高素质团队要求期刊出版单位培育具备预见性数字化思维的团队成员，全面提高成员的技术素养，加强跨学科交流与合作。只有实施一系列综合策略，学术界才能塑造出一支兼具专业素养和创新精神的人才队伍，从而推动整个期刊行业开启

数字化转型与发展的新篇章。

1. 培育数字化思维

为促进学术期刊在数字化时代成功实现转型，编辑和作者群体亟待构建一种具有前瞻性的数字化思维，要求他们敏锐地洞察科技发展趋势，迅速捕捉并及时整合学术资源，满足现代读者对高效、便捷和个性化信息的需求。编辑部和作者还应积极倡导创新意识，拓展跨界思维，勇于探索并运用新兴技术手段与平台，为学术期刊的数字化转型注入创新元素。

2. 增强全方位技术实力

随着数字化转型进程的深入推进，技术实力已经日益成为学术期刊的核心支柱。为确保学术成果的高效展示与传播，期刊团队成员必须熟练掌握数据处理、数据挖掘以及可视化展示等关键技术。团队成员需不断提升自主学习与持续更新的能力，不断适应变化的技术环境。通过技术实力的提升，学术期刊将在数字化发展中保持领先地位，扩大期刊学术影响力并提升传播效果。

3. 强化跨学科交流与合作

学术期刊数字化转型过程涉及多学科的综合应用，为此，期刊出版单位应主动与计算机科学、数据科学、人工智能技术等领域开展深入的沟通与合作，共同推进学术期刊数字化发展。跨学科的合作与交流能够引入创新思维和先进技术，为学术期刊的数字化转型提供稳固的支撑，助力提升学术期刊的出版品质和影响力，也对学术研究的进步与发展产生重要影响。

（二）团队建设：塑造协同高效的学术生态体系

在学术期刊数字化转型过程中，打造一支具有高度适应能力和专业素养的团队，将为学术期刊的数字化发展提供稳固的支持与保障，确保期刊在数字化与智能化时代保持领先地位。

1. 构建跨学科的专业团队

推进学术期刊数字化转型，亟须构建一支拥有跨学科背景的专业团队，团队应由具有不同学科背景的编辑、作者、审稿人等组成，凭借丰富的学术资源提供多元化视角，提高学术期刊的包容性与影响力，吸引更多读者与作者关注。团队成员间需建立紧密的合作关系与沟通机制，共同推动学术期刊的数字化转型进程。

2. 强化内部沟通与协作

在期刊数字化转型过程中，内部沟通与协作的重要性不言而喻。为确保期刊出版单位在转型过程中顺畅运作，构建高效且稳定的沟通机制与协作平台势在必行。平台将有利于促进团队成员之间知识的传播与经验的交流，提升团队整体的专业素养与协作效能。期刊出版单位应充分激发团队成员的积极性，鼓励他们全面参与数字化转型的各个环节，并提出富有建设性的意见和建议，使团队的智慧和力量凝聚为数字化转型成功的推动力。

3. 建立激励机制与评价体系

为了全面激发团队成员的积极性和创造力，出版单位必须构建一套既合理又高效的激励机制与评价体系，目的是为广大团队成员提供更大的发展空间和职业晋升机会，从而充分调动成员在数字化转型过程中的主动性和创新能力。针对团队成员在数字化转型中所取得的成果，出版单位应予以充分认可和奖励，激励成员持续为期刊发展作出贡献。出版单位需建立客观、公正的评价体系，对团队成员的工作表现进行定期评估并提供及时反馈。期刊单位应实时了解团队成员的工作状态，以便根据实际情况调整和优化团队结构和工作流程。持续完善激励机制和评价体系有利于吸引并留住更多优秀人才，为期刊的数字化转型提供坚实的人才保障。

第六章　融合出版背景下学术期刊数字化转型发展的案例分析

第一节　学术期刊数字化转型发展的背景

学术期刊数字化转型发展的背景涵盖了很多方面的因素，如技术进步、阅读模式转换以及传统学术期刊所面临的局限性等，这些因素共同促进了学术期刊数字化转型发展。

一、技术进步是数字化转型发展的核心驱动力

随着技术发展的日新月异，学术期刊的出版方式和手段得以丰富，数字化技术的应用使学术期刊能够呈现多媒体和交互式内容，提升了读者的阅读体验。大数据、人工智能等技术助力精准筛选和内容推荐，提高学术影响力与竞争力。同时，数字化手段也提升了审稿效率和准确性，缩短了出版周期。技术进步还催生了学术期刊商业模式的创新，如开放获取模式等，降低了读者的阅读成本。

（一）数字化期刊内容

数字化处理的学术期刊能够在网络平台上高效发布、检索、传播和存储，以满足不断增长的读者需求。读者可以随时随地通过在线数据库获取丰富的学术文献资源，从而拓宽研究视野和深度。数字化的期刊内容包

括：将纸质期刊转化为数字格式，如 PDF、ePub、HTML 等，有利于网络发布与传播；构建数字化数据库，对期刊内容进行分类、标注和存储，方便读者检索和阅读；在数字化期刊中嵌入交互功能，如链接、注释、讨论区等，促进读者与读者或读者与作者之间的交流和讨论；融入文字、图片、音频、视频等多媒体元素，增强期刊的可读性和吸引力；优化搜索引擎与关键词设置，提升数字化期刊在搜索排名中的位置，使更多读者能够发现和访问；设置版权保护措施，如数字水印、访问控制等，保障作者的版权和知识产权；遵循一定的标准与规范，如 XML 格式、元数据标准等，确保期刊内容质量与可访问性。

（二）出版流程自动化

借助自动化技术，出版单位可以有效缩短出版周期，大幅提升工作效率与质量。在学术期刊中实施自动化排版、校对和投稿会大幅降低人为错误，优化整体质量，使作者和编辑能够将更多精力投入学术研究和编辑工作中。构建在线稿件处理系统，实现稿件在线投稿、审稿、编辑、校对、排版等环节全面自动化，降低人工干预，进一步提高处理效率。自动化审稿系统具备自动分类、分配审稿专家、发送审稿通知等功能并可建立审稿专家库，实现专家资源共享与高效利用。运用自动化编辑工具，学术期刊可实现稿件自动格式化、排版、校对等功能，有效减轻编辑人员工作负担，提高编辑效率。自动化出版系统负责稿件自动排版、校对、发布等，出版单位应构建数字化出版平台，实现期刊在线发布、购买、阅读。此外，学术期刊应设立数据管理系统，自动收集、整理、分析和挖掘期刊各类数据。出版单位可运用人工智能技术实现稿件自动分类、摘要生成、内容推荐等服务，进一步提升期刊智能化水平，为读者提供更为优质、高效的服务。

（三）交互性增强

学术期刊网站或在线平台应当具备在线互动功能，如评论、论坛和在线问答等，诱发读者积极参与并发表观点、提出疑问，实现作者与读者之间的互动交流。在网站或平台中融入图表、图像、视频、音频等多媒体内容，丰富内容展示形式，提升读者阅读体验并增加互动机会。学术期刊与社交媒体平台（如微博、微信、Facebook等）的整合，能分享和传播期刊内容并扩大影响力，吸引更多读者参与和传播学术观点。出版单位应定期进行读者调查，了解需求与反馈，助力学术期刊精准满足读者兴趣和需求，优化内容和形式，提高互动性。出版单位还可举办线上或线下学术讨论会、研讨会等活动，邀请作者、读者和各领域专家参与，构建学术交流平台，促进学术观点的交流与碰撞并实施开放访问政策，允许免费获取和分享期刊内容，提升期刊可见性与影响力，吸引更多读者参与互动。

（四）个性化服务

学术期刊的个性化服务是根据用户的需求和兴趣进行提供的，如内容推送、互动交流和个性化体验等定制化服务。为实现目标，数字化系统首先要为用户创建详尽的个人画像，涵盖专业背景、研究领域、阅读习惯等信息。据此，系统能够根据用户特点推荐相关学术文章。基于用户画像，学术期刊可提供个性化内容推荐，例如根据用户的阅读习惯和兴趣，推送相关的最新研究成果、热点话题或专家观点。为提升用户的参与度，数字化系统应设立在线论坛、问答区或社交媒体集成，实现用户与其他读者、作者或编辑的互动交流，助力学术期刊收集反馈，优化服务。用户可按需定制学术期刊内容，如特定主题、作者等，或选择接收特定格式（如PDF、HTML等）的文章。利用自然语言处理技术，学术期刊可以提供智能问答服务，系统能自动解答用户疑问或引导相关答案。基于对用户阅读行为和互动数据的深度分析，系统发现用户需求和兴趣的变化，调整和优化个性化服务策略并鼓励用户提供反馈，促进服务不断完善，以及设置专门的反馈渠道如在线调查、用户评价等。为了提供更优质的用户体验，学术期刊需要不断更新和升级个性化服务技术和平台来适应技术发展。

二、阅读模式转变为数字化转型发展提供有利条件

由于传统纸质阅读方式的局限性，其逐渐被多元化的电子阅读、在线阅读和移动阅读等新型阅读模式取代。新型阅读模式丰富了人们的阅读体验，也为学术期刊的数字化转型提供了广泛可行性。

（一）阅读模式转变拓宽读者群体

学术期刊出版单位应积极推动学术期刊内容的数字化发展并利用在线平台进行发布，扩大读者覆盖范围，为获取期刊内容提供便捷的途径，吸引更广大的读者群体。可以利用现代科技手段如虚拟现实（VR）、增强现实（AR）以及人工智能技术，为学术期刊打造出沉浸式、交互式的阅读体验，提升读者的参与度和阅读兴趣。考虑到当前移动设备的普及，出版单位需确保期刊内容在移动设备上展示流畅且交互便捷。针对专业术语和长篇论述应尽量简化语言使之通俗易懂，如采用清晰、简洁的排版风格吸引非专业人士的关注。

出版单位与其他媒体、机构或平台展开合作，能够实现交叉推广，扩大影响力，同时利用社交媒体进行广泛宣传，提升知名度。为吸引更多读者，还可考虑提供免费或低价的访问服务，利用广告、赞助等方式实现盈利并设立评论、讨论区或问答环节，鼓励读者参与互动，增强期刊的社区氛围和读者参与度。除了文字内容，学术期刊还应融入图片、视频、音频等多媒体元素使期刊内容更加生动有趣。利用人工智能技术，出版单位可根据读者的阅读习惯和兴趣偏好推荐相关期刊文章，优化阅读体验。此外，出版单位与教育机构携手合作可为学生和研究人员提供期刊资源，通过开设相关课程与举办研讨会，可以提升期刊的学术价值和社会影响力。通过实施上述策略，学术期刊将覆盖更广泛的读者群体，进一步拓宽期刊受众基础。

（二）阅读模式转变推动内容创新

学术期刊在阅读模式的转变中更加关注内容的多样性和互动性，传统的阅读模式主要以单一文字呈现，而现代阅读模式则更注重多媒体元素的整合，如图文并茂、音视频交融等。学术期刊可充分利用这些新颖的呈现方式，将深奥的学术观点与研究成果以更直观、生动之姿展示给读者，从而提升内容的吸引力和可读性。阅读模式的改变也促使学术期刊内容实现了个性化和定制化，在数字化阅读时代，读者可根据个人兴趣和需求选择合适的阅读内容和方式。学术期刊出版单位可通过数据分析等方法深度了解读者的阅读习惯和偏好，从而提供更为精确的内容推荐和定制化服务，优化读者的阅读体验，助力学术期刊在激烈的市场竞争中脱颖而出。阅读模式的转变还促进了学术期刊在内容创新方面的跨界合作，传统学术期刊多局限于特定学科领域和学术圈子，而现代阅读模式使跨领域、跨行业合作成为可能。学术期刊出版单位可与其他媒体、机构或企业携手，共同打造具有创新性和影响力的内容产品，扩大学术期刊的受众群体，推动学术研究交叉融合与创新发展。

（三）阅读模式转变为出版流程带来改变

学术期刊应充分运用数字化技术如 XML、ePub、PDF 等制作和发布期刊内容，提升内容的可访问性和可读性，同时简化出版流程，降低印刷与分发成本。期刊出版单位应构建自身在线平台，便于读者查阅与浏览期刊内容。同时，还可利用在线平台提供评论、分享、引用等交互功能，增进读者参与度与黏性。为提高内容的可发现性，学术期刊出版单位需优化其搜索引擎与元数据管理，运用恰当的关键词、标签描述和分类内容使元数据与搜索引擎算法兼容。学术期刊出版单位可利用社交媒体平台推广内容并与读者建立紧密联系。借助数据分析工具，更好地了解读者需求与偏好，进而优化内容和服务。学术期刊出版单位可借助在线平台促进作者与读者互动，如设立在线论坛或问答环节，让作者解答读者疑问，或允许读者评论与讨论文章，从而提升期刊内容质量与影响力，增强期刊品牌形象与知名度。传统学术期刊多为定期出版，如月刊、双月刊、季刊等，在数字化时代，学术期刊可更灵活地调整出版模式。例如，根据内容实时性与重要性决定是否即时发布，或根据读者反馈与需求调整出版频率与内容。学术期刊内容通常涉及复杂的科学研究与数据分析，为提高内容可读性与可视化，可以运用图表、图像、动画等多媒体形式展示数据与信息，使内容更具生动性与易读性，同时提升读者阅读体验与满意度。

（四）阅读模式转变提供商业模式和营利渠道

随着阅读模式的转变，学术期刊的商业模式和营利渠道也需作出相应调整。在传统纸质出版背景下，学术期刊主要依靠订阅费和广告收入，营利途径相对单一。在数字化时代，学术期刊设立在线广告、付费阅读、会员制等，实现了营利渠道的多元化，提升了经济效益，增强了市场竞争力。出版单位应紧抓数字化时代的机遇，持续创新商业模式与营利渠道，以便更好地适应市场变化，满足读者需求，实现稳定长远发展。在此过程中，出版单位需积极运用先进的数字化技术，优化出版流程，创新内容形式并保持敏锐的市场洞察力和创新意识，不断探索新的商业模式与营利渠道。

三、传统学术期刊的局限性是推动转型发展的关键动因

由于传统学术期刊在出版周期、传播范围和互动性等方面具有局限性，其亟待依托数字化转型以迎接挑战。期刊出版单位运用先进技术有望提高出版效率、拓宽传播范围和加强互动性，从而更好地服务于学术研究，促进社会进步。

（一）传统学术期刊的传播限制推动转型发展

1.传播速度和范围有限推动转型发展

传统学术期刊长期依赖纸质媒介进行传播，其在速度和范围上表现

出的局限性不容忽视。新研究成果和学术文章需经过复杂的印刷和分发环节，既耗时又费力，导致信息在传播过程中出现明显的滞后性。尤其在地域和物流方面，纸质期刊面临诸多挑战。偏远地区的学者和研究人员由于物流成本高昂，难以及时获取这些珍贵的学术资源，从而限制了他们的研究视野，也阻碍了学术交流和合作的进程。然而，数字技术的出现为解决这一难题提供了可能，借助关键词搜索，读者可迅速定位所需信息。数字化学术期刊还能实现超链接、多媒体等多样化展示方式，为学者们带来更加便捷、丰富的学术体验。

2. 信息交互性不足推动转型发展

在传统学术期刊的出版流程中，读者与作者之间的沟通渠道相对有限，在一定程度上制约了学术信息的深度交流与研讨。读者在阅读过程中若遇到疑惑或问题，往往难以直接与作者取得联系并寻求解答，沟通不畅可能会误导读者对文章的理解，甚至影响研究方向的正确性，作者也难以有效收集读者的反馈与意见，无法及时掌握其研究成果在学术界的接受程度与影响力。为了改善这一状况，出版单位可考虑采用现代技术手段，促进读者与作者之间的信息交互，例如，实施在线文章发布并构建一个专供读者与作者交流研讨的平台。读者在阅读过程中如有疑问，可在平台上即时提问，作者或其他读者则能够及时回应与讨论，这种在线交流模式将显著提高学术信息的传播效率，推动学术研究向更高层次发展。

3. 信息呈现方式相对单调推动转型发展

在传统信息传播领域，纸质媒介长期占据核心地位，随着科技的飞速发展，新媒体不断涌现，纸质媒介的局限性日益显现。在纸质媒介中，信息传递主要依赖文字和图形，尽管纸质媒介能够传达一定的信息，但在生动性和直观性方面，相较于声音和视频则显得不足。声音能够传递语气、情感和节奏，而视频能够展示动态画面和场景，这些都是文字和图形所难以企及的。纸质媒介的局限性导致学术信息呈现方式相对单调，不易激发读者兴趣，从而制约了信息传播效果。为弥补这一不足，出版单位可采取一系列措施充分地利用纸质媒介传播学术信息，满足读者对多元化信息体验的需求。例如，在纸质书籍中嵌入二维码，读者通过扫描即可获取相关声音、视频等多媒体信息，如此既保留了纸质媒介的独特魅力，又充分发挥了数字媒体优势，从而提升了信息传播效果。

4. 信息检索的困境推动转型发展

在庞大的学术期刊数据库中，精确获取所需信息并高效定位，无疑是一项具有挑战性和复杂性的工作。过去，由于依赖纸质期刊，加之缺乏高效的检索策略，读者在信息获取过程中遇到了一定的困扰，从而增加了信息获取的难度。现在，得益于数字化技术的应用，出版单位可以通过调整关键词、运用引号进行精确匹配、利用限定词缩小搜索范围以及探索智能化检索路径等方法，实现快速且精准的信息检索。

（二）传统学术期刊存储容量有限推动转型发展

1. 物理存储空间需求推动转型发展

图书馆与资料中心始终负有保存和提供学术资料的职责，然而，长时间累积下的大量传统纸质期刊占据了庞大的物理存储空间。随着时间推移，现有的物理存储空间将难以满足日益增长的学术文章与资料储存需求。更为紧迫的是，纸质期刊所占空间将持续扩大，存储与维护成本也逐步上升，使管理与维护工作越发烦琐。为确保期刊完整性与可读性，图书馆与资料中心需投入大量人力物力并采取诸如防潮、防火、防盗等防护措施。由于期刊出版频率较高，图书馆需不断采购新期刊，从而进一步加大了存储空间压力。数字技术的不断发展促使图书馆与资料中心积极寻求数字化解决方案，利用数字化存储技术，大量纸质期刊可转化为电子文献，从而大幅节省物理空间，提高管理效率与便捷性。读者也可通过在线检索与阅读，更为便捷地获取学术资源，进而提升学术资源的利用率。

2. 纸张制约推动转型发展

受印刷技术制约，期刊的页数设定了一个内容策划与筛选的框架，要求编辑在有限的空间内精心策划与审慎选择内容。印刷成本和技术能力的限制进一步影响了期刊的字号设定和图片尺寸，从而在一定程度上影响了信息的展现形式与读者的阅读感受。印刷技术还设定了每本期刊的纸张数量上限，进而严格限定了每篇文章的长度与数量。编辑需在篇幅有限的情况下，权衡每篇文章的内容与质量，确保为读者呈现最具价值的信息。尽管这种限制影响了期刊的多样性与全面性，但同时也促使编辑和作者更为精练、聚焦地表达文章的思想与观点。然而，随着数字技术的发展，期刊出版已逐渐摆脱了纸张与印刷成本的束缚，赋予了编辑和作者更大的自由度。在内容选择、排版与设计方面，如今的期刊通过增加电子页面、可缩放字体以及调整图片尺寸等方式，为读者带来了丰富多元的阅读体验。

（三）传统学术期刊的交互性受限推动转型发展

传统学术期刊以定期出版为主，经过严谨的筛选与评审，将学术论文汇集成册并通过印刷或在线方式向读者发布。在这一模式下，学术期刊的主要职责在于广泛传播学术研究成果，通常仅作为信息单向传递的渠道，缺乏与读者及作者之间的有效互动。随着学术环境的变化，学者们越来越倾向于利用网络平台分享与探讨研究成果，读者也期望更加直接地参与学术讨论。目前，学术期刊正向更加互动和开放的方向改变，许多期刊相继推出在线评论功能，便于读者对论文内容发表见解和疑问；部分期刊甚至设立了作者论坛或博客，以便作者展示研究成果以及与同行交流。

（四）传统学术期刊更新速度滞后推动转型发展

作为学术信息传递的重要途径，学术期刊的更新速度对学术研究的时效性和有效性具有重大影响。纸质期刊的出版过程涵盖编辑、校对、排版、印刷等多个环节，从而导致信息传播速度相对较慢。通常，最新的科研成果需经过数月乃至数年才会呈现在读者面前，无疑限制了学术信息的快速传播。然而，在数字化技术的推动下，学术期刊可实现内容的实时更新。借助在线平台，科研成果能迅速传递给读者，突破了传统印刷和发行环节的限制，即时性的信息传播方式加速了学术信息的流通，也提升了科研成果的利用率。

（五）传统学术期刊版权保护问题推动转型发展

传统学术期刊的出版周期较长，发表流程多依赖纸质印刷形式，涉及烦琐的审稿、编辑和印刷环节，相对滞后的发表模式既可能制约学术研究成果的广泛传播，也加大了版权被侵犯的风险。在实际操作过程中，部分作者与读者对版权保护的重要性认识不足，导致了侵权行为的出现。例如，未经授权擅自复制、传播或引用他人的学术成果构成版权侵权。当前，很多期刊出版单位已积极采取了一系列措施：为加强版权保护工作建立了严格的审稿和编辑流程，加大了版权声明的宣传力度，运用技术手段预防盗版和非法复制。例如，采用数字水印、加密技术等手段，有效防止了学术成果被非法复制和传播，从而保障学术研究者的合法权益。

第二节　学术期刊数字化转型实践之路

受数字化浪潮的推动，很多学术期刊纷纷通过利用先进技术和创新业务模式，实现了从传统纸质出版向数字化、智能化出版的转变。

一、数字化采编系统

数字化采编系统是运用现代信息技术将传统采编流程实现数字化的系统，通常涵盖稿件收集、审稿、编辑、排版、发布等一系列流程，从而提升编务工作效率。以下简要介绍几款常见的数字化采编系统：第一，玛格泰克采编系统。该系统维护便捷，能根据稿件审理状况对审稿专家进行评分，后台数据库整合了出版发行工作，有助于提高编务工作效率。第二，三才期刊采编系统。该系统可与中国科学引文数据库和期刊全文数据库（如中国知网、万方数据等）实现无缝对接，方便采编人员查找和引用相关资料。第三，勤云采编系统。该系统运用语义分析技术自动推荐审稿人并为审稿人推送相关文献，节省审稿人检索文献的时间，缩短审稿周期。第四，腾云期刊协同采编系统。该系统具备参考文献校对功能，基于中国知网文献比对库助力提高校对准确率，实现单篇稿件的网络首发。

需要注意的是，上述仅为部分数字化采编系统示例，实际上还有更多可选系统，系统的功能与性能也可能会随时间推移不断更新优化，因此在选择数字化采编系统时，建议根据具体需求和实际情况综合考虑。

（一）在线管理稿件分配

广泛应用的数字化采编系统为作者带来前所未有的便捷和高效体验，系统整合了多元化的在线编辑和格式化工具，作者能够随时随地轻松编写和修改稿件，投稿便利性大幅提升。运用智能化分配机制和在线协作平台，系统可实现审稿流程的优化和高效运作。专家可借助系统在线审稿、实时反馈意见，从而大幅缩短审稿周期，确保稿件得到及时、公正的评审，提升了稿件管理效率，为学术交流和知识传播提供有力支持。

（二）在线编辑排版

在期刊编辑流程中，数字化采编系统凭借先进的自动化校对和排版功能，大幅减轻了编辑人员的工作负担并在确保内容精确性的同时，提升期刊的美观度。系统还配备了全面的数据分析与可视化工具，为编辑人员提供了深入了解读者阅读行为与兴趣偏好的途径，从而持续优化期刊内容与结构。

（三）跨平台协作

数字化采编系统与在线查重及排版应用的深度融合，为期刊行业带来了全新的工作模式。跨平台协作赋予了期刊领域丰富的资源支持和先进的技术保障，有力地推动了学术交流和研究的进步。借助在线查重功能，出版单位可精准识别并规避学术不端行为，确保学术研究成果具有诚信性与可靠性。第三方排版应用以其专业技艺和精致设计，进一步优化了期刊的排版品质，提升了美观度，为读者带来更为舒适的阅读体验。跨平台的协作模式推动了期刊行业的创新与发展，同时也为学术界和读者带来了实质性的利好。

（四）学术期刊数字化采编系统的应用

1.《南方电网技术》

《南方电网技术》的主办单位南方电网科学研究院有限公司与拓尔思信息技术股份有限公司携手合作，成功构建了一套数字化采编系统，为期刊的数字化转型注入了强大的发展动力。该系统涵盖了作者中心、审稿中心、采编中心、主编中心、发行中心、统计中心等六大功能模块，呈现出智能丰富的操作功能。同时，系统整合了微信公众平台，实现了与第三方在线查重与排版应用的无缝对接，为期刊提供了一站式服务，即从"投稿、审稿、编辑到发行"的整个出版流程。

2.《物流技术》

在《物流技术》的数字化转型过程中，出版单位构建并优化了期刊门户网站，为编辑部和读者、作者、专家等提供交流平台，同时着重打造了期刊网络采编系统。该系统的主要功能模块包括采编系统、投稿与查稿系统、审稿系统以及编辑部事务管理和在线咨询等。出版单位根据读者需求和发展需求，持续更新和完善采编系统，努力为期刊建立更优质的作者、读者、专家沟通渠道。

3.《畜牧与饲料科学》

《畜牧与饲料科学》编辑部于2015年2月1日正式开通使用由中国知网开发的"腾云期刊协同采编系统"。该系统集采编、审稿、网络出版、出版管理于一体，为作者、审稿专家、编者和读者搭建了一个方便快捷的信息交流平台。

事实上，随着数字化技术的迅猛发展和广泛普及，越来越多的学术期刊出版单位纷纷采用数字化采编系统。例如《中华创伤骨科杂志》《中华神经医学杂志》《中华肾脏病杂志》《中华胃肠外科杂志》《中华显微外科杂志》的编辑部都已应用中华医学会杂志社的远程稿件管理系统，实现了全流程数字化。另外，《中国科技期刊研究》《中国卫生统计》《现代图书情报技术》等很多学术期刊的编辑都在利用数字化采编系统进行编辑工作。该系统涵盖了数据采集、在线投稿、在线审稿、在线编辑加工、内容发布等各个环节，为期刊编辑与作者提供了更为便捷、高效的出版服务。

二、微信公众平台

期刊微信公众平台在当前海量信息爆炸的时代已然成为人们汲取知识、获取信息的重要渠道之一。微信公众平台为广大读者提供最新、最全面的学术资讯与研究成果，运用互动式服务模式，有效缩短期刊与读者之间的距离。在微信公众平台上，读者可获取丰富的学术资源，积极投身学术讨论，分享独到见解和观点，与期刊编辑及作者实现实时互动。

（一）"南方电网技术"微信公众平台

经过拓尔思信息技术股份有限公司的精心策划与打造，"南方电网技术"微信公众平台正式投入使用。在众多微信公众平台中，"南方电网技术"以专业、全面、深入的内容，吸引了大量电力技术领域的关注者。

1. 全面覆盖电力技术的各个领域

"南方电网技术"的微信公众平台为广大读者提供了丰富多彩的内容，广泛涵盖电力技术的基础理论和实践应用，同时关注国内动态与国际趋势。在电力系统规划、设计、运行、维护，以及新能源、智能电网、电力市场等热门问题方面，平台都提供了相关专业文章和深度解析。内容布局全面且具体，读者可一站式获取电力技术领域最新动态与研究成果。

2. 精心策划的专题文章引人入胜

"南方电网技术"微信公众平台全面涉猎电力技术各领域，策划了一系列专题文章。文章紧贴热点问题或技术难题，以深入浅出的论述方式，向读者解析相关技术原理、应用和发展前景。以新能源领域为例，公众平台推出了"碳纤维复合芯导线"专题研究，详尽阐述了基于高强度碳纤维复合材料的应用原理。这些专题文章提升了公众平台的吸引力，使读者能够更深入地掌握某一技术领域的要点和精髓。

3. 生动的案例和形象的图表助力理解

"南方电网技术"微信公众平台在传播技术知识方面，力求降低理解难度。利用生动案例阐述技术原理，并以直观的图表展示数据与趋势，图文并茂的呈现方式使读者能够准确把握相关技术的核心要点与优势。在案例分享中，读者可以汲取实践经验，为自身技术应用提供支持。平台内容覆盖电力技术各领域，从基础理论到实践应用，从国内动态到国际趋势，展现了全面性与深度。公众平台发表一系列专题文章，为读者提供了丰富的知识内容，通过生动的案例、形象的图表使复杂的技术知识变得易于理解。值得注意的是，公众平台对信息更新速度与准确性有较高要求，无论是国内外最新技术突破还是行业内重要事件，公众平台都需要在第一时间推送并确保信息准确无误。高效的信息传播机制助力读者深入理解电力技术，掌握行业前沿动态。

（二）"南方电网技术"微信公众平台带来的启示

"南方电网技术"微信公众平台是电力行业技术交流的重要窗口与知识创新的汇聚中心，以其专业的视角、深度的剖析和及时的资讯传递，构筑了电力工作者、学者和爱好者广泛学习与探索的坚实平台。微信公众平台不仅详尽展示了南方电网在技术创新、智能电网构建、可再生能源应用等领域的最新进展与动态，彰显了其在电力技术领域的卓越地位，更深刻揭示了电力行业的未来走向与发展趋势。"南方电网技术"微信公众平台注重与读者互动交流，定期推出技术问答、专家深度访谈，以及实践案例分享等，激发读者的参与热情，鼓励读者贡献独到见解与宝贵经验，从而在增强公众平台读者黏性的同时，进一步推动了电力行业知识的广泛传播与深度共享。该公众平台还高度重视内容的可读性与实用性，力求以简洁明了的语言、清晰合理的结构，确保读者能够轻松掌握核心知识；紧密关注读者需求与反馈，持续优化内容与服务，确保读者能够获取到最具价值的信息与资源。

第三节 出版机构数字化转型案例分析

一、上海大学期刊社数字化转型

自2003年创立以来，上海大学期刊社始终秉持着严谨的态度，积极探索并实施"融合出版+集群建设"的发展策略。在这一策略的顺利推进下，期刊社成功应对了高校学术期刊所面临的运营挑战并为长期稳定发展奠定了坚实基础。

（一）构建公共服务部门

上海大学期刊社积极推进融合出版战略，设立了公共服务部门，高效整合优势资源，实现了从分散出版向集中出版的转型并构建了资源共享机制。转型战略优化了出版流程，提升了出版效率，显著增强了期刊的整体品质和学术影响力。此外，期刊社也积极探索多元化的融合出版模式，包括电子期刊、网络出版等，以此来满足读者不断变化的阅读需求。

（二）集群构建

上海大学期刊社积极实施以刊养刊策略，努力培育品牌期刊并为集群化发展奠定坚实基础,显著增强了期刊社的综合实力与社会影响力,也提升了其核心竞争力。为实现高效运作,期刊社引入了全系统管理核心任务指标(KPI),确保各期刊充分发挥集群化优势,进一步扩大集群效应。经过不懈努力,上海大学期刊社已成功从最初的6种期刊拓展到17种,构建了规模庞大、影响深远的期刊集群,覆盖多个学科领域,为学术界提供了丰富的学术资源和交流平台。在推进集群化建设的初步阶段,上海大学期刊社的首要任务是精心策划顶层设计,确立明确的发展蓝图,制定了集约化、信息化、专业化、国际化、数字化等五化并进的发展策略并同步实施了务实、专业、深入、创新等多重核心措施。为确保这些措施有效实施,期刊社建立了科学规范的管理制度,创新了工作机制,优化了业务流程并创建了"上大期刊屋"和期刊融合出版实验室等公共服务平台,全面提升了期刊的出版质量。

在集群化建设过程中,上海大学期刊社特别注重学术期刊与学科、科研之间的深度融合,推动"刊学研"联动发展。各编辑部首先确立了全系统管理核心任务指标(KPI),与相关学科紧密合作,共同策划专题或专辑,促进校内各学科之间的良性互动。同时,期刊社还紧跟学术研究前沿,围绕最新课题选题、组稿来强化期刊的内容质量。集群化建设的第二步是整合资源,优化刊号供给侧。上海大学期刊社以创办一流期刊为宗旨,对国内外同类优质期刊进行深入调研与论证。精准对接高峰高原学科,整合刊号资源,为"双一流"建设搭建学术交流平台,提供期刊支持。对社内四种社科期刊和科技期刊实施供给侧优化,例如《社会》杂志成功转型为社会学专业学术期刊,以期满足高校恢复社会学学科后的学科建设和学术交流需求。

二、《实用临床医药杂志》数字化转型

《实用临床医药杂志》编辑部于2019年顺应数字化转型趋势,开启融合出版新篇章。《实用临床医药杂志》2022年第14期发表了一篇具有创新

性的文章《颅脑手术定位三维影像体表投影技术的应用价值》，文章首次运用先进的AR多模态数智内容出版工具，巧妙结合元宇宙技术特点，将传统纸质期刊内容转化为三维、交互式数字内容。创新性工具的应用显著提升了学术期刊的出版效率和质量，增加了学术内容的呈现方式。利用虚拟现实设备，读者可轻松步入高度仿真的医学世界，了解丰富的医学知识、实际临床案例和实践操作。

多模态、跨模态传播生态的崛起使学术期刊拥有了全新的出版工具，促使学术内容传播与接受进入崭新阶段。特别是AI赋能的"多模态数智内容编辑器"，有效解决了元宇宙多模态内容碎片化与孤岛化问题，成为编辑与传播多模态内容的良好助手。沉浸式阅读体验助力读者深入理解知识，提升了学习的趣味性和吸引力，创新实践为学术期刊的未来发展提供了新方向。

三、中信出版集团数字化转型战略

作为出版行业的领军企业，中信出版集团业务领域广泛，涵盖图书、期刊出版和发行与数字阅读等。凭借卓越的作品品质与丰富的出版经验，集团赢得了广大读者的信任和市场的高度评价。

当前，中信出版集团正积极拥抱数字化转型，致力于构建智慧阅读新生态，以期推动出版行业的创新发展。为实现目标，集团已决定设立"平行出版实验室"并启动"AIGC数字化出版项目"，旨在引入人工智能技术，优化出版流程，提升出版效率，调整成本结构。集团也在积极探索利用AIGC技术积累数字资产、创新收入模式的可能性，不断适应变化的市场环境。为确保项目成功实施，中信出版集团进行了深入的研究论证，精心孵化了一系列创新项目，涉及财经翻译图书、智能数字营销和少儿IP等领域。创新项目将充分利用人工智能技术的优势，满足市场需求，提升用户体验并助力集团在智能阅读时代塑造全新的品牌形象。

四、五大集群化试点单位

（一）中国科技出版传媒股份有限公司

中国科技出版传媒股份有限公司（科学出版社）是出版行业的领先者，一直将集群化发展作为期刊业务的重要策略。公司整合了国内外优质期刊资源，采用集群化和集团化建设，致力于打造具有核心竞争力的学术期刊集群。在集群化发展过程中，公司注重顶层设计和重新布局，调整了内部组织架构和业务模式，整合了中科期刊和期刊发展中心，并设立了期刊运营部和技术平台部。公司还自主研发了科技期刊全流程出版平台SciEngine，提供稿件处理、编辑加工、排版印刷、发行传播等全流程托管服务。此外，公司积极探索协作办刊模式，与法国EDP Sciences出版社合作整合了期刊出版资源，努力拓展国际市场，提升出版服务能力，并与国内多家高校、研究机构合作，共同创办和运营学术期刊，实现了资源共享和优势互补。公司旗下拥有《中国科学》《科学通报》和《国家科学评论》等高质量学术期刊品牌，出版期刊数量达到632种，JCR收录期刊182种，《国家科学评论》综合期刊排名第七。

（二）中华医学会杂志社

中华医学会杂志社坚持"传承、创新、发展"的理念，推动医学期刊集群化、平台化发展。在科技期刊卓越行动计划支持下，杂志社专业化引领加强，制定了长期发展目标并取得显著成效。目前，杂志社出版150余种期刊，形成4个系列，成为国内有影响力的医学期刊集群。杂志社建设集约平台，加速数字出版转型，建立了统一的编辑出版流程系统，探索中台服务体系在数字出版和知识服务中的应用，积极推进数据、业务、知识中台建设，促进期刊融合发展。杂志社研发了多种数字产品并提供多元服务，从内容生产者向服务提供者转变。杂志社开发了一体化平台，打造智能化中枢，如中华医学期刊网提供一站式服务以及中国临床案例成果数据库服务基层医师等，助力临床医学发展。杂志社顺应期刊网络化、数字化趋势，上线MedPress平台，实现了期刊工作全流程贯通，社内拥有203种刊群，27种英文刊，已经建设成为一体化出版服务平台和英文出版传播平台，实现了用户、资源和业务的统一化管理。

（三）有科出版公司

中国有色金属学会与中南大学出版社合作成立了有科出版公司。有科出版公司提供"有科+"服务，扩大刊群规模，打造旗舰刊，统一标准，整合了80种期刊，SCI期刊影响因子提升219.66%。有科出版公司专注于有色金属科技期刊，采取创新模式，构建了全国性期刊集群，覆盖全行业，大幅度提升了专业化和集约化。有科出版公司注重期刊国际化，与国际集团合作，积极提升英文期刊影响力，不断推动数字化转型，与中南大学出版社等合作，开发出"有科有数®"和"Web of Tech"平台，解决了海外平台依赖问题。

（四）高等教育出版社

高等教育出版社设立了专门的期刊管理部门，统一管理和运营旗下的学术期刊，注重品牌和特色发展，强调差异化定位，避免同质化竞争，成功打造了具有影响力的学术期刊。例如，*Frontiers of Computer Science*自创刊以来，坚持高标准发表计算机科学领域的最新研究，已成为该领域的重要期刊。高等教育出版社在数字化出版方面，开发了中国学术前沿期刊网等平台，提供在线浏览、检索和下载服务。同时，探索新媒体采编模式，整合优秀高校学报资源，发布最新动态和培训信息。出版社主办近50种学术期刊，与"双一流"大学合作，提升"前沿"系列期刊的国际影响力，多本英文期刊被国际知名检索系统收录。

（五）中国激光杂志社

中国激光杂志社自建立初期就创办了国内首份光学期刊。21世纪后，中国激光杂志社借鉴国际经验实施了"三步走"战略，对期刊进行集群化改造，并成立独立法人公司。杂志社整合80种光学期刊，建立"中国光学期刊网"和国际出版平台，超半数期刊被国际数据库收录，包括11种Q1区期刊。现出版10种高端光学学术期刊、7种英文期刊和3种中文期刊，形成了有广泛学术影响的期刊集群。杂志社还建设了多个数字平台，提供光学论文数据库和在线服务，推动了数字化转型并主办或合办了多场学术会议。

第七章　学术期刊数字化转型发展的版权保护与知识产权管理

第一节　版权保护与知识产权管理的重要性

一、创作者权益的维护

保护创作者权益是学术期刊的重要职责，出版单位需强化版权意识教育，建立完备的版权管理体系，依法维护学术期刊版权，巩固学术诚信，推进学术交流。编辑与作者应深刻理解版权保护价值，尊重智力劳动成果，遵守国家版权法规。出版单位应组织版权培训普及版权知识，建立严格的审查机制，拒绝侵权行为并与各方合作共同维护版权秩序。同时，建立奖惩机制，表彰遵守版权者，严肃处理侵权者，维护学术诚信和知识产权，推动学术研究与知识传播健康发展。出版单位人员应切实履行版权保护职责，营造尊重知识、创新的学术环境。

二、知识创新的推动

版权保护与知识产权管理的协同作用为知识创新营造了稳健的法治环境，创新者只需专注于创新活动，无须担忧成果安全，激发了创新者的创造力和潜能，推动了知识创新发展。在科技进步和全球化背景下，知识创新成为推动社会进步和经济持续增长的核心。版权保护为创作者提供法律保障，确保创新成果得到尊重和回报，激发创作热情，遏制非法复制和盗用，维护市场公平竞争。知识产权管理则通过系统化、规范化的管理保护创新成果，有效保障创新者权益，促进成果转化和应用，从而服务于社会发展和经济建设。

三、期刊竞争力的提升

学术期刊的竞争力与期刊品质、声誉和影响力等紧密相连，其中版权保护与知识产权管理保证了作者的原创作品得到合法承认和尊重，维护了期刊的品牌形象和市场竞争力，防止发生抄袭和侵权行为。版权与知识产权管理在激励学术创新、保护原创作品和思想、确保研究人员得到应有回报、维护学术诚信、遏制学术不端行为、促进知识共享和传播等方面发挥了重要作用。有效的知识产权管理还能促进学术交流和知识共享，为学术界和公众提供一个健康、有序的信息环境。因此，加强版权保护和知识产权管理是提升期刊精神力、推动学术发展的重要手段。

四、行业进步的促进

随着数字化技术的发展，出版单位需深化版权保护与知识产权管理，创新出版模式与服务方式，满足学术研究与知识传播需求。学术期刊是学术成果的载体，原创性、专业性与学术价值是其核心竞争力。实施版权保护、维护作者权益能保证期刊质量，推动学术发展。学术期刊的品牌形象与影响力彰显了对建立知识产权保护机制的尊重与重视，有利于吸引更多优秀作者和读者，以及推动学术期刊国际化进程。数字化时代，出版单位应建立数字化平台开展在线出版，促进学术资源快速传播与共享，同时强化知识产权管理，规范资源使用行为，促进学术资源有效利用，推动出版行业持续健康发展。

第二节 数字化转型发展的版权保护策略

一、版权意识与版权制度

加强版权意识、完善版权制度是学术期刊数字化转型发展的重要保障，出版管理部门必须深化全社会对尊重版权和保护知识产权的认识，充分认识到版权保护对于推动文化创新、科技进步以及增强国家文化软实力的重要作用。政府应积极制定和完善与知识产权、学术期刊数字版权相关的法律法规，确保法律制度与数字化时代的发展需求相匹配。同时，政府应鼓励社会各界积极参与版权保护工作，加强对学术期刊数字化版权保护的监督和评价，形成全社会共同参与、共同维护的良好局面。

（一）加强版权保护意识

加强版权保护意识是学术期刊数字化转型发展的迫切需求，体现了对原创作者知识产权的尊重，也是对整个学术生态环境的积极维护。

1. 教育引导是关键

强化对学者的版权教育，深化学者版权认识是捍卫学术创新成果、促进学术昌盛发展的关键行动。只有当学者们充分意识到自身创作成果的价值并认识到这些成果需要得到适当的保护时，才会主动捍卫自身的权益。出版单位应积极组织讲座、研讨会等多样化活动，诚邀版权专家、法律顾问等专业人士为学者们阐释版权法律法规，剖析典型案例，引导学者在学术研究中坚守版权保护原则。

2. 优化法制体系

为确保著作权的明晰和保障，与版权相关的法律法规应详尽规定著作权的归属、运用与转让等问题，从而为创作者提供明确的权益界限与维权路径。对于任何侵犯版权的行为应设置严厉的处罚措施，确保侵权者承担相应责任。出版法规的制定机构需强化与执法部门协作，构建高效的版权保护机制，对侵权行为进行迅速、准确地打击并加强国际合作应对跨国侵权行为，共同维护国际版权秩序的稳定。

3. 版权宣传与普及策略

为有效推广版权知识，期刊管理部门应充分利用媒体和社交网络平台的广泛影响力，积极组织版权知识竞赛与主题活动，增强社会各界的版权意识。活动应设计得既富有教育意义又充满趣味性，吸引不同年龄段的参与者。例如，策划线上线下的版权知识问答竞赛，同时举办版权保护主题展览、论坛和研讨会等，为公众提供深入了解版权问题的平台。参与者可通过参与活动，增进对版权法律法规的理解，认识到侵权行为的危害性。

（二）优化版权制度

目前，我国的版权制度主要由《中华人民共和国著作权法》（简称《著作权法》）构成，法律明确了版权所有者在法定时限内对其作品享有的独占权利。作为保障创作者权益的重要法律，《著作权法》在一定程度上发挥了积极作用，然而，随着时代的进步和社会的发展也暴露出若干亟待改进之处。以下是对其可能存在问题的探讨：

1.《著作权法》中存在的不足

《著作权法》的不足之处主要体现在以下四个方面：

第一，《著作权法》的应用范围存在模糊性。由于著作涵盖的领域、体裁和种类各异，当前《著作权法》在定义著作的严谨性、分类的科学性以及种类的完备性等方面存在不足。这些问题导致《著作权法》的应用边界不明确，可能引发不必要的争议和纠纷。

第二，网络著作权保护尚显薄弱。随着网络技术的普及，网络已成为人们日常生活、学习和工作的重要平台。然而，我国著作权法在网络著作权保护方面仍有待加强，如对网络作品著作权的明确保护以及对网络侵权行为的有效打击等方面。

第三，著作权侵权行为的认定存在难度。由于著作权客体的多样性和内容的丰富性，侵犯著作权的行为形式也表现出复杂和多样的特点。虽然我国著作权法通过列举方式规定了一些具体的侵权行为，但这些规定并未涵盖所有可能的侵权行为形态，导致在实际操作中认定侵权行为面临一定的挑战。

第四，对著作权侵权行为的打击力度仍有待提升。尽管《著作权法》规定了侵权行为的法律责任，但在实际执行过程中，由于侵权行为的隐蔽性和跨地域性等特点，对著作权侵权行为的打击力度仍然不足，可能导致侵权行为无法得到有效遏制而损害创作者的合法权益。

2.《著作权法》的完善策略

完善《著作权法》需综合考虑法律、技术、文化和社会等多方面因素才能保证其适应时代发展的需要，有效保护创作者合法权益。针对《著作权法》现有的不足，提出以下改进建议：

第一，明确《著作权法》的适用范围，精确界定著作的定义，明确《著作权法》所涵盖的领域、体裁及种类，避免歧义和误解；定期对著作权分类进行审查与更新，保障《著作权法》与科技进步和文化发展保持同步；强化对新兴作品形式如数字媒体、网络文学等的著作权保护，使作品在法律框架内得到合理保障。

第二，加强网络著作权保护，制定专门针对网络著作权的保护条款，明确网络作品的著作权归属与侵权行为认定标准；增强对网络平台的监管责任，要求平台采取有效措施防范和打击网络著作权侵权行为；提高对网络著作权侵权行为的处罚力度进而起到警示和震慑作用。

第三，完善著作权侵权行为的认定机制，扩大著作权侵权行为认定范围，将更多隐蔽性和新型侵权行为纳入法律规制范畴；建立著作权侵权行为的认定标准和程序，指引执法机构和司法机关明确的操作；加强著作登记制度，提供创作者便捷的著作权登记服务并为侵权行为的认定提供有力证据。

第四，加大对著作权侵权行为的打击力度，提高著作权侵权行为的法律责任，如民事赔偿、行政处罚和刑事处罚等；加强跨地区和国际合作，共同打击跨国著作权侵权行为；建立高效的著作权侵权举报和投诉机制，鼓励公众积极参与著作权保护工作。

二、技术保障与版权管理体系

出版单位应着力强化技术保障措施，构建完善的版权管理体系，提升学术品质、推动学术交流活动并切实保护知识产权。该目标的实现需要出版人员、作者与出版商三方携手合作共同促进学术期刊的稳健发展。

（一）强化技术防护

学术期刊版权的技术防护需综合采用先进的加密科技、数字水印技术与版权管理系统等多元手段并与法律机构深度协作。出版单位有责任构建全面而高效的版权保护机制，从而为学术期刊的稳健发展奠定坚实的基础。

1. 加密技术的采用

为了提升学术期刊的安全性，出版单位应采取业界先进的加密技术如RSA或ECC等公钥加密算法。公钥加密算法能够为期刊内容提供高强度的安全保护，有效防止在传输和存储过程中遭受非法访问或篡改。同时，采用SSL/TLS协议对传输的数据进行加密，确保数据的机密性和完整性，为学术期刊的安全保驾护航。

2. 数字水印技术的实施

数字水印技术是一种高效且重要的版权保护工具，技术运用就是在学术期刊内容中嵌入难以察觉的标记，有效地追踪非法复制或传播的来源。运用这种技术，学术期刊可精准打击盗版行为，维护版权人的合法权益。数字水印需具备鲁棒性和不可见性等两大特点才能保证有效性，鲁棒性是指水印在内容遭受一定程度的篡改或压缩时仍能保持完整性；不可见性是指水印在视觉上不会对读者造成任何干扰。

3. 版权管理系统的建立

版权管理系统是运用数字版权管理技术对学术期刊及其内容实施加密、数字水印等处理方式，保证版权信息的安全防护与检索，防止期刊内容被非法复制、篡改或盗用，从而维护学术期刊的版权和知识产权。一旦出版单位发现期刊内容遭到盗用或侵犯，便可运用版权管理系统迅速定位侵权者并采取相应法律措施维权，捍卫学术期刊的合法权益，提高期刊在社会中的信誉和形象。版权管理系统为学术期刊提供了全方位的版权资产管理，涵盖版权登记、版权监测、版权提醒等功能，助力学术期刊规范版权管理和运营流程，保护著作权益，规避侵权风险并有效实施版权战略；通过多维度版权运营信息汇总展示、趋势分析等功能，为学术期刊提供数据支持与决策参考，使学术期刊能制定出更为合理、科学的版权运营策略，提升市场竞争力和影响力。

4. 电子版权认证技术的推广

电子版权认证技术能为学术期刊提供数字签名，确保作品具有完整性和真实性，数字签名是一种特殊加密技术，只有原始作品持有者才能生成，一旦学术期刊内容遭到篡改或盗用，数字签名将失效，从而及时发现并阻止侵权行为；电子版权认证技术能为学术期刊提供版权追踪功能，一旦作品被非法复制或传播，版权追踪功能即可定位侵权者，为出版单位提供维权依据。电子版权认证技术可有力打击侵权行为，提高侵权者的违法成本，进一步维护学术期刊的版权和知识产权，还能为学术期刊提供版权管理功能。出版单位可使用这种技术对作品实施授权管理，控制作品的访问和使用权限，保护作者的版权，合法使用与传播学术期刊。

5. 实施严格的访问控制和版权限制

学术期刊应采用严格的访问控制和版权限制措施，维护内容的安全性和授权用户的权益。采用设定用户权限以及限制复制、粘贴、打印等功能，限定经过授权的期刊用户才能够访问和使用期刊内容，配合运用IP限制、时间限制等手段，全面防范非法访问和盗版行为，从而保障内容的完整性和合法性。

6. 版权监测和追踪机制的建立

出版单位应构建一套科学有效的版权监测和追踪机制，运用先进的自动化工具或第三方服务实现对互联网环境中非法复制和传播行为的实时、高效监控与分析。一旦发现任何形式的侵权行为应立即启动法律程序，坚决维护出版单位自身合法权益并追究侵权者的法律责任，如此才可以构建出一个清朗的学术出版环境，促进学术交流与知识创新。

7. 正版使用和合法获取渠道的倡导

为了构建一个尊重知识产权的优良环境，出版单位应积极倡导读者采用正版和合法途径获取学术文献，利用宣传教育、提供便捷且合法的获取方式等多种手段加以实现。出版单位可与图书馆、科研机构等展开合作，推广合法的订阅和访问方式，严格遏制非法获取和盗版行为的发生。

8. 与法律机构协同合作的加强

出版单位应深化与律师事务所和版权保护组织等法律机构的合作，便于更有效地打击盗版和侵权行为。出版单位利用法律机构的专业知识和资源优势，维护版权人的权益和学术期刊的声誉，促进知识产权的严格保护和实施。与法律机构协同合作对于维护学术诚信、推动学术研究的健康发展具有重要意义。

9. 技术保护措施的持续更新和优化

出版单位应与时俱进、持续更新并优化技术保护措施来应对日益严峻的版权挑战，为此，出版单位需密切关注新兴技术的发展动态，积极探索将技术融入学术期刊的版权保护工作中。具体而言，出版单位应深入研究区块链技术在版权保护领域的应用潜力并考虑将其纳入版权保护体系中，进一步提升学术期刊的版权保护水平。

（二）构建版权管理体系

学术期刊的版权利益是知识产权保护的重要组成部分，也是促进学术交流和知识共享健康发展的关键所在，构建一个功能完善的版权管理体系是大势所趋。

1. 身份认证与权限管理体系

学术期刊版权管理平台的首要责任是确保访问具有合法性，基于此，需要构建一套完善的用户身份认证与权限管理体系。在技术应用上，出版单位需选用先进、高效且安全的如多因素身份验证、生物识别等身份认证技术，技术的应用还需不断适应技术进步和应对安全挑战。在权限管理方面，出版单位应精确细致地使每位用户都能根据角色与需求获得适当的访问权限，例如，普通读者仅能浏览期刊的摘要和部分内容；付费订阅者或机构用户则享有全文访问、下载、引用等权益。如此一来，既能维护版权又能满足各类用户的需求。

2. 版权法律法规库

学术期刊版权管理平台的核心组成部分是平台版权法律法规库。在平台上，为了让用户获得权威、准确的法律法规信息，出版单位应打造一个详尽而全面的法律法规数据库。数据库不仅需要囊括全球各地的相关法律法规，还需提供深入的法律条文解读和丰富的案例分析。为满足用户多样化的查询需求，数据库还需配备高效的搜索和筛选功能，用户能够迅速定位到所需的法律条文并获取专业的法律意见和解读。

3. 版权争议处理机制

虽然出版单位致力于保障平台上所有内容具有版权合规性，但版权争议仍可能出现。为妥善应对此类情形，出版单位必须构建一套高效、公正且透明的争议处理机制，机制应涵盖调解、仲裁和司法诉讼等多种解决路径，以便灵活应对不同用户的需求和期望。为保证处理流程具有专业性与权威性，出版单位可考虑邀请具备丰富实践经验和深厚专业背景的版权法律顾问或仲裁机构参与争议处理。出版单位应重视争议预防和风险管理，加强版权教育和培训，提升用户的版权意识和保护意识，进而降低版权争议的发生率。

4. 版权教育与培训资源

由于教育和培训在提升用户版权意识和保护意识中的重要作用，平台有义务提供丰富的版权教育和培训资源。这些资源需囊括在线课程、研讨会、讲座和案例分析等多种学习形式，用户借此能够全方位地掌握版权基础知识、相关法律法规、保护手段和技巧等信息。为确保所提供的资源既有效又具吸引力，出版单位应积极邀请行业内的权威专家和学者参与资源的设计与开发，从而确保所提供的学习内容兼具权威性与实用性，增强用户的学习体验，同时也将为用户在版权保护和利用方面提供坚实的理论和实践指导。

5. 国际化支持

由于全球学术交流活动持续增多以及国际化趋势显著增强，学术期刊版权管理平台需向国际用户提供全方位的支持，包括提供多语种用户界面与翻译服务，保障来自不同国家和地区的用户都能无障碍地使用平台。出版单位也需积极寻求与国际版权组织及机构合作，共同推动跨国版权保护与学术交流合作。出版单位与国际组织及机构的联系与合作可进一步扩大平台的影响力，推进学术期刊国际化发展。

三、协同监管与弘扬学术诚信

学术期刊应实施完善的版权合作架构、扩大合作领域、强化内部监管机制、采用先进科技并积极参与国际交流等措施维护学术秩序，保障作者权益，推动学术研究健康发展，促进知识创新。

（一）强化协作与监管

学术期刊在加强版权协作与监管方面所承担的既是一项亟待解决的任务，更是对学术道德、作者权益以及知识创新成果的崇高敬意。

1. 构建版权协作体系

出版单位必须构建一套周密且严谨的版权协作体系，与作者形成基于信任与共同利益的协作关系。在签署版权合同时，出版单位应以清晰、具体、具备法律约束力的方式明确双方的权利与责任如著作权归属、利用范畴、传播路径与版权收益的分配等要素。出版单位应始终恪守尊重作者署名权与知识产权的准则，坚决捍卫作者的合法权益，杜绝任何形式的侵权行为。版权协作将为学术期刊提供稳定且优质的稿源，激发作者的创作激情，推动学术研究向更深层次发展。

2. 拓展版权合作范围

期刊出版单位应扩大与其他出版机构的合作领域，共同构建开放、包容、有序的学术出版环境。期刊单位应建立与国内外知名出版机构的战略合作关系，实现版权信息和资源共享，形成联合力量打击盗版、抄袭等侵权行为。出版单位有责任对其他出版机构的版权管理情况进行定期评估和监督并要求其严格遵守相关法律法规，维护学术版权的规范和秩序。学术期刊的知名度和影响力会因此得到提升，也会为学术研究的健康发展提供坚实的外部支持。

3. 加强版权管理建设

出版单位应构建并持续优化自身的版权管理体系与内部监控机制，在编辑、审稿、发表等核心环节中都应制定详尽且符合法律法规的版权管理规则与操作流程；在运营的每一个环节中都应严格遵守相关法律法规。为此，出版单位要成立专门的具备高度专业素质和强烈责任心的版权管理部门或团队，全面负责处理和管理所有版权相关事宜。版权管理部门应能够快速识别并妥善处理版权问题，保证学术期刊版权管理工作得到切实有效的执行。

4. 强化版权保护与管理工作

出版单位需积极运用前沿科技手段切实加强版权保护与管理，采用先进的版权追踪与识别技术，实现对学术成果的精确追踪与自动辨识；采用数字版权管理（DRM）技术对数字化出版的学术成果进行加密保护，确保成果安全无虞；构建数字化版权管理平台，实现版权信息的集中管理与高效利用。合理应用科技手段将会大幅提高版权管理的效率和精确度，有效降低人为失误和疏漏的风险，安全合法地传播学术成果。

5. 加强国际合作交流

为促进国内学术期刊版权工作的国际化进程，出版单位应深化国际合作与交流，主动融入国际版权组织，获取并借鉴国际前沿的版权管理经验和技术工具，从而增强版权保护的能力与标准。建立与国际知名出版机构的合作关系，推动学术研究成果广泛传播和实际应用，进而提升学术期刊的国际地位与竞争力，为学术研究的国际化发展提供坚实助力。

（二）弘扬学术诚信

学术诚信是学术研究的基础，既维系着学术的真实性和可靠性，也彰显着对知识产权的尊重与维护。出版单位在倡导学术诚信方面的行动无疑会为整个学术界树立典范，支持着学术环境的稳健发展。学术诚信并非单纯的道德规范，其贯穿于学术研究的各个层面，包括数据的真实性、引用的准确性、研究的创新性等。学术期刊是学术成果传播的主要渠道，对论文质量与原创性的把控要求很严格，要求编辑团队必须具备高度的专业性与责任感，坚决抵制学术不端行为，积极营造诚信的学术氛围，鼓励学者在学术期刊上发表高质量的论文，引导学者与作者自觉遵守学术诚信原则。

版权是保护作者知识产权的核心要素，出版单位在保护版权方面起到了重要作用，即从源头上预防侵权行为的发生。例如，出版单位可以要求作者在投稿时提供原创性声明和授权书，明确论文的版权归属和授权范围；采用先进的技术手段如数字版权管理、水印技术等对论文进行加密与授权，防止未经授权的复制与传播，有效保护作者的合法权益，提升学术成果的知名度与影响力。出版单位还应加强教育与宣传工作，提高学者和作者对学术诚信与版权保护的认识，采用定期举办研讨会、培训课程等方式，向学者与作者普及学术诚信与版权保护的知识。在投稿指南、网站等渠道上发布相关信息，引导作者自觉遵守学术诚信与版权保护的原则，培养学者与作者正确的学术观念，提高他们的学术素养与道德水平。同时，建立完善的奖惩机制，对遵守学术诚信与版权保护的作者进行表彰与奖励，对违反这些原则的作者进行相应的惩罚，从而激励更多学者与作者遵守学术诚信原则，形成良好的学术风气。如通过设立奖项、发表论文等方式表彰那些严格遵守学术诚信与版权保护的作者，对于违反学术诚信与版权保护原则的作者，出版单位可采取退稿、通报批评等措施予以惩罚，坚决维护学术环境的公正与公平。

第三节　数字化转型发展中的知识产权管理策略

自1997年中国学术期刊数字化光盘诞生到1999年全球最大的全文信息数据库"CNKI数字图书馆"建成再到2003年中国知识资源总库正式启动，学术期刊数字化传播已取得长足发展。目前，绝大多数学术期刊除了传统传播渠道，已纷纷涉足数字化传播领域。学术期刊数字化转型为知识的高效流通和获取带来了便捷，然而，在这一过程中，版权保护问题也逐渐凸显。

版权与著作权虽源于不同的法律传统，但在现代法律实践中，二者之间的差异正逐渐缩小，反映了不同法系在版权保护问题上的融合与相互借鉴。在我国，版权保护主要体现在《中华人民共和国著作权法》《中华人民共和国民法通则》《信息网络传播权保护条例》以及其他相关法律法规中。学术期刊在数字化转型过程中，为使学术成果在传播与知识产权保护之间达到平衡就要严格遵守这些法律法规。学术期刊数字化转型的知识产权管理实践，要求出版单位积极作为，还要得到法律法规的支持与保障。只有在这样的双重保障下，学术期刊的数字化转型才能得以顺利进行，保障原作者的权益不受侵犯，这是出版单位的社会责任，也是维护学术生态平衡和学术繁荣的重要基础。

一、政策制定与法规遵循

在学术期刊数字化转型过程中，知识产权管理的政策制定与法规遵循涉及多方利益，需要政府、出版商、学术机构以及作者等各方共同参与、协同努力、形成合力，有效推动学术期刊数字化转型的健康发展，使知识产权得到充分保护，同时推动学术研究和知识传播不断进步。

（一）政策制定

在制定知识产权政策时，核心目标是捍卫作者的原始创新和智力劳动成果，激发科研人员的创新活力并维护学术界的公正与诚信。为实现核心目标，政策必须确立清晰、具体且全面的目标并具备明确的法律边界与详尽的伦理指导原则，无论是科研人员还是广大读者，每个人的权益都能得到充分的尊重与保障。在制定政策的过程中，《著作权法》为我们提供了重要的法律基础，制定者需根据学术期刊的独特性质与学术研究的特性，严格遵循并灵活解读和应用，特别是在处理科研论文这类特殊作品时，既要保护作者的权益，又要考虑如何有效推动知识的广泛传播与共享。

学术期刊的投稿与审查机制是确保学术诚信与学术质量不可或缺的一环，制定者需构建一个公开、透明且公正的投稿与审查体系，使每篇论文都能得到客观、公平的评价与处理。例如，运用先进的查重软件来预防抄袭行为，作者需经过严格的资质审核以确保论文的质量与原创性，同时鼓励作者提交高水平的研究成果。学术期刊作为学术成果的展示平台，承担着促进学术成果共享与传播的重要责任，出版单位必须提供便捷且高效的方式，使广大读者能够轻松获取并使用这些宝贵的学术资源，从而让更多人受益于学术进步。为了使每份学术成果都能得到应有的尊重与保护，出版单位应建立高效且严谨的知识产权保护机制，设立专门的版权保护部门负责处理版权纠纷与侵权行为并制定明确的侵权处理流程，对任何侵权行为都将采取严厉措施予以打击，从而有效防止侵权行为的发生。

（二）法规遵循

版权声明的目的是确立学术期刊文章的知识产权归属与保护机制，保障学术研究成果具有合法性与诚信度。每一篇在学术期刊上发表的文章都汇聚了作者深入研究的智慧与心血，文章的知识产权包括著作权与专利权，是作者的核心权益，也是学术界稳健发展的保障。随着数字化与网络化的转型加速，学术期刊的传播与利用方式也发生了深刻改变，对版权声明提出了更为严格的要求。作为学术期刊的出版方，深谙知识产权保护的重要性，更要严格遵守国家法律法规，如《著作权法》《信息网络传播权保护条例》等。在制定版权声明时，出版单位应遵循相关法律法规并适应电子期刊、网络数据库等新的传播和利用方式，对每篇投稿文章进行审慎审查，确保质量与原创性，并与作者签署明确的版权协议，规定文章的知识产权归属与使用权限。出版单位享有文章的出版、发行、复制和信息网络传播等权利，但非文章所有权，并应承诺文章发表后，知识产权仍归原作者所有，出版方仅在特定范围内行使相关权利，坚决捍卫作者的合法权益，如署名权、修改权和作品完整权等，鼓励作者在文章发表后积极维护自己的知识产权。对于任何未经授权的转载、引用或其他侵犯知识产权的行为坚决制止。

尊重知识产权是每位学术工作者的基本素养，在转载或引用学术期刊文章时，必须遵守知识产权法律法规，保障原作者与学术期刊的权益，如注明文章来源并获得原作者与期刊的授权。任何未经授权的转载、引用或其他侵犯知识产权的行为，都将构成对作者权益的严重侵害，也会对学术期刊声誉造成重大损害。保护知识产权是维护学术诚信、促进学术交流与创新的关键所在。出版单位应积极推动学术健康发展，为广大学者提供严谨、稳重、理性的学术交流平台并欢迎广大读者、作者与学者参与知识产权保护工作，共同维护学术界的良好秩序与学术诚信。

二、版权声明与授权协议

（一）版权声明

在当前学术期刊数字化迅猛发展的背景下，版权声明不仅关乎作者的权益保障，还涉及对学术成果的尊重与传播，以及数字化平台运营的规范与秩序。版权声明的核心目的在于维护作者的原创精神和劳动成果，尊重和保护知识产权。随着数字化时代的来临，学术论文以电子形式广泛传播，版权保护的追责变得困难重重，制定明确的版权声明可清晰地界定论文的版权归属、使用范围与禁止行为，从而有效防止侵权行为的发生。

在制定版权声明时，需关注以下几个关键要素：第一，明确版权归属。版权声明应指出论文的版权归作者所有，或根据作者与出版方之间的协议进行分配，确立清晰的版权关系为后续权利的行使提供依据。第二，规定使用权限。声明应明确他人在何种情况下可以引用、转载或使用论文，以及是否需要获得作者的许可或支付相关费用，坚决维护作者的合法权益，促进学术成果的合理传播。第三，禁止未经授权的使用。声明应严厉禁止任何未经授权的复制、传播、修改等行为，坚决维护学术秩序和作者的声誉。随着学术期刊数字化的深入推进，版权声明的形式和内容也在不断创新和完善，借助技术手段可以加强版权保护，如采用数字水印、加密技术等防止非法复制和传播。同时，加强版权宣传与教育，增强公众的版权意识也是推动学术期刊数字化健康发展的重要措施。

(二)授权协议

随着数字化时代的到来,为有效管理和保护知识产权,出版单位应积极利用先进技术推动机制创新。出版单位应认识到区块链技术的引入将为知识产权授权带来革命性改变,区块链以其不可篡改、可追溯的特性为学术成果的真实性和完整性提供了坚实保障。构建基于区块链的知识产权授权平台将实现授权信息的透明化、公开化,使得授权过程更公正、公平。此外,区块链技术还将提高授权效率,降低授权成本,为学术期刊的数字化转型发展提供有力支撑。同时,出版单位也要意识到人工智能技术在知识产权授权中的重要作用,利用人工智能技术强大的数据处理和分析能力,出版单位能够快速、准确地判断学术成果的价值和潜在影响,构建基于人工智能技术的授权决策系统,实现授权的智能化、自动化,进一步提高授权的准确性和效率。

为了推动机制创新,学术期刊需加强与学术界、出版界和法律界的合作与交流,共同研究和探讨知识产权授权问题的解决方案,出版单位应不断完善和优化授权机制并建立在线平台,提供实时咨询,为作者提供持续的知识产权支持和帮助,提高作者的授权效率和成功率,激发作者的创作热情和创新精神。

三、版权保护与侵权打击

(一)版权保护

在学术期刊数字化转型过程中,版权保护问题显得突出且复杂,由于数字资源的共享性和流通性,学术期刊的版权保护面临着巨大的挑战。任何版权问题的出现都可能给学术期刊带来严重的负面影响和损失,在推进数字化转型过程中,出版单位必须审慎考虑并强化版权保护策略,秉持与传统印刷期刊相同的版权原则,即使针对开放获取期刊等特定类型的出版物,也应在保障出版物连续性和完整性的前提下,严格执行版权保护机制和出版规范。出版单位有责任制定切实可行的版权保护策略，防止非法使用和侵权行为。为实现高效管理，数字化期刊需构建完善的著作权管理体系，统一数字资产的管理流程，从而在充分利用知识产权价值的同时保证期刊的安全性、可靠性和可访问性。涉及版权、权限、用户许可管理、授权和分发等多个方面时，出版单位应建立明确的版权管理制度，明确各方权益和责任以及数字资源的合法使用和授权。为确保内容的安全、可靠和可访问，数字化期刊必须采取加密技术、身份验证、访问控制等安全措施，防止数字资源被非法获取、篡改或滥用，提升数字资源的存储和备份能力，使期刊内容具有可靠性和持久性。在此基础上，学术期刊应严格遵守版权保护和出版规范。在学术期刊数字化转型过程中，版权保护还需与各方协同合作完成，共同营造健康的版权生态环境。出版单位应与作者、读者、出版商、图书馆等建立紧密的合作关系，共同制定并执行版权保护政策，积极加入国内外的版权保护组织并参与其举办的活动，具备与国际接轨的版权保护水平。

（二）侵权打击

学术期刊数字化转型进程中的侵权行为主要有三种典型的表现形式，即传统媒体的侵权行为、网站侵犯数字化作品版权的行为以及网站侵犯传统学术期刊作品版权的行为，这些行为损害了版权人的合法权益，也影响了学术期刊的正常传播和学术交流。为打击学术期刊数字化转型过程中的侵权行为，出版管理部门要加强法律规制建设和监管力度，一方面，应完善相关的法律法规，明确数字版权保护的法律框架和侵权责任认定标准；另一方面，应加强对学术期刊数字化转型的监管，建立有效的侵权监测和打击机制，及时发现和制止侵权行为。同时，也需要增强版权保护意识和能力，出版单位和作者应加强自身的版权保护意识，采取合理的技术手段和管理措施保护自己的版权，加强版权教育和培训，提高科研人员和读者的版权保护意识和能力。实现一定程度内的学术资源共享也是解决学术期刊数字化转型过程中侵权问题的重要途径，建立合理的学术资源共享机制，促进学术资源的合理利用和传播可以减少侵权行为的发生和版权纠纷的产生。打击学术期刊数字化转型过程中的侵权行为需要多方面的努力和措施，只有加强法律规制建设和监管力度，增强版权保护意识和能力，以及实现一定程度内的学术资源共享，才能有效地保护学术期刊的版权和推动学术交流的健康发展。

四、技术保护与防范措施

（一）技术保护

知识产权保护涉及多个领域和行业的协同合作，以此来构建坚实的防线，合作不限于简单的信息共享或技术交换，而是需要各方深入参与、共同应对挑战。出版单位应与政府部门、技术提供商、学术研究机构等建立紧密的合作关系。政府部门负责提供政策支持和法律保障，为学术期刊数字化转型发展和知识产权保护提供坚实的后盾；技术提供商提供数字水印、区块链、元数据等先进技术，为知识产权保护提供强大的技术支持；学术研究机构提供深入的研究成果和理论支持，为保护工作提供科学指导。跨界合作能够实现资源的优化配置和高效利用，形成多方共赢的局面，共同推动学术期刊数字化转型发展和知识产权保护的进程。

在合作过程中，出版单位需强化信息共享和沟通协作，建立知识产权信息共享平台，形成高效的沟通协作机制使各方能够及时获取和分享知识产权相关信息，提高保护效率。随着技术的不断进步，学术期刊数字化转型发展和知识产权保护的方式和手段也需不断创新。根据新技术发展趋势和市场需求制定科学、有效的保护策略，例如，利用区块链技术的去中心化、不可篡改等特性构建去中心化的学术期刊出版和知识产权保护平台，对文章进行数字签名和时间戳等操作来保证文章的真实性和完整性。出版单位可利用自然语言处理、图像识别等技术手段提高期刊数字化转型发展中的知识产权识别和保护能力，推动期刊数字化转型发展与知识产权保护进行深度融合，为学术研究和知识传播创造更加安全、高效的环境。

（二）防范措施

为保障学术期刊在数字化转型过程中的知识产权安全和完整，出版单位必须采取一系列经过精心策划的高效防范措施，在版权教育和宣传方面，应充分利用期刊自身平台资源，持续加强版权知识的普及活动。例如，定期举办版权知识培训班，深入解析版权归属、授权使用等要素并结合实例操作指导，使作者深刻理解知识产权的重要性，从而提升整个学术界的版权保护意识。在稿件审查与版权核实环节，出版单位应采取严格且有效的措施谨慎鉴别稿件来源于可信的学术机构或个人；深度审查稿件内容，避免侵犯他人知识产权；要求作者提供合法的授权证明或版权声明等文件，明确发表论文的版权归属，减少因版权问题引发的纠纷和风险。在构建版权保护机制方面，出版单位应具备长远眼光，建立完善的版权管理体系，制定明确的版权协议，界定期刊、作者、读者等各方在版权保护中的权责；设立版权投诉处理机制，对侵权行为进行公正、及时的处理；成立专门的版权管理机构或团队，负责日常的版权管理和维护工作。在技术层面，出版单位应积极采用先进的数字技术保护期刊内容，如利用数字水印技术嵌入不易察觉的水印信息，追溯和验证期刊内容的原始来源和完整性；利用加密技术对期刊内容进行加密处理，防止非法复制和盗用；探索应用区块链等新兴技术，安全存储和可信传播期刊内容，提升学术期刊数字化转型中知识产权保护的科技含量和实际效果。在完善版权管理制度方面，出版单位需建立一套科学、系统、实用的版权管理制度体系，明确版权登记、授权使用、侵权处理等方面的操作流程和规范标准。建立健全的版权档案管理机制，对期刊发表的论文进行详细的版权信息记录和管理，加强对版权管理人员的培训和教育，提升管理人员的专业素养和管理能力，有效执行和持续改进版权管理制度。

加强国际合作与交流也是提升学术期刊数字化转型中知识产权保护工

作水平的重要途径，出版单位应积极与国际知名学术期刊、版权保护机构等建立紧密的合作关系和交流机制。积极参与国际会议、举办研讨会、开展合作项目，加强与国际同行的沟通与协作，借鉴国际先进经验和技术手段，共同推动国际学术界在知识产权保护方面的合作与发展。

第八章 融合出版背景下学术期刊数字化转型发展的影响因素

在当前融合出版背景下,学术期刊的数字化转型发展受到多方因素的共同作用,影响因素错综复杂,共同推进学术期刊迈向数字化、智能化的新时代。出版单位只有全面审视这些影响因素,利用数字化转型提高出版效率和质量,带来更具个性化、便捷化、交互性的阅读体验,才能在激烈的市场竞争中稳固立足。

第一节 技术因素对学术期刊数字化转型发展的影响

为了有效应对学术期刊数字化转型,出版单位必须积极适应新的发展趋势,不断加强技术创新和应用,努力提升出版效率和质量,更好地服务学术研究和知识传播,推动学术界的持续发展和进步。

一、新兴技术的发展动向

新兴技术的发展为学术期刊的数字化转型带来了广阔前景与丰富可能,自动化和机器人技术的高效精确、社交媒体和在线社区的互动沟通、语义网和知识图谱的深度解析，共同推动着学术期刊的数字化转型发展。出版单位应保持敏锐的洞察力和前瞻性思维，关注技术的可持续发展与伦理问题，保障知识产权、维护学术诚信、推动学术交流与合作，不断探索和创新以应对数字化时代带来的挑战与机遇。现代科技的高效精确特性逐渐渗透到学术期刊出版的各个环节，自动化校对工具大幅降低了排版与校对中的人为错误，从而提升了出版质量。机器学习技术持续优化，使校正的准确性与效率得到显著提升。机器人编辑以其卓越的处理速度，在初步筛选稿件时能够迅速识别不符合期刊要求的稿件，有效减轻了编辑人员的工作负担。此外，自动化与机器人技术还能处理大量数据与信息，助力出版单位更深入地理解市场需求，优化出版策略。

在数字化时代，社交媒体与在线社区已成为人们获取信息、交流思想的重要平台。出版单位应积极利用这些平台与读者和研究者建立紧密联系，提升期刊的知名度与影响力。利用社交媒体发布最新研究成果、组织线上研讨会与讨论会，吸引更多读者和研究者参与，与读者及研究者进行深入互动与交流，了解需求与反馈，不断改进和优化期刊内容与形式，提高学术期刊的知名度与影响力，促进学术交流与合作，共同推动学术研究的发展。随着语义网技术与知识图谱技术的不断进步，学术期刊有望实现更高层次的内容组织与知识表达，构建出更加完整、精确的知识体系，便于读者快速找到所需信息并深入理解研究内容。出版单位可利用语义网技术实现对文章内容的语义分析与标注，使读者更便捷地获取所需信息。知识图谱技术建立了文章之间的关联与联系，帮助读者更好地理解研究的内容与发展脉络，提升学术期刊的阅读体验与用户满意度，推动学术研究与知识传播的发展与创新。

二、技术应用对期刊内容生产的影响

随着技术的不断进步与应用，学术期刊内容的生产经历了翻天覆地的变化，提升了学术期刊的编辑效率和影响力，丰富了期刊内容形式和传播渠道。

（一）从生产效率的角度

从生产效率的视角来看，传统的学术期刊内容生产通常是一个复杂且耗时的过程，需要大量的人力资源投入。随着科技的进步，这种情况已经发生了根本性的转变，通过引入自然语言处理（NLP）和机器学习等人工智能技术，学术期刊的内容生产已经实现了自动化和智能化的提升，NLP技术以其独特的智能识别功能，自动从文稿中提取包括关键词和摘要等关键信息，从而减轻了编辑的工作负担；而机器学习算法可不断地学习和优化，自动筛选出高质量的稿件并为编辑提供精确的选题建议，技术的应用提高了学术期刊的生产效率，降低了人为错误的可能性，使内容生产更加精确和高效。

（二）从内容形式的角度

传统学术期刊多以文字叙述为主，形式相对固定。随着数字媒体技术的不断发展和创新，期刊出版单位开始积极探索并融入更多元化的内容形式，例如，学术期刊引入了高质量的图表、数据可视化工具和实验视频等多媒体元素，以更直观、生动的方式向读者展示复杂的研究过程和抽象的理论知识。技术应用在提升学术期刊内容质量方面发挥着重要作用，借助先进的校对工具和算法，系统能够自动检测和纠正文稿中的语法错误、拼写错误等问题，使学术内容具备严谨性和准确性。利用大数据分析和用户行为追踪技术，出版单位能够更深入地了解读者的需求和兴趣，从而策划和出版更符合读者期望的内容，助力提升学术期刊的学术价值和影响力。

（三）从内容传播的途径

技术进步为学术期刊带来了颠覆性的改变，传统的学术期刊主要依赖印刷出版或有限的在线平台发布，在一定程度上限制了学术成果的传播范围。然而，随着移动互联网的广泛普及和社交媒体的迅速发展，出版单位可充分借助这些新兴平台，将研究成果以更加迅速和广泛的方式传递给全球范围内的读者。例如，创建微信公众号、知乎专栏等社交媒体账号，定期发布最新的研究成果和学术动态，吸引更多的关注者和读者。同时，出版单位还可以与其他学术机构、媒体和研究人员建立合作关系，进一步拓展期刊传播渠道和影响力，多元化的传播方式可提高学术内容的可见度和影响力，促进学术交流和知识共享。技术应用对学术期刊的内容生产产生了深远而广泛的影响，从提升生产效率、丰富内容形式到提高内容质量和创新传播方式，学术期刊在数字化时代焕发出新的生机与活力。

三、技术对学术期刊传播方式的影响

技术对于学术期刊传播方式的影响深远且广泛，这种影响重塑了学术期刊的形态，更在很大程度上推动了学术研究的进步和学术成果的普及。

（一）数字化与网络化的融合

传统学术期刊传播受限且滞后，数字化技术可实现即时、广泛传播，提高信息传递效率和可及性。传统期刊出版流程烦琐，周期长，版面有限，限制内容呈现，数字化出版快速灵活，可摆脱版面限制，丰富表达形式，支持按需印刷和个性化定制。在线平台为研究者提供了便捷的交流空间，可自由分享观点、实时讨论，加速成果转化和应用，推动学术进步。传统期刊评价体系依赖量化指标，存在局限性，数字化技术可提供更丰富、全面的数据支持，学术评价更客观、公正、全面，促进研究健康发展。纸质期刊在传播上，地域和时间受限，传播效率低且成本高，数字化学术期刊利用网络平台可实现即时发布和广泛传播，提升传播效率，降低成本且让更多人接触到高质量的学术内容。

（二）多媒体技术的应用

传统的学术期刊主要依赖文字和少量图表，但随着多媒体技术的应用，学术期刊可以涵盖图片、音频、视频等多种内容形式，多样化的内容不仅激发了读者兴趣，还直观展示了学者的研究成果与观点。利用多媒体技术增设互动元素如在线调查、讨论区等，读者也可参与讨论与分享，提升学术期刊影响力并促进学术交流。学术期刊不仅可利用传统印刷发行，还可利用在线平台、社交媒体等多元渠道传播，扩大读者群体并提高知名度。通过分析读者的阅读习惯与兴趣，学术期刊可推荐相关文章，提供个性化阅读体验，提升读者满意度。随着多媒体技术的发展，学术期刊表达形式更丰富，融入多媒体元素使内容更生动，优化了读者体验，也增强了吸引力和影响力。

（三）社交媒体的运用

传统的学术期刊传播方式受限于时间、地域和发行渠道，传播速度较慢，社交媒体解决了这些问题，使学术期刊实现了实时在线传播，内容迅速被广大读者获取和分享，提高了传播效率。社交媒体使学术期刊能够面向更广泛的受众群体，与读者进行互动和交流，吸引更多关注和参与。在社交媒体上发布文字、图片、视频等多种形式的内容，可以生动有趣地传播学术期刊，引起读者积极参与并提出观点和建议，推动学术进步。学术期刊也可利用社交媒体平台实时与读者交流互动，发布最新研究成果，探讨热点话题，回应读者反馈，增强读者参与感和归属感，提升期刊影响力和传播效果。

（四）大数据与人工智能的运用

得益于大数据技术的发展，学术期刊可以获取丰富的数据支持与算法优化，大数据可收集和分析学术数据，助力期刊精准定位读者、优化选题策划与内容创作，从而提升期刊影响力和传播力。人工智能技术的引入为学术期刊带来了智能化、自动化的传播途径，智能推荐系统优化了阅读体验，自然语言处理技术则助力读者快速掌握论文核心内容。大数据与人工智能的结合推动了学术期刊的数字化转型，提高了出版效率和质量。此外，数字化平台便于读者检索与获取学术资源。随着技术的不断进步，学术期刊得以提供更精确、个性化的服务手段，满足读者多样化需求，进而吸引更广泛的读者关注。

第二节　政策因素对学术期刊数字化转型发展的影响

学术期刊正面临从传统纸质出版向数字化、智能化转型的关键时期，在这一发展过程中，政策因素起到了重要的引导和推动作用。出版单位需紧密关注政策走向，积极适应政策调整，着力加强技术创新和人才培养，积极促进学术期刊数字化转型的健康稳定发展。

一、政府政策和行业法律法规

为了促进出版业在数字化时代实现转型升级，政府部门已经出台了一系列政策和措施，引导并扶持期刊的数字化转型发展。

（一）中央层面政策促进数字化转型

2015年3月，国家新闻出版广电总局与财政部联合发布了《关于推动传统出版和新兴出版融合发展的指导意见》，旨在推进传统出版与新兴出版在内容、技术应用、平台终端与人才队伍等多个领域的深度融合，以期形成一体化的组织结构、传播体系和管理机制，标志着我国出版业正式迈入融合发展的新纪元。2021年5月，国家新闻出版署发布了《关于组织实施出版融合发展工程的通知》，旨在引导和推动出版业实现数字化转型与融合发展，同年12月，国家新闻出版署印发了《出版业"十四五"时期发展规划》，进一步明确了出版业的发展方向并为数字化转型提供了更为详尽的指引。2022年4月，中共中央宣传部印发了《关于推动出版深度融合发展的实施意见》，同年5月，中共中央办公厅、国务院办公厅印发了《关于推进实施国家文化数字化战略的意见》。2023年2月，中共中央、国务院正式印发了《数字中国建设整体布局规划》，指出建设数字中国是数字时代推进中国式现代化的重要引擎,是构筑国家竞争新优势的有力支撑。这些政策文件的出台,不仅再次强调了数字化转型的重要性和紧迫性,还提出了具体的实施和保障措施,从而将融合出版提升到国家战略,并确认数字化转型已成为出版业发展的核心趋势。

学术期刊作为科研成果传播的重要平台和载体,也在数字化转型中起到了举足轻重的作用。2021年6月,中宣部、教育部与科技部联合印发《关于推动学术期刊繁荣发展的意见》,明确指出要顺应媒体融合的发展趋势,推动学术期刊的数字化转型,充分表明国家对学术期刊数字化转型的高度重视,并将其视为学术期刊发展的关键路径。出版单位应深入理解并把握数字化转型的核心要义与要求,积极探索符合自身特色的数字化转型路径,以期更好地满足信息化社会的需求。

(二)行业法律法规和标准对学术期刊数字化转型发展的支持

在数字化转型过程中,行业法律法规和标准为学术期刊的数字化转型提供了明确的指导和规范,确保了整个过程具有合规性与可持续性。行业法律法规和标准推动了学术期刊数字化转型的顺利进行,为整个行业的健康、稳定发展提供了有力保障。

1. 行业法律法规和制度

(1)著作权相关的法律法规

著作权相关的法律法规是一套以维护文学、艺术和科学作品的原创作者的著作权为核心的法律体系,其核心组成部分是《中华人民共和国著作权法》及其相关的法律细则、行政规章和司法解释。这些法律法规详尽地界定了著作权的内涵、外延、行使方式及保护措施,旨在确保创作者对其创作作品享有独占性的权利,并严格禁止任何未经授权的使用、复制、传播或展示等行为。同时,这些法律法规也明确规定了侵犯著作权的法律后果,坚决维护创作者的合法权益。

(2)版权登记制度

版权登记制度是在法律规定下，著作权相关当事人向登记机关申请，将作品及其权利信息登记在册的行为，助力明确著作权归属，保护创作者权益，强化著作权行政保护。我国版权登记涉及的作品类型广泛，包括文字、口述、音乐、戏剧、曲艺、舞蹈、杂技艺术、美术、建筑、摄影、电影等作品，以及图形、模型作品、计算机软件和其他法律、行政法规规定的作品。

(3)出版许可与书刊经营许可制度

出版许可制度也称出版审批制度，是我国出版管理体系的核心，制度中规定，出版物生产经营单位须经出版行政主管部门审核批准，取得许可证后，才可完成登记注册并领取营业执照，开展经营活动。出版审批制度有利于国家对出版物品质、内容与数量实施管控，防止有害内容流入市场。未经许可而从事出版物经营活动的行为将被视为非法，需依法承担相应法律责任。书刊经营许可制度是我国针对出版物批发与零售所实施的管理措施。未经许可，企业不得从事出版物发行业务。从事出版物发行业务的企业需申请并获得经营许可证，以此规范出版物市场，保障知识产权，维护市场秩序。

(4)数据保护与隐私相关法律法规

数据保护与隐私相关法律法规旨在确保个人与组织数据的安全和合法使用，规定了数据收集、存储、处理、传输和共享等环节，防止滥用、泄露和非法访问。欧盟的《通用数据保护条例》(GDPR)要求数据收集基于数据主体明确、自由、特定和知情的同意，保障数据主体权益。美国的《加利福尼亚州消费者隐私法案》(CCPA)要求企业提供数据使用信息，赋予消费者拒绝数据出售的权利。我国也有《中华人民共和国数据安全法》(简称《数据安全法》)和《中华人民共和国个人信息保护法》等法律法规，保障数据安全和合法处理。

(5)反不正当竞争相关法律法规

《中华人民共和国反不正当竞争法》列举了多种不正当竞争行为，并设定了相应的法律后果。在出版行业，不正当竞争行为包括擅自发表作品、虚假署名、歪曲篡改他人作品、剽窃他人作品、擅自使用或出租作品等。对于这些行为，《中华人民共和国反不正当竞争法》规定了罚款、吊销营业执照等处罚措施。出版行业应强化自律，遵守法律法规，坚决维护公平竞争的市场环境。

（6）消费者权益保护相关法律法规

消费者权益在我国受到《中华人民共和国消费者权益保护法》等法律法规的保障，旨在维护市场秩序、推动经济发展。在出版领域，消费者享有知情权、选择权、公平交易权和安全权。出版商和发行商需遵守相关法律法规，提供准确信息，避免虚假宣传或误导消费者，不得采用不正当竞争手段，不得设置不合理价格或拒绝提供售后服务，并对出版物质量负责。消费者权益保护相关法律法规共同构成保护消费者权益的完整法律体系。

（7）知识产权相关法律法规

知识产权相关法律法规是调整知识产权权属、运用、监管和保护等社会关系的全面法律体系，兼具综合性和技术性特征，涵盖私法和公法、实体法和程序法规范。在现代法治社会，知识产权作为私权受到广泛承认与保护。我国知识产权法律法规包括《中华人民共和国民法典》相关条款、《中华人民共和国刑法》涉及知识产权犯罪的规定，以及《中华人民共和国商标法》《中华人民共和国专利法》等，明确了知识产品的公共与私人属性，调节知识创造、应用与传播中的社会关系。为适应社会需求，这些法律已多次修订，并通过法规、规章和司法解释进行全面保护。

（8）出版相关法律法规

出版相关法律法规是规范出版活动的法律依据，涵盖出版物从策划到发行的全流程。现代出版法规分为追惩制和预防制两类，前者允许出版物自由出版但违法将受法律追究，后者要求出版物出版前经政府审核、批准等程序，但仍可能事后追责。预防制具体表现为检查制、特许制、保证金制、报告制等四种形式。我国宪法保障公民享有言论、出版等自由，但须遵循法律规定。刑法对非法出版物等作出法律界定并设立相应罪名。民法确立著作权保障，出版权等可通过合同转让。我国还有专门的著作权法，规定著作权保护范围、权利内容，以及针对侵权行为的处罚和救济措施。

2. 出版业的法律法规文件

出版业的法律法规文件是指针对出版活动实施规范与管理的系列法律法规和政策文件，旨在确保出版行为的合法性、合规性，并促进其健康、有序发展。在我国，出版业的法律法规文件主要涵盖以下几种：

（1）《中华人民共和国著作权法》（2020年修订）

《中华人民共和国著作权法》旨在保护文学、艺术和科学作品的著作权及其相关权益，促进文化和科学事业的繁荣，包括总则、著作权、著作权许可使用和转让合同、与著作权有关的权利、著作权和与著作权有关的权利的保护等章节。总则明确立法目的、适用范围和基本原则；著作权部分规定著作权人权利、权力归属、权力的保护期、权力的限制；著作权许可使用和转让合同部分规范合同的订立、履行和终止；与著作权有关的权利部分规定表演者、录音录像制作者、广播电台电视台等享有的权利。著作权和与著作权有关的权利的保护部分涉及著作权管理、侵权认定和处罚等。

（2）《中华人民共和国著作权法实施条例》（2013年修订）

《中华人民共和国著作权法实施条例》是国务院为执行《中华人民共和国著作权法》制定的行政法规。条例明确了作品和创作的定义，作品是指文学、艺术和科学领域内具有独创性并能以某种有形形式复制的智力成果，创作是指直接产生文学、艺术和科学作品的智力活动。条例规定了著作权的取得、行使、转让和保护等方面的内容，为著作权人提供了全面的法律保障，包括发表权、署名权、修改权、保护作品完整权、复制权、发行权、出租权、展览权、表演权、放映权、广播权、信息网络传播权、摄制权、改编权、翻译权和汇编权等权益，为著作权人维护权益提供了法律支撑。

（3）《中华人民共和国广告法》（2021年修订）

《中华人民共和国广告法》规范广告活动，保护消费者的合法权益，促进广告业的健康发展，维护社会经济秩序。该法分为六章：总则、广告内容准则、广告行为规范、监督管理、法律责任和附则。总则阐明立法目的、适用范围和基本概念；广告内容准则规定广告内容须真实合法，禁止误导消费者；广告行为规范规定广告准则，如可识别性、不扰乱公共秩序等；监督管理确保广告活动合法，打击违法行为，维护消费者权益；法律责任明确违法行为后果，包括罚款、吊销执照等；附则规定法律实施和解释。广告法还规定出版领域广告行为规范，要求发布者严格审查广告内容，核实广告主资质和真实性，保障广告业健康发展，维护公共利益。

（4）《出版管理条例》（2020年修订）

《出版管理条例》是我国出版业的基本法规，规范了出版活动，明确了出版单位的设立条件和从事出版活动的单位和个人应遵守的要求和责任。出版单位需满足明确的业务范围、主办和主管单位，以及资金、设备和工作场所等条件，并遵守国家关于出版活动的各项规定，保障出版物内容健康、合法。条例还规定了出版物的编辑、出版、印刷或复制、发行等方面的具体要求，以及出版活动的监督管理机制和相应的法律责任和处罚措施。

（5）《音像制品管理条例》（2020年修订）

《音像制品管理条例》是我国政府为强化音像制品管理、推动音像事业健康有序发展、维护音像制品制作者、出版者、发行者及消费者合法权益而制定的法律规范。条例依据我国宪法及相关法律、行政法规，并紧密结合中国国情实际编纂而成，明确界定了音像制品的出版、制作、复制、进口、批发、零售、出租等各环节应遵循的准则并配套了相应的行政管理措施。条例详尽规定了音像制品内容要求、版权保护机制、市场准入条件及监督检查流程，旨在利用法律手段规范音像市场秩序，严厉打击非法音像制品活动，有效保护知识产权，促进音像产业蓬勃发展与繁荣。

（6）《印刷业管理条例》(2020年修订)

《印刷业管理条例》规定了印刷业经营者的资格和条件、活动规范、质量标准、安全要求等，为促进印刷业的健康、有序发展，明确了相关部门的监管职责和处罚措施。总则明确了立法目的和适用范围，包括出版物、包装装潢印刷品和其他印刷品的定义和范围，同时规定了印刷经营活动的定义，包括排版、制版、印刷、装订、复印等经营性活动。

（7）《计算机软件保护条例》(2013年修订)

《计算机软件保护条例》是我国为有效保障计算机软件著作权人合法权益而制定的行政法规，旨在合理调整计算机软件在开发、传播及使用过程中涉及的各类利益关系，激励计算机软件的研发与应用，加速软件产业与国民经济信息化的整体进程。条例依据《中华人民共和国著作权法》确立，详细规定了计算机软件的定义范畴、著作权人享有的各项权利、软件著作权的归属判定、著作权保护期限的界定、软件著作权的许可使用与转让规则，以及相应的法律责任等内容。经过修订后的条例，进一步优化了软件著作权的保护机制，加大了对著作权人权益的保障力度。

（8）《著作权集体管理条例》(2013年修订)

《著作权集体管理条例》是我国为规范著作权集体管理活动，切实保护著作权人、表演者、录音录像制作者的合法权益，促进文化、艺术和科学作品的有效使用与传播，依据《中华人民共和国著作权法》制定的行政法规。条例详尽规定了著作权集体管理组织的设立程序、运作机制、监督机制，以及在管理活动中各方的权利与义务。著作权集体管理组织是依法设立的非营利性组织，职责在于代表著作权人行使著作权或与著作权有关的权利，有权以组织自身名义与使用方签订著作权或许可涉及著作权权利的使用合同，并具备资格以组织名义参与涉及著作权或与著作权有关权利的诉讼、仲裁活动。

（9）《信息网络传播权保护条例》(2022年修订)

《信息网络传播权保护条例》是一项维护著作权人、表演者和录音录像制作者合法权益的行政法规，主要目标在于规范与信息网络传播权相关的民事关系。条例详尽地阐述了信息网络传播权的定义、权利范畴、权利限制以及相应的法律责任，力求在著作权人权益与公众利益之间找到平衡点，从而推动信息网络环境的稳健发展。依据条例，任何未经著作权人明确授权，擅自使用信息网络向公众传播其作品的行为，都有可能被视为侵犯信息网络传播权的行为。为了维护社会公共利益并促进知识的广泛传播，条例也明确界定了合理使用与法定许可等特定情形下对信息网络传播权的限制，保障权利与义务之间的合理平衡。

除了上述列举的法律法规，我国还有《中华人民共和国计量法》《中华人民共和国网络安全法》《图书出版管理规定》《中华人民共和国反不正当竞争法》《中华人民共和国消费者权益保护法》《实施国际著作权条约的规定》等重要的法律文件，这些文件共同构成了我国出版行业的法律框架。除了法律法规，我国还制定了一系列针对出版行业的专业准则和规范，如《新闻出版行业标准化管理办法》《出版专业技术人员继续教育规定》等，对于保障出版物的质量和规范性起到了重要作用。例如，我国自1952年起就开始实行"三审制"审稿机制，要求出版单位在出版作品前必须经过初审、复审和终审三个审级的审查来保证出版物的质量并长期被我国出版单位所遵循。我国政策也鼓励学术期刊采用国际通行的学术规范和标准，提升我国学术期刊的国际化水平。对于出版物的内容格式、排版等细节方面，我国也制定了详细的规定来保证出版物的规范性和可读性。然而，需要注意的是，这些法律法规和标准可能会随着时间和政策的变化而调整，出版单位需要确保自身业务始终与最新的法律法规和标准保持一致。

3. 法律法规对学术期刊数字化转型发展的支持

学术期刊数字化转型发展获得了全方位的法律法规支持，涵盖了版权保护、数据安全、公共服务平台建设和开放共享等领域，为学术期刊数字化转型提供了坚实的政策保障和稳定的发展环境。

（1）著作权保障

学术期刊在数字化转型的过程中，得益于法律法规对期刊版权保护的支持。政府制定和实施《中华人民共和国著作权法》《中华人民共和国专利法》等相关法律，明确了数字化作品的形式、著作权的保护与相应的法律责任，为学术期刊在数字化转型过程中遇到的版权问题提供了坚实的法律后盾，有效防止了他人对出版作品的非法使用和复制，坚决维护作者的合法权益，为学术期刊数字化转型提供健康稳定的发展环境。

（2）数据安全保护

学术期刊在数字化转型过程中，出版单位必须高度重视数据安全问题。为确保数据安全可控，国家制定了《中华人民共和国网络安全法》等相关法律并严格实施。这些法律在数据收集、存储、传输和使用等方面提出了明确的安全要求，有效预防数据泄露、篡改等安全事件的发生，使学术期刊数字化转型发展得以顺利进行。

（3）公共服务平台的构筑

我国颁布了《关于深入推进公共法律服务平台建设的指导意见》等法律法规，对全面构建公共法律服务平台与推动三大平台整合发展进行了具体规划。制定法规的目的在于推动公共法律服务平台的建设与发展，提升法律服务品质与效率。政府和有关部门将提供政策上的扶持与资金上的援助，推动平台稳步发展，有效整合各类学术期刊资源，实现数字化出版、在线投稿、审稿等一站式服务，从而提升学术期刊的出版效率和服务品质。

（4）倡导开放共享

根据相关法律法规，学术期刊数字化成果的开放共享被明确提倡。全国人民代表大会常务委员会发布了《中华人民共和国促进科技成果转化法》，积极推动学术期刊数字化成果的开放共享，以期促进科技成果的转化和应用，提升学术期刊的社会影响力和学术价值，同时也对推动学术交流和知识传播具有重要意义。

二、数据安全法律法规体系

（一）数据安全法律法规概述

数据安全法律法规体系是针对数据处理活动及其相关安全监管所构建的法律架构，其宗旨在于确立数据处理行为的规范标准，保障数据安全，促进数据有效利用，并捍卫个人与组织的合法权益，从而维护国家主权、安全与发展利益。在我国的法制体系中，数据安全法律法规体系主要由《中华人民共和国数据安全法》《中华人民共和国个人信息保护法》《中华人民共和国网络安全法》《中华人民共和国著作权法》等法律法规共同构筑而成。

1.《中华人民共和国数据安全法》

《中华人民共和国数据安全法》已经由中华人民共和国第十三届全国人民代表大会常务委员会第二十九次会议于2021年6月10日审议通过，并自2021年9月1日起正式施行。该法律确立了数据安全的定义，即通过采取必要措施，确保数据处于有效保护和合法利用的状态，以及具备保障持续安全状态的能力。根据法律规定，中央国家安全领导机构负责国家数据安全工作的决策与议事协调，研究制定、指导实施国家数据安全战略和有关重大方针政策，统筹协调国家数据安全的重大事项和重要工作，建立国家数据安全工作协调机制。此外，各地区、各部门需对本地区、本部门工作中涉及的数据及其安全承担相应责任。法律积极鼓励依法、合理、有效利用数据，保障数据在遵守法律法规的前提下有序自由流动，推动以数据为核心要素的数字经济健康发展；明确了开展数据处理活动应遵循的规范，包括遵守法律法规、尊重社会公德和伦理、遵守商业道德和职业道德、保持诚实守信、履行数据安全保护义务以及承担社会责任等。

2.《中华人民共和国个人信息保护法》

《中华人民共和国个人信息保护法》已经由中华人民共和国第十三届

全国人民代表大会常务委员会于2021年8月20日通过，并于2021年11月1日开始正式施行。这部法律制定的宗旨是维护公民个人信息合法权益，规范个人信息的处理流程，以及促进个人信息合理、合法使用。根据法律规定，个人信息被定义为以电子或其他方式记录的，与已识别或者可识别的自然人相关的各种信息，但经过匿名化处理后的信息不在此列。在处理个人信息时，必须严格遵守合法、正当、必要和诚信等四大原则，严禁采用误导、欺诈、胁迫等不正当手段。任何组织和个人都严禁非法收集、使用、处理、传输他人的个人信息，也不得进行非法交易、提供或公开此类信息，更不能从事危害国家安全、公共利益的个人信息处理活动。

3.《中华人民共和国网络安全法》

《中华人民共和国网络安全法》经中华人民共和国第十二届全国人民代表大会常务委员会第二十四次会议审慎讨论，并于2016年11月7日获得通过，自2017年6月1日起正式施行。该法律宗旨是确立并不断完善国家网络安全战略，通过实施必要措施，有效监测、防御、处置来自国内外的各种网络安全风险与威胁，防治侵害、干扰或破坏重要信息基础设施的安全。同时，该法律也着重于依法打击网络违法犯罪行为，维护网络空间安全和稳定，明确了保障网络安全的基本原则与核心目标，为相关领域网络安全政策的制定、工作任务的安排与措施的采取提供了清晰且有力的指导。

4.《中华人民共和国著作权法》

《中华人民共和国著作权法》是1990年9月7日第七届全国人民代表大会常务委员会第十五次会议通过的，自1991年6月1日起正式生效。此后，该法律经过三次修订，分别在2001年10月27日、2010年2月26日和2020年11月11日，由全国人民代表大会常务委员会的相关会议审议通过。该法律的主要目的是保护创作者的合法权益，鼓励创作创新，促进知识产权保护和文化产业的繁荣发展。法律明确规定了著作权人对其创作的文学、艺术和科学作品享有的专有权利，并详细界定了这些权利的范围和限制，规范了著作权许可使用和转让合同的相关条款，以及涉及著作权的其他权益，如图书、报刊的出版、表演、录音录像、广播电台、电视台等的权益，保障了著作权人和使用者的合法权益。值得注意的是，《著作权法》不仅对传统原创作品提供保护，还针对数字作品提出了相应的保护措施，如防止数据篡改、非法复制和传播等，保证了著作权人的权益在数字化时代得到充分保护，同时也为数字文化产业的健康发展提供了坚实的法律保障。

5.《中华人民共和国专利法》

《中华人民共和国专利法》经过2020年10月17日第十三届全国人民代表大会常务委员会第二十二次会议《关于修改〈中华人民共和国专利法〉的决定》第四次修正，并自2021年6月1日起正式施行。此次修改目的是进一步完善专利保护制度，强化专利权人合法权益的保障，推动专利的实施与应用，进而激发社会的创新活力，促进科技进步和经济社会发展。作为保护专利权人权益、鼓励发明创造、推动技术应用、提高创新能力以及促进科学技术进步和经济社会发展的重要法律，该法明确了专利权的授予与保护、专利的实施与许可、专利权的转让与质押以及专利侵权与救济等重要内容，为保护发明创造、鼓励技术创新、维护公共利益提供了法律保障。

（二）《中华人民共和国数据安全法》对学术期刊数字化转型发展的影响

《中华人民共和国数据安全法》的实施，对学术期刊的运营和管理构成了严峻的挑战。然而，这些法律法规的颁布也为学术期刊数字化转型的稳健发展提供了坚实的法律基础和保障。在应对挑战与把握机遇的双重背景下，期刊出版单位应主动适应法规要求，推动数字化转型的健康、有序发展。

1. 提升数据质量

期刊出版单位在数据处理过程中，必须严格遵守《数据安全法》，确保合规性，在此基础上，进一步强调数据的真实性和精确性，保证学术研究的可靠性。为实现目标，学术期刊在数字化转型过程中，应积极采用先进的数据清洗和验证技术，保障每一份数据具有准确性。出版单位应加强数据存储和传输过程中的保护措施，防止数据被篡改或损坏，对数据质量严格把控可提升学术期刊的研究品质，增强学术界对期刊的信任和依赖。

2. 加强对数据伦理与道德价值的认知

在《数据安全法》的明确指导下，期刊出版单位应深刻领会数据伦理道德在学术研究中的地位。当处理敏感或私有数据时，出版单位必须采取严格的数据脱敏和匿名化手段，积极推广负责任的数据利用方式，引导研究者恪守数据伦理规范，保障个人隐私的完整性和安全性。

3. 挖掘数据深层价值

在严格遵守《数据安全法》的基础上，出版单位应积极运用先进的数据分析和挖掘技术，持续提高学术期刊在内容创新和服务创新方面的能力。期刊单位可为学术研究提供新的观察角度和思维方式，对庞大的数据集进行深入的探索和研究，揭示其中潜在的规律和趋势，从而促进学科领域的持续发展和进步。

4. 紧密遵循国际法规

由于全球范围内数据保护意识日益增强，出版单位必须高度关注国际数据安全法规的动态变化及发展趋势，与国际同行进行深入沟通与协作，共同确立并执行国际公认的数据安全准则。期刊单位应保证数字化产品和服务在全球范围内具备统一性和可比性，提升学术期刊在国际学术界的地位和影响力，推动全球学术研究交流与合作，从而进一步增强国际竞争力。

5. 构建持久稳健的发展架构

出版单位在数字化转型过程中，不仅要追求短期内的经济收益，更应注重社会效益和长期的可持续发展。由于数据安全法规的实施要求，出版单位必须制定全面的数字化转型发展战略和详细规划，在技术创新、制度完善以及人才培养等各个方面达到均衡发展的目标。为实现目标，出版单位应与政府机关、企业以及各类社会组织等多元主体建立紧密的合作关系，共同推动数据安全和隐私保护事业的进步。

三、项目资金的支持与扶助

政府、企业和社会各界都应加强对学术期刊在资金保障、技术研发、人才培养以及政策引导等方面的支持，推动学术期刊快速适应数字化时代的发展需求，实现期刊数字化转型与升级。

（一）政府扶持项目对学术期刊数字化转型的推动

政府和出版相关部门出台了一系列项目管理文件，支持学术期刊的发展和提升，促进期刊可持续发展，提高期刊的质量和影响力。

1. 重大项目扶持

我国政府启动了针对学术期刊的重要计划——"中国科技期刊卓越行动计划"，该计划于2019年由中国科学技术协会携手财政部、教育部、科技部、国家新闻出版署、中国科学院和中国工程院等七部门共同启动，目标在于推动中国科技期刊高质量发展，服务科技强国建设。通过系统性的布局与多方协同合作，该计划针对科技期刊在编辑、出版、传播、服务全产业链上的核心挑战，构建了全面的项目支持体系，并统筹兼顾了短期与中长期的发展目标。计划聚焦国家创新发展的重大领域与战略方向，明确优先建设领域，并通过选拔重点建设，力求在优先领域取得显著突破。

"中国科技期刊卓越行动计划"以五年为周期，划分了多个子项目，涵盖领军期刊、重点期刊、梯队期刊、高起点新刊、集群化试点、建设国际化数字出版服务平台以及选育高水平办刊人才等七大类别。其中，"高起点新刊"项目的主要任务是在传统优势、新兴交叉、战略前沿、关键共性技术领域创办高水平的英文科技期刊。在2023年度，共有25所高校的32个项目入选，包括上海交通大学4项，清华大学、浙江大学、哈尔滨工业大学和西安交通大学各2项，中国科学技术大学、复旦大学、北京航空航天大学等20所高校各1项。此外，中国科学院植物研究所与中国植物学会联合主办的五种学术期刊 Journal of Integrative Plant Biology（JIPB）、Journal of Systematics and Evolution（JSE）、Journal of Plant Ecology（JPE）、《生物多样性》和《植物生态学报》，也荣获了"中国科技期刊卓越行动计划"子项目"梯队期刊"的资助，资助经费为每年40万元，执行周期为五年。这些项目的实施与资助，将大幅提升我国科技期刊的整体水平，推动科研成果广泛传播与深入交流，提高我国科技界在国际上的影响力。除了"中国科技期刊卓越行动计划"，政府还推行了其他多项与学术期刊紧密相关的重大项目，推动着学术研究与知识传播进一步发展。

2. 学术期刊数字化转型项目

2021年6月，中共中央宣传部、教育部、科技部联合印发《关于推动学术期刊繁荣发展的意见》中，明确指出了学术期刊数字化转型与融合发展平台建设的重要性。文件积极倡导并扶持期刊出版单位广泛应用大数据、人工智能等先进科技，推动从选题策划到论文采集，再到编辑加工和出版传播的全方位数字化改革和提升。2022年5月，中共中央办公厅、国务院办公厅印发了《关于推进实施国家文化数字化战略的意见》，进一步明确了国家文化数字化战略的方向，旨在推动文化产业数字化进程，加速文化机构的数字化转型和升级。文件明确指出了在文化领域中数字化转型的重要性，并部署了建设国家文化专网、推动文化产业数字化、强化文化数据要素市场建设等重要任务。

除此之外，国家还出台了《关于促进大数据发展的行动纲要》《"十三五"国家信息化规划》《中华人民共和国国民经济和社会发展第十四个五年规划和2035年远景目标纲要》《关于开展中小企业数字化转型城市试点工作的通知》《"十四五"数字经济发展规划》等一系列支持数字化转型的政策文件，为数字化转型提供了明确的指导和强大的支持，促进了数字化转型在各个领域的广泛应用和持续发展。

3. 学术期刊开放科学计划

随着全球开放科学的深入发展，联合国教科文组织于2021年发布了《开放科学建议书》，得到多数国家的积极响应和支持，标志着全球开放科学进入了新的发展阶段，我国也于2022年在施行的科学技术进步法中明确提出了推动开放科学发展的国家战略。在这一背景下，开放科学计划应运而生，计划由中国编辑学会出版融合编辑专业委员会与国家新闻出版署出版融合发展（武汉）重点实验室共同发起，以期推动开放科学在学术期刊领域的应用与发展。开放科学计划命名为OSID（Open Science Identity），是一项提升学术期刊质量的开放科学公益性计划，其核心是为每篇学术论文分配一个专属的OSID码，利用这个专属码，作者可以详细阐述论文的作者信息、研究背景、学术价值等内容，并可上传相关的补充性数据与材料（如图片或视频）等。通过实施OSID计划，学术期刊的成果展示将更加立体化和全面化，助力提高论文的学术质量和影响力，促进论文的阅读量、下载量和引用率的提升，从而进一步推动学术期刊的开放科学发展和学术交流合作。

4. 学术期刊绿色出版与可持续发展倡导

自党的十八届五中全会以来，绿色发展已成为国家经济社会发展的重要指导思想。党的二十大报告进一步强调了绿色发展和人与自然和谐共生的重要性，为各行各业的发展提供了明确的方向。早在2013年8月，中国出版协会就向全国出版界发布了《绿色出版倡议书》，全面而深入地指导了绿色出版实践，包括提倡使用环保材料、实施绿色印刷、推广电子出版、培养环保意识以及加强行业间的合作与交流。倡议强调，出版单位作为出版产业链的关键环节，应积极践行低碳经济理念，推动整个产业链向绿色化转型，引导全行业共同努力，实现绿色、环保、可持续的出版发展。2023年1月，国务院新闻办公室发布了《新时代的中国绿色发展》白皮书，详细阐述了自党的十八大以来，我国在推进绿色发展方面的理念、实践和取得的显著成果，充分展示了我国在绿色发展领域的全面进步。

作为国民经济的重要支柱之一，出版行业承载着传承文化、传播知识和推动社会进步的重要职责。在当前时代背景下，出版行业应当积极探索与绿色发展理念相结合的道路，不断推动行业的可持续发展。绿色出版，即在出版过程中最大限度地减少对环境的影响，是绿色经济在出版领域的具体体现，其核心在于实现可持续发展。学术期刊是出版业的重要组成部分，同样需要积极落实绿色出版理念，促进可持续发展，包括采用环保印刷方式、拓展数字出版业务以及构建绿色出版产业链等。在此过程中，数字化技术的运用起到了非常重要的作用，数字化技术实现了学术期刊在线发布、阅读和交互，从而显著降低印刷成本、减少纸张浪费和运输排放，提高学术期刊的传播速度和覆盖范围，并提高了学术交流和知识共享的效率。

（二）政策导向性资金扶持项目

政府与相关部门实施的资金扶持项目有效提升了我国学术期刊的办刊品质和国际竞争力，通过提供财政资助等途径，支持学术期刊开展相关项目，激励学术期刊不断提升学术水准、优化编辑出版流程、扩大国际影响力。

1.国家社科基金资助重点学术期刊

《国家社会科学基金学术期刊资助管理办法》（简称《办法》）于2021年1月由全国哲学社会科学工作办公室正式发布。该《办法》规范并强化了国家社会科学基金学术期刊资助的管理流程，助力提升资金的使用效率，充分发挥国家社科基金的示范和导向作用。依据《办法》的相关规定，资助资金将专项用于支付以下费用：临时聘请咨询专家的酬劳、期刊编辑人员的业务学习及培训费用、办刊过程中辅助人员的劳务支出、设计、排版及印刷等费用、期刊数字化平台的建设和维护费用、编辑部为激励编辑人员积极性而支付的人员奖励费用、期刊主办单位组织和支持期刊管理所提取的费用，以及其他经正式批准的支出项目。其中，资助资金在50万元及以下的部分，绩效支出比例为30%；超过50万元的部分，绩效支出比例为20%，上述绩效支出不计入所在单位的绩效工资总量，且不得用于发放人员基本工资。受资助的期刊需编制详细的预算计划，严格执行经审核批准的预算，在资助周期结束后，还需编制经费决算报告。全国社科工作办将定期对资金使用及管理情况进行检查并组织评估和遴选工作，评估内容涵盖意识形态工作责任制、学术质量以及资金使用情况等。对于评估不合格或存在违规行为的期刊，将撤销期刊资助资格，并予以公开通报。此外，全国社科工作办还将每3年遴选一批优秀期刊及优秀文章，进行广泛宣传与推广。

2. 中国科学技术协会资助

中国科学技术协会（简称"中国科协"）是我国科学技术工作者的群众组织，在中国共产党的领导下发挥着党和政府与科技工作者之间的桥梁和纽带作用，是推动国家科学技术事业发展的重要力量。为促使中国科协与所属全国学会主办的科技期刊更好地服务科技自主创新，加强学术交流功能，提高科技期刊的核心竞争力，中国科协自2006年开始组织实施精品科技期刊工程资助项目的申报和评审工作。中国科协资助了《中国科学》系列期刊和《科技导报》《科技中国》《中华医学杂志》等其他学术期刊，广泛覆盖自然科学的各个领域，为科技工作者提供了专业、深入的学术交流平台。此外，中国科协还资助了专题性的学术期刊，如《中国空间科学技术》《海洋科学》等，这些期刊专注于特定的科学领域，对于推动我国科学技术发展、传播科学知识和方法、培养科技人才等都起到了不可或缺的作用。

3. 地方政府或相关机构设立的有关学术期刊资助项目

由地方政府或相关机构设立的学术期刊资助项目是提升地方学术研究

与知识传播水平的重要途径，利用科学的资金分配与项目管理，进一步推动地方学术水平与文化产业蓬勃发展，为地方经济注入新的活力与动力。对此，地方政府或相关机构专门设立学术期刊、学术论文资助项目，支持本地或本领域的学术期刊发展，如各省专门设立的省级优秀期刊评选和省级精品出版工程资助、奖励等项目。出版单位应积极争取这些资助项目，努力提升刊物质量与影响力。当然，这些资金扶持项目的具体申请条件与流程可能各不相同，申请人需详细阅读相关通知和要求，满足申请条件并按规定提交申请材料。

第三节 市场机制对学术期刊数字化转型发展的影响

出版单位要时刻保持对市场动态和技术发展的敏锐洞察力，不断调整自身的战略和策略，主动适应瞬息万变的市场环境。在面对挑战的同时，出版单位也应敏锐捕捉机遇，积极推动数字化转型发展，以期应对未来的学术出版变化。

一、市场需求与读者行为的变化

市场需求与读者行为的变化对学术期刊数字化转型发展产生了深远影响，出版单位需不断提升自身数字化能力和服务水平，更好地为学术研究和知识共享服务。

（一）市场需求变迁推动数字化出版发展

读者群体的变迁推动了学术期刊的数字化出版，以往学术期刊的主要读者是学者、研究人员和教育工作者，他们习惯于依赖图书馆、书店等实体场所来获取期刊。但随着互联网的广泛应用和新一代学者的崛起，网络逐渐成为获取期刊的主导渠道，数字化出版因而成为满足读者需求的重要手段。阅读习惯的改变进一步推动了学术期刊的数字化发展，随着移动互联网的蓬勃发展，读者逐渐从纸质阅读转向电子阅读，他们更愿意通过手机、平板电脑等电子设备来阅读期刊，数字化出版成为学术期刊必须考虑的出版方式。信息获取方式的变化也为学术期刊数字化出版带来了新的机遇，过去，学者和研究人员获取期刊主要依赖实体渠道，如图书馆、书店等，效率较低且成本较高。如今，网络技术的发展使读者可以便捷、高效地从互联网上获取期刊，从而使数字化出版成为学术期刊提升影响力、扩大读者群体、降低出版成本的重要手段。

（二）市场需求变化驱动学术期刊数字化服务升级

市场需求的变化促使学术期刊打造更为便捷、高效的服务，传统学术期刊以纸质形式出版，在发行、传播与使用方面受到时空限制。相较之下，数字化服务具备信息即时传播与全球共享的优势，显著提升了信息传播效率和利用率。学术期刊依托数字技术，将纸质期刊转型升级为数字化产品，实现了更为便捷、高效的服务。市场需求变化要求学术期刊提供更具个性化、多样化的服务，随着信息需求的发展变化，学术期刊须针对不同用户群体，满足其个性化需求。例如，运用数据分析技术了解用户阅读偏好与需求，进而推荐相关学术文章；借助社交媒体等平台，增进与用户之间的互动交流，提升用户黏性与参与度。市场需求变化促使学术期刊关注高质量和高水平的学术内容，在学术研究不断深化与发展的背景下，用户对学术内容质量与水平的要求日益提高。出版单位应加强对学术内容的审核与筛选，使得发表的文章具备较高学术价值与影响力；同时，加强对作者与审稿人的培训和管理，全面提升学术内容品质。

（三）市场需求变化要求个性化和精准服务

市场需求的不断变化强调了对个性化和精准服务的追求。学术期刊在个性化服务方面的核心在于精准理解和满足用户需求，要求出版单位关注用户的共性需求，深入探索并理解每个用户的独特需求，包括读者的专业领域、研究兴趣以及阅读习惯等。出版单位需收集和分析用户数据，为用户推荐更符合其个性化需求的文章、研究成果和资讯，从而提升用户的使用体验和满意度。个性化服务表现在学术期刊的内容创新和定制化方面，出版单位可根据不同用户的独特需求，定制专属的栏目、专题和研究成果，满足用户在特定领域或主题上的深入研究需求，增强学术期刊的影响力和竞争力，推动相关领域的学术研究和知识创新。随着读者和作者需求日益多样化，他们期望获得更加符合自身兴趣和需求的内容推荐和定制化的出版服务。出版单位需要利用大数据、人工智能等技术，对读者和作者的行为和需求进行深入分析，从而为他们提供个性化的内容推荐和定制化的出版方案。

（四）市场需求变化应加强与其他媒体和行业融合

随着互联网和移动设备的广泛应用，现代读者对信息的获取越发依赖线上渠道，传统的纸质学术期刊面临无法满足受众需求的挑战。在学科交融日益加速的背景下，读者对学术期刊的内容需求也呈现多样化趋势，读者期待从中获取更为丰富、深入的知识。身处信息爆炸时代，新闻和知识的更新速度很快，期刊单位须迅速响应，及时发布最新研究成果。新媒体平台如社交媒体、博客、短视频等，为学术期刊提供了扩大影响力的机会，吸引了更多受众。利用在线直播、短视频等形式，学术内容能更具生动性、趣味性，更便于理解。出版单位可以与企业、科研机构等产业界合作伙伴携手开展研究，推动学术成果的应用与转化，还可以举办产业论坛、研讨会等活动，促进学术交流与产业合作。

（五）市场需求变化推动数字化商业模式创新

除了延续过往的订阅模式，期刊单位也可探索如广告、赞助、付费阅读、版权转让等其他营利途径，同时满足用户多元化需求并提供增值服务。广告与赞助可视为学术期刊的一种商业模式，通过吸引企业、研究机构和个人赞助商获得资金支持，减轻经济负担并为期刊内容提供更多资源保障，提高学术期刊在学术界的影响力。付费阅读模式可作为一种创新尝试，在此模式下，读者需支付一定费用以获取全文。根据文章类型设定不同价格，并根据读者需求提供个性化付费服务，如定制化的专题研究、独家观点等，在一定程度上缓解了订阅模式的盈利压力，提升了优质内容的价值。版权转让是学术期刊可探索的商业模式之一，期刊出版单位可将部分优秀文章的版权转让给其他出版社或平台来获得收益。此外，期刊出版单位可与其他机构或企业合作，开展版权运营、知识服务、专业数据分析等业务，进一步提高版权价值。为满足用户多元化需求，学术期刊可提供增值服务，如设立专业数据分析、决策咨询等模块，为读者提供深度解读、行业分析等优质内容，提升期刊的品牌形象，为读者带来更加丰富和实用的服务。

二、学术期刊的市场竞争态势

随着科学研究的广泛普及和学术探索的蓬勃发展，学术期刊的数量经历了迅猛的增长。随之而来的是期刊间竞争态势的加剧，各出版机构因此面临压力，不得不持续提升自身品质和影响力来吸引更多的作者和读者群体。在全球范围内，学术交流与合作越发频繁，国际学术期刊领域的竞争也随之愈加激烈。在这种背景下，中文期刊在国际竞争中的地位也在逐步提高。例如，根据《中国学术期刊国际引证年报》发布的数据，2022年中国学术期刊的总被引频次已达到2167841次，同比增长27.1%，实现了连续12年的正增长；中国SCI期刊的数量为514本，尽管与美国和英国相比仍存在一定的差距，但中国期刊的数量及其影响力均在持续增长。此外，自2019年起，中国实施的科技期刊卓越行动计划在提升中国科技期刊国际竞争力方面已初见成效，影响力进入本学科国际排名前5%和前25%的期刊数量分别增长了5.6倍和1.8倍。然而，中国期刊在国际期刊市场的竞争力与欧美等国相比，尚存在一定的差距。因此，中文期刊只有提升自身的国际化水平才能更有效地参与国际竞争。当前，开放获取已成为学术界的主流趋势，对传统付费期刊构成了严峻挑战。很多学者开始支持免费和自由获取学术成果，越来越多的作者和读者也倾向于选择开放获取期刊，使得开放获取期刊在市场上占据了有利地位。与此同时，数字技术的迅猛发展推动了学术期刊的数字化转型，学术期刊必须持续创新，积极适应数字化转型的潮流。随着学术评价体系的不断完善，期刊的影响力和引用率等指标逐渐成为评价学术期刊质量的重要因素，学术期刊市场的竞争越发激烈。期刊机构若要在激烈的市场竞争中脱颖而出，必须不断提升自身的品质和影响力，积极应对市场的变化。

三、市场机制对学术期刊数字化转型的推动作用

学术期刊数字化转型受市场机制推动，具体表现为需求驱动、竞争压力、技术支持等多个方面。

（一）需求驱动数字化转型

在学术期刊的发展过程中，技术要素一直推动着期刊向数字化转型，采用大数据、人工智能等技术，期刊实现了出版与传播的高效性与精确性，从而提升出版效率、降低成本，无限拓展学术期刊的持续发展。市场需求是学术期刊数字化转型的重要推动力，伴随着阅读习惯的改变，传统纸质期刊已无法满足读者的需求，越来越多的读者倾向于使用电脑、手机等电子设备获取期刊内容。学术期刊需顺应市场需求，实现内容数字化，不断满足读者的阅读需求。读者行为的变化同样推动着学术期刊的数字化转型，在现代社会的高效和快节奏环境下，读者期望能够随时随地获取所需信息，数字化学术期刊恰好能够满足这一需求，为读者提供便捷的在线阅读与下载服务。运用数据分析等技术手段，学术期刊能更深入地了解读者的阅读行为与需求，为精准出版和传播提供有力依据。

（二）竞争压力促使数字化转型

传统学术期刊的传播方式受时间、空间与渠道的限制，而数字化转型借助互联网力量，将期刊内容迅速推广到全球各地，从而吸引更多读者和用户。数字化转型为学术期刊带来了多元化的传播途径，包括社交媒体、博客、微信公众号等，传播范围和知名度得到扩大。数字化转型也提升了学术期刊的编辑与出版效率，传统学术期刊的编辑与出版流程复杂，涉及多次校对、排版、印刷等环节，而数字化转型利用自动化与智能化技术降低人工干预，学术期刊因而获得了便捷的在线投稿、审稿和出版服务，提高了编辑与出版效率。在市场竞争日益激烈的背景下，数字化转型为学术期刊带来了更多的商业模式与盈利渠道，如在线付费阅读、广告收入、数据服务等，从而增强了学术期刊的市场竞争力和盈利能力。

（三）人工智能技术的支持

学术期刊在应对内容处理的巨大挑战时，引入人工智能技术可找到解决方案。特别地，自然语言处理（NLP）和机器学习（ML）等技术在内容处理过程中运用自动化筛选、分类和摘要生成等功能提升处理效率，降低人力成本，优化学术期刊的运营模式。具体来说，自动化筛选功能可快速筛选出符合期刊要求的优质文章，初步筛选出大量投稿中的精品；分类功能有助于将文章按照研究领域、主题等进行细致划分，便于编辑人员和读者快速定位感兴趣的内容；摘要生成功能能够在保持原文信息的基础上，提炼出文章的核心观点。人工智能技术还能够帮助出版单位深度分析用户的阅读历史与偏好，为用户提供精准的内容推荐，从而提升用户的阅读体验，并帮助学术期刊更精确地锁定目标读者群体，增强内容的针对性和传播影响力。在信息化时代，人工智能技术已经渗透到各个领域，尤其在学术研究领域发挥着重要作用，利用数据挖掘和深度学习等技术，出版单位能够精准地把握学术研究的趋势和热点，为学术期刊提供有价值的选题建议和方向指引，促进内容的创新性和前瞻性。人工智能技术在学术论文的自动化评价和质量控制方面也发挥了重要作用，如检测论文的原创性、引用准确度和格式规范性，辅助学术期刊提升内容质量和学术水准，优化评价流程，提高效率，保障了学术研究的真实性和可信度。

第四节 学术期刊内部因素对数字化转型发展的影响

出版单位在推进数字化转型过程中，必须高度重视并不断提升编辑团队的专业素养，保证内容的质量与创新性，加大技术投入与支持，优化管理与运营机制，满足作者和读者日益变化的需求。

一、学术期刊编辑人员的素质与能力

科技进步和数字化发展推动学术期刊从纸质向数字形式转变，编辑人员角色随之发生深刻变化。编辑人员需要扎实的专业知识、卓越的编辑技能，还需熟练掌握数字化技术并具备创新思维才能应对数字化转型带来的挑战。

（一）政治素养

在推动学术期刊数字化转型发展过程中，编辑人员的政治素养是其核心素质。编辑人员必须坚守政治立场，具备敏锐的政治洞察力，并拥有高度的责任感和使命感。责任感和使命感会驱使编辑人员密切关注国家发展，深入理解和积极落实党的路线、方针、政策以及国家法律法规，在学术期刊数字化转型发展中坚守正确的政治方向，确保学术研究和交流健康、稳定的发展。

（二）专业素养

在学术期刊数字化转型发展过程中，编辑人员必须拥有扎实的学术背景和丰富的专业知识，能够准确解读和评估学术研究成果的学术价值和实践意义。由于科学技术的发展，新理论、新技术不断涌现，编辑人员需要保持持续学习的动力和能力，熟练掌握文字表达技巧和编辑方法，不断充实自己的知识储备，紧密跟踪学术前沿动态。编辑人员应具备将学术研究成果以清晰、准确、生动的形式呈现给读者并优化学术传播效果的能力。

（三）创新能力

学术期刊编辑人员应具备敏锐的学术洞察力和前瞻性思维，紧密跟踪学术前沿，深入了解最新研究成果和发展趋势，以便对稿件的创新性和学术价值作出准确判断。编辑人员需要拥有跨学科的视野，从多角度审阅稿件并提出建设性的修改意见。为提高工作效率和质量，编辑人员应不断优化编辑流程，包括完善审核机制、改进排版设计、加强版权保护等创新实践，引入先进的技术工具和手段，如人工智能辅助审稿、在线协同编辑等，努力提升编辑工作的智能化和自动化水平，降低人力成本。编辑人员应对稿件质量严格把控，提升论文学术水平和创新价值，并积极组织研讨会、讲座等学术活动，促进学术思想的碰撞和融合。此外，编辑人员还需重视对期刊品牌的塑造，制定合适的宣传策略和推广渠道，提升期刊的知名度和影响力，吸引优秀的稿件和作者，进一步提升期刊学术地位和影响力。

（四）团队协作能力

团队协作能力是编辑人员在推动学术期刊数字化转型发展中的重要技能，学术期刊数字化转型是一个涉及多学科、多领域的综合性工作，要求不同部门和团队之间保持紧密的协同合作。为此，编辑人员需展现出卓越的团队合作精神和能力，达到与其他部门和团队成员沟通顺畅、协作高效，利用团队合作实现资源的优化配置和互补，提升学术期刊数字化转型的整体效率和成果质量。出版单位应充分认识到编辑人员素质和能力培养的重要性，着力打造一支既具备专业素养又掌握数字化技能，同时具备创新思维的编辑团队，保障学术期刊数字化转型顺利推进。

二、学术期刊的内容品质与品牌塑造

在数字技术迅猛发展的时代背景下，学术期刊所面对的外部环境及其传播媒介发生了深刻变化，数字化转型已成为学术期刊发展的必由之路。期刊出版单位必须更加聚焦内容品质与品牌塑造，不断优化内容架构、提升文章品质、强化品牌塑造，进一步提高期刊学术价值与社会影响力，从而实现数字化转型的既定目标。

（一）优化内容架构

期刊出版单位可通过优化内容架构提升期刊学术价值和社会影响力，优化学术界和广大读者的阅读和研究体验。优化内容架构的方法包括提升内容的可读性、可理解性、可用性和学术价值等。以下是具体措施：第一，明确目标读者。要了解目标读者群体的需求、背景和阅读习惯，据此制定内容策略，确保文章的语言、风格和深度与读者群体相适应。第二，强化文章结构。采用清晰、一致的文章结构，如引言、方法、结果、讨论等部分，使得每个部分主题明确、目的清晰、逻辑连贯，便于读者快速把握核心内容。第三，提升可读性。使用简洁明了的语言，避免过度复杂或使用过多专业术语。合理设置段落和标题，保证内容层次清晰。运用图表、列表和插图等视觉元素，协助阐述复杂概念或数据。第四，优化内容布局。将关键信息置于文章开头，如研究目的、主要结果和结论等。文章末尾提供总结，重申主要观点和研究意义。合理安排参考文献、附录等辅助内容的位置。第五，强化审稿和编辑流程。建立严格的审稿制度，保障文章质量和学术价值。配备专业编辑团队，对文章进行润色、校对和格式调整。第六，提高互动性和可用性。提供在线评论功能，鼓励读者发表意见和进行讨论。设置作者问答环节，解答读者关于文章的疑问，提供相关附加资源如数据集、补充材料等。第七，持续更新和改进。定期收集读者反馈，了解读者对期刊内容的看法和建议。根据反馈调整和改进内容架构，满足读者不断变化的需求。第八，促进学术交流。组织线上线下学术会议和研讨会，为学者提供交流与合作的平台。鼓励作者和读者分享研究成果、心得和想法，推动学术交流和传播。

（二）提升文章品质

提升学术期刊文章质量，需要作者、编辑人员和审稿人通力合作，这个过程涉及研究设计、数据采集和分析、论文结构、参考文献、结论和讨论等。以下提供若干建议，助力提升学术期刊文章质量：第一，深入研究和创新。学术期刊文章应基于详尽、系统地调研，展现新颖观点、理论或方法。作者应在现有知识体系基础上进行创新，开拓学术界和实践领域新视野。第二，严谨的数据采集和分析。实证研究中的数据采集、整理和分析过程须严谨规范，作者应运用适宜的研究方法和统计分析手段确保数据的准确性和可靠性。第三，明确的论文结构。论文应具备明确的架构，包括摘要、引言、方法、结果、讨论和结论等部分。各部分之间应逻辑清晰，互相支持。第四，全面的文献引用。作者应在论文中充分引用相关研究成果，彰显学术价值，既有助于证实论文创新性，也能提高论文可信度和说服力。第五，合理的讨论与结论。讨论与结论部分应充分展示论文的创新性与重要性。作者应对研究结果进行深入分析，提出合理解释和推论启示学术界和实践领域。第六，严格的同行评审。学术期刊应建立严格的同行评审制度，确保论文质量和学术价值。邀请同行专家评审论文有助于发现并修正存在的问题和不足，提升论文学术水平。第七，持续的编辑与校对。学术期刊的编辑和校对人员应对论文进行认真审阅和校对，使得语言表达清晰、准确、规范，助力提高论文可读性和可理解性，增强论文影响力。第八，重视反馈与修改。作者应认真对待审稿人和编辑人员的反馈意见，对论文进行相应修改和完善，提升论文质量和学术价值。

(三)强化品牌塑造

强化学术期刊品牌塑造需要期刊明确学术定位、提供高质量内容、打造专业团队、建立良好的品牌形象、拓展传播渠道以及加强互动与反馈等,以下是一些建议:第一,明确并坚持学术定位。学术期刊需明确在学术领域中的定位,包括专业领域、读者群体、研究方向等。在明确定位后,期刊应始终坚持这一定位,并在内容策划、选题方向、作者群体等方面体现出来。第二,提供高质量内容。内容质量是学术期刊品牌塑造的核心,期刊应致力于发表高质量的学术论文和研究成果。通过严格的审稿制度和高质量的编辑工作保证每篇文章都具有一定的学术水平和研究价值。第三,打造专业团队。拥有一支专业的编辑和审稿团队是学术期刊品牌塑造的关键。专业团队应具备丰富的学术背景和专业知识,能够对论文进行全面的评价和指导,确保期刊的学术水平。第四,建立良好的品牌形象。学术期刊的品牌形象是期刊品牌塑造的重要组成部分,期刊应注重品牌形象的塑造,包括设计独特的封面和版式、使用专业的语言和表达方式、建立独特的品牌标识等。第五,拓展传播渠道。学术期刊应通过多种渠道进行传播,通过拓展传播渠道可以让更多的人了解和认可期刊,提高期刊的知名度和影响力。第六,加强互动与反馈。学术期刊应与读者、作者、审稿人等利益相关者建立良好的互动关系,积极收集反馈和建议,不断改进和提高期刊的质量和影响力。

三、学术期刊的管理机制与创新能力

管理机制的高效性和创新能力的强弱对学术期刊数字化转型发展速度和方向起到决定性的影响。一个高效的管理机制可以保障期刊资源合理分配和高效利用,推动期刊在数字化转型道路上稳步前行。而创新能力是学术期刊在数字化转型中的关键驱动力,引领期刊在技术、内容形式以及商业模式等多个领域实现创新与突破。

（一）学术期刊的管理机制

学术期刊的管理机制主要涵盖编辑委员会和编辑部两大核心职责，编辑委员会由学术界的权威专家和学者组建，对特定专业领域具有深入理解，是学术期刊的决策机构，负责制定相关政策、方向，研讨相关工作条例、规定，拟订具体工作计划，确定专题组稿会选题，研究解决办刊过程中的重大问题以及总结工作经验。编辑部则是期刊的核心部门，负责期刊的运作与管理，包括组织、协调论文征集、审稿、修改、排版等，以及制定严格的内容审核标准与流程等，使得期刊内容具有学术性、专业性与权威性并能准时出版。编辑部的职责还涵盖制定审稿人聘请标准、持续筛选与培养审稿人、建立并维护期刊的版权保护措施，并协助解决与版权相关的纠纷。学术期刊的管理机制关乎期刊的运营效率、内容质量，以及在数字化转型过程中的发展路径与速度。完善的管理机制是学术期刊数字化转型的基础，确保各项资源（资金、技术与人才）得到合理分配和高效利用。科学预算分配与明确部门职责能形成强大的工作合力，推动期刊数字化转型的持续发展。

（二）学术期刊的创新能力

学术期刊在数字化转型与发展过程中的核心驱动力在于创新能力，出版单位应不断开展探索与实践，持续提升创新能力，向学术界和社会提供更加卓越、高效的服务。学术期刊的创新能力主要体现在以下几个方面：第一，内容创新。期刊出版单位应紧密关注学术领域的最新发展，鼓励并支持原创性研究，发表那些充满创新性和前瞻性的学术论文。期刊编辑需具备出色的观察与鉴别能力，能够从众多稿件中精准筛选出具有创新价值的研究成果。第二，形式创新。学术期刊可以利用独特的排版、设计以及栏目设置，增强视觉效果和阅读体验。同时，期刊也可以尝试采用多元化的媒体形式，如视频、音频等，丰富内容的表现形式，吸引更多读者关注。第三，技术创新。随着信息技术的不断进步，期刊单位可以利用新技术手段增强创新能力。例如，借助大数据、人工智能等技术对论文进行智能分析、推荐和评估，提高期刊的审稿效率和准确性；也可以利用这些技术为读者提供更加个性化、智能化的服务。第四，经营模式创新。出版单位可以通过创新经营模式，拓宽收入来源，增强期刊竞争力。例如，尝试与科研机构、高校等建立合作关系，共同策划和组织专题研究或学术会议，共同提升期刊的学术影响力和社会影响力。

第九章 融合出版背景下学术期刊数字化转型发展的未来趋势展望

第一节 技术进步对学术期刊数字化转型发展的推动

技术进步在提升信息传播效率、扩大读者群体以及优化编辑出版流程方面发挥着重要作用，推动了学术期刊的数字化转型发展。未来，随着技术的持续进步和应用领域的不断拓展，学术期刊数字化转型发展的前景将更加广阔。

一、大数据和云计算技术在学术期刊中的应用前景

在学术期刊领域，大数据和云计算技术的运用前景广阔，蕴藏着丰富的潜在应用价值，构建出了更为精确和全面的学术评价体系，促进了跨界合作与知识共享，促使编辑出版更加智能化和高效化。

（一）大数据技术在学术期刊中的应用前景

大数据技术是一种从海量数据中快速提取有价值信息的手段，涵盖了数据收集、管理、存储、处理和分析等多个关键环节，其核心在于从数据中提炼价值，包括数据的采集、存储、分析、传输、挖掘及数据安全等。大数据技术关注数据的规模，强调对数据的"加工"能力、处理速度和效

率。数据的价值并非仅在于庞大的数量，而在于经过专业技术处理实现的数据增值。

在学术期刊领域，大数据技术的应用展现出广阔的潜力，如精准预测、个性化服务、全面评估以及促进学术交流等，不仅增强了学术期刊的影响力和价值，也对学术传播和科研发展起到了积极作用。然而，实现这些应用前景的同时，必须正视数据安全与隐私保护等问题。出版单位应建立严格的数据管理和保护机制，防止数据被滥用或泄露。为充分利用大数据技术的优势，出版单位需要培养和引进理解和应用大数据并具备大数据分析技能的专业人才。

1. 精准预测与趋势洞察

期刊编辑运用大数据分析软件可深入挖掘和分析学科或专业领域的最新研究动态，通过关注中国知网等学术论文数据库和学术论坛的最新文献，及时掌握某领域的热点问题和研究进展。借助大数据技术，期刊编辑能够对作者的研究方向、成果、学术影响力等进行深度分析，构建专业的作者信息库；对研究机构进行分析，形成权威的研究机构信息库。大数据技术还能对期刊的读者群体进行分析，及时了解读者的阅读偏好与需求。经过大数据技术的深度挖掘与精确分析，出版单位能够洞察研究领域的未来趋势和热点，基于庞大的学术数据集，精准地预测哪些领域将快速发展，哪些主题将逐渐成为研究的核心，有力支持了学术期刊的选题策划，推动研究向纵深发展。

2. 定制服务与精确内容推介

在数字化时代背景下，大数据技术为出版单位提供了数据支持，通过深度挖掘和分析读者的阅读习惯、研究领域和偏好，出版单位能够精准地推送符合读者兴趣的论文、研究动态和学术资讯；对学术论文的主题、关键词、引用关系等信息进行深度分析，筛选出相关性强、研究价值高的论文，并将其推荐给合适的读者；对学术论文的下载量、阅读量、引用量等数据进行统计和分析，深入了解读者的阅读偏好和学术热点，从而指导期刊的选题方向、优化内容结构，提高期刊整体质量和影响力。大数据技术为出版单位提供了全新的视角和工具，使期刊能够更好地满足读者的个性化需求，提升服务质量，增强用户体验。在数字化时代，出版单位应充分利用大数据技术，给读者推荐精准、高效的内容，高质量发展学术期刊并不断扩大影响力。

3. 全面评估学术影响力与价值

传统的学术评价体系往往仅依赖有限的指标，例如引用次数和下载量来评估学术文章的影响力和价值。然而，随着大数据技术的发展，现在的出版单位能够获取并分析更为丰富和多元的数据，这些数据包括传统的引用和下载数据，也涵盖了文章的阅读模式、社交媒体互动以及专家评价等多层次信息。对这些数据进行深入分析和挖掘，学术期刊可以更为精确地评估学术文章的学术影响力和社会价值，向作者反馈更为准确和可靠的学术信息，同时也能够为读者筛选出更具学术价值和社会意义的研究成果而使学术评价更加全面、准确和可靠。

4. 推动学术交流与协作

出版单位在从事学术期刊相关工作时需汇集大量与之相关的数据，包括已发表论文、作者详情、引用状况、期刊影响力等，这些数据可源自各类公开数据库、学术平台，以及期刊自身公开的数据。原始数据可能存在错误、遗漏或不一致性，因此需进行数据清洗与预处理使数据具有高质量和一致性。数据预处理过程可能涉及数据去重、错误校正、数据格式转换等环节，继而运用数据挖掘技术如关联规则挖掘、聚类分析、分类分析等，从预处理后的数据中挖掘潜在合作伙伴。例如，通过分析作者合作网络，挖掘频繁合作的作者或团队，或者通过分析期刊引用情况，挖掘引用频次较高的期刊或作者，这些都可能是潜在合作伙伴。基于研究成果、影响力、合作历史等信息，也可考虑专业领域、研究方向是否与自身需求契合，对挖掘出的潜在合作伙伴进行进一步评估。根据评估结果，挑选与需求最匹配的潜在合作伙伴，利用电子邮件、社交媒体、学术会议等途径主动建立联系。在此过程中，务必遵守相关法律法规和道德规范，尊重他人隐私和权益，切勿滥用或泄露他人个人信息，同时尊重数据，切勿篡改或伪造。

（二）云计算技术在学术期刊中的应用与前景展望

云计算技术是一种基于互联网的先进计算模式，通过构建大规模的计算机网络（特别是全球互联网），实现强大的计算能力的汇聚。云计算技术能够高效地存储、整合各类资源，并根据用户需求进行灵活配置，从而为用户提供个性化的服务。云计算的核心技术在于其将大规模的数据计算任务分解为无数个小程序，借助由多台服务器构成的系统并行处理和分析这些小程序，最终将结果汇总并返回给用户。独特的计算方式使云计算能够在短暂的时间内（如几秒钟）完成对数以万计的数据的处理，提供强大的网络服务。云计算凭借出色的计算能力、灵活的存储扩展性和高效的数据处理手段，为学术期刊的未来发展提供了无限的潜力。

1. 智能化个性推荐与优质服务

云计算平台具备处理和存储大量数据的能力，涵盖学术期刊文章、用户行为数据、反馈信息等。经过云计算深度地挖掘与分析这些数据，实现精准的用户画像和个性化推荐。得益于云计算的弹性扩展特性，当用户需求上升时，系统迅速调配资源以满足需求，尤其在热门文章发布等访问量暴增的场合，云计算的弹性扩展确保了系统始终保持高性能。云计算平台通常具备高可用性，借助冗余部署、负载均衡等技术保障系统稳定运行，提供严密的安全防护措施，如数据加密、访问控制、安全审计等，使得学术期刊数据与用户信息具有安全性。云计算提供基础设施即服务（IaaS）、平台即服务（PaaS）和软件即服务（SaaS）等多种服务模式，学术期刊可根据需求选择合适的服务类型。例如，采用SaaS模式快速部署并使用个性化的推荐系统，无须自行购买和维护硬件及软件。云计算平台可结合机器学习、深度学习等人工智能技术，根据用户兴趣、行为、反馈等信息，开发智能化推荐算法，向用户推荐合适的学术期刊文章，提升用户阅读体验和满意度。

云计算平台凭借出色的数据解析和用户行为追踪机制，能够精确洞察研究者的阅读习惯、研究兴趣与学术需求。出版单位可充分利用这一功能，构建个性化推荐体系，为读者推荐为其量身打造的学术内容服务，深入挖掘用户数据，更精准地把握读者的阅读偏好，进而为读者推荐更具针对性和价值的学术论文、会议信息与学术动态。个性化推荐服务能够优化读者的阅读体验，助力学术期刊吸引并维系更多忠实的读者群体。

2. 协同编辑与在线协作

云计算拥有卓越的数据处理与存储能力，能够协助学术期刊编辑应对大量稿件、数据、图片等的处理任务。借助云计算的存储优势可使数据更具安全性和可靠性，降低硬件故障等因素导致的数据损失风险。云计算提供了在线文档编辑、实时通信以及任务分配等一系列在线协作工具，助力学术期刊编辑团队提升工作效率。借助这些工具，编辑团队能够实时共享和更新稿件信息，实现远程协作，从而提高工作效率。云计算的灵活性和可访问性使远程审稿和决策变得轻松便捷。审稿专家可通过云计算平台远程查阅稿件，实现在线审稿与反馈，缩短审稿周期，提高审稿效率，还能协助学术期刊编辑进行数据分析和可视化，助力编辑团队深入了解稿件质量、作者分布、读者行为等信息。云计算平台通常实施严格的信息安全和隐私保护措施，确保学术期刊在编辑过程中数据的安全性和隐私性，而且云计算的分布式架构也有助于防止数据被篡改或丢失。

云计算技术的发展使传统学术期刊编辑与出版的地域和时间约束被彻底打破，多方协同编辑与在线协作成为现实。应用云平台，编辑人员、作者和审稿人能够随时随地开展即时沟通与协作，提高编辑人员工作的效率和文章的整体质量。云计算为用户提供了在线讨论、文件共享和版本控制等先进的协作工具与协同功能，整个编辑与出版流程变得更加透明、高效且协同，提升了学术期刊的出版效率与文章质量，更为学术界的交流与合作开辟了新的路径。

3. 基于大数据与人工智能技术的学术研究

分散的学术数据需整合到统一平台，从各类数据源如科研数据库、学术文献库、实验室信息系统等渠道搜集数据，并进行数据清洗、格式转换来保证数据具有准确性和一致性。在云计算环境下，运用分布式文件系统如 Hadoop HDFS 或对象存储服务如 Amazon S3 存储大规模学术数据具备高可靠性、可扩展性和高性能等特点，满足了大数据存储需求。在深度挖掘与分析前，需对数据进行预处理，包括去除重复数据、填充缺失值、处理异常值与特征提取等，预处理后的数据有助于提高挖掘与分析的准确性和效率。云计算环境下可运用各类数据挖掘和分析算法对学术数据进行深度挖掘，如利用机器学习技术进行分类、聚类、预测等；利用自然语言处理技术进行文本数据情感分析、主题提取等；利用图计算技术分析学术网络等，助力研究人员挖掘数据潜在规律和关联，提出新的研究假设或发现。为便于研究人员理解和解释挖掘结果，需将结果进行可视化展示，各类数据可视化工具和技术可实现折线图、柱状图、散点图、热力图等图表展示。研究人员利用可视化展示可直观地了解数据中的规律和关联，更好地理解和解释挖掘结果。

云计算平台凭借卓越的数据处理与分析能力，对学术期刊中累积的庞大学术数据进行深度挖掘与分析，结合人工智能技术，揭示出数据背后的潜在规律和趋势，为学术研究注入新的视角和方法论。基于大数据与人工智能技术的学术探索，推动了学科领域的进步与创新，也吸引了更多高质量的学术稿件与读者群体。

4. 移动阅读与跨平台访问

云计算具备大规模的分布式存储能力，如 Hadoop HDFS，可妥善存储海量的学术期刊内容。借助内容分发网络（CDN），学术期刊内容能够迅速且稳定地被传输给全球各地的用户，保障了用户顺畅的阅读体验。云计算支持构建移动阅读平台，平台具备出色的设备兼容性和屏幕适配性，利用响应式设计或自适应布局，用户能够在各类设备上享受一致的阅读体验。云计算还提供了跨平台的服务架构，如 RESTful API，学术期刊内容得以在 iOS、Android、Windows 等多种操作系统和设备上无缝访问。在安全性方面，云计算配备了严格的安全机制，只有经过身份验证和授权的用户才能借助 OAuth、SAML 等标准协议访问学术期刊内容，有效保障了数据的安全性和用户的隐私权益。云计算的数据分析能力为出版单位提供了深入了解用户阅读习惯和偏好的途径，从而助力学术期刊优化内容排版、推荐相关文章。值得一提的是，云计算的弹性伸缩特性能够根据访问量的变化灵活调整计算资源，在高峰时期的云计算能够迅速提升计算能力来满足用户需求；而在低峰时期，则能够自动缩减资源，帮助出版单位实现成本控制。

学术期刊利用云计算技术实现了跨平台访问服务，使读者能够在手机、平板电脑等移动设备上轻松访问期刊内容。出版单位应不断优化移动端用户体验与界面设计，满足读者的移动阅读需求，从而提升阅读的便捷性与舒适性，吸引更多年轻读者和学者关注，有效拓展学术期刊的传播渠道和影响力。

5. 开放科学与数据共享

云计算技术为学术期刊带来了庞大的存储空间和卓越的计算能力，使实验数据、分析结果、模型代码等科研数据的存储与管理变得轻而易举，满足了开放科学对数据共享的诉求。云计算平台提供了简便的数据共享与协作工具，科研人员能够借助云存储和云协作工具，轻松实现数据共享与交换，实现了实时数据共享、共同编辑文档与表格，进而推动跨机构、跨领域的科研合作。在保障数据安全与隐私方面，云计算平台采用了先进的数据加密和安全防护措施，实施了访问控制和权限管理策略，确保仅有授权用户才可访问和使用数据，防止数据泄露和滥用。云计算平台还提供了丰富的数据分析和可视化工具，助力科研人员深入挖掘和分析数据，以及发现数据规律、预测未来趋势。云计算平台的出现降低了数据共享的成本和门槛，科研人员无须购买昂贵的硬件设备和软件许可证，仅需利用互联网连接云计算平台，便可轻松实现数据共享与协作。

学术期刊云计算平台在推动开放科学和数据共享方面发挥了重要作用，出版单位可借助云计算平台，发布并分享研究数据、实验方法、软件工具等学术资源，从而推动这些资源的开放获取和共享利用，提高学术研究的透明度和可重复性，促进学术交流和合作。

6. 增强现实与虚拟现实技术的融合应用

增强现实（AR）和虚拟现实（VR）技术能够构建出高度沉浸式且具备交互性的环境，学术期刊可以更为生动、直观的形式展示诸如科学实验、数据可视化、模拟演示等复杂的学术内容，让读者对学术内容产生更深入的理解，从而提升阅读成效。借助VR技术，学术期刊可举办虚拟学术研讨会，实现全球各地学者实时参与讨论与交流，降低参会成本，也可拓展学术交流范围，促进全球范围内的学术合作。AR技术能够将学术论文中的图表、公式等元素以三维形式展现，使读者更直观地把握关键信息，有力提升学术论文的可读性与吸引力。AR与VR技术还可用于构建虚拟实验室，让读者亲自进行实验操作和观察，使读者能更深入地理解实验过程与结果，提高实验教学效果。在学术期刊中运用AR和VR技术，读者可根据自身兴趣和需求选择不同阅读模式、调整阅读环境，提高读者的阅读满意度和忠诚度。

当前，云计算技术在学术期刊中的应用前景展现出多元化、智能化和个性化的发展趋势。充分利用云计算技术的优势和特点，出版单位可以不断提高自身的出版效率、内容质量以及服务水平，构建出更加高效、便捷且个性化的学术交流和传播平台。

二、区块链技术在学术期刊版权保护中的实践应用

区块链技术是一种前沿的分布式基础架构和计算范式，其核心在于利用块链式数据结构来验证和存储数据，通过分布式节点共识算法生成和更

新数据，并采用密码学手段确保数据传输和访问的安全性，运用智能合约由自动化脚本代码组成对数据进行编程和操作。从技术构造的视角来看，区块链技术能够按照时间顺序，将数据块以链条的形式组合成特定的"链式"结构，利用密码学等多种方式，保证数据的不可篡改和不可伪造特性，从而形成去中心化的公开账本，使信息能够在网络中实现透明共享，并确保数据在时间维度上具有一致性，因为在缺乏网络共识的情况下，链条中的数据无法被删除或修改。在学术期刊版权保护领域，区块链技术的应用具有深远意义和价值，能够使作者的合法权益得到充分保护，精确而有效地打击学术不端行为，从而构建一个开放而自由的学术交流与合作平台，简化并优化版权管理流程。

（一）精准而高效地打击学术不端行为

区块链技术凭借去中心化特性改变了学术信息记录与验证的方式，在传统上这些任务依赖单一的中心化机构，而现在网络中的多个节点共同参与并维护学术信息的准确性和可靠性，避免了中心化机构可能出现的腐败或疏忽现象，从而提升了学术信息的可信度和安全性。一旦信息被记录在区块链上，便无法被篡改或删除，保证了学术信息的真实性和完整性，使任何对学术成果的篡改或伪造行为都无法藏匿。区块链上的所有交易和记录都具有公开透明性，便于任何人进行查看和验证，每个记录都附有时间戳和签名，可追溯其来源与变更历史。区块链技术中的智能合约能够自动执行预设的操作和条件，无须人工干预。在学术领域，智能合约用于自动验证学术成果的真实性、合规性以及自动实施奖惩措施，从而有效地遏制学术不端行为，使网络更具稳定性和安全性。同时在学术领域，区块链技术鼓励更多学者和机构积极参与学术诚信的维护，共同对抗学术不端行为。

学术期刊是学术研究成果的重要载体，期刊版权保护关乎作者的合法权益，是维护学术诚信和学术道德的重要一环。传统的版权保护手段在面对学术不端行为时往往显得力不从心，难以提供确凿的证据。而区块链技术以其独特的不可篡改性和透明性，详细地记录下学术期刊作者的创作过程、修改记录、审核流程等从创作到发布的每一个环节，精准有力地打击了学术不端行为。一旦发现某篇学术论文存在抄袭、篡改或其他形式的学术不端行为，区块链上的记录就能够成为追溯和确认事实真相的重要证据。区块链技术的引入将大幅提高学术不端行为的查证效率，也对潜在不端行为者形成有力震慑，维护了学术界的纯净和声誉。

（二）打造开放自由的学术交流与合作平台

区块链技术有望构建一个去中心化的学术交流平台，实现学者、研究人员、期刊编辑等各方的直接交流与合作，摒弃中介机构，降低学术交流成本，提升交流效率。区块链的不可篡改特性保证了学术数据的真实性与完整性，发表的论文、学术交流活动、研究数据等都可记录在区块链上防止篡改，这将大幅提升学术数据的可信度，减少学术不端行为的发生。区块链技术能推动学术评价过程更加透明化，例如将论文评价过程、评价结果和评价人等信息都记录在区块链上实现公开透明，就能消除学术评价中的不公平与不公正现象，提高评价公信力。区块链技术搭建出一个去中心化的学术资源共享平台，学者、研究人员等可将研究成果、研究数据共享到平台上供他人使用，提高了学术资源的利用效率并促进了学术研究的发展。利用区块链技术构建一个去中心化的学术合作流程，学者、研究人员等可在平台上直接寻找合作伙伴、申请项目、签订合同，避免了烦琐的中间环节，显著提升了学术合作效率。

（三）提升版权管理效率与精确度

传统的版权登记流程烦琐且耗时，容易出现错误，区块链技术能为版权登记带来重大改变，创作者仅需在线提交作品，区块链网络便能自动整合并存储创作者信息、作品内容和时间戳等数据于区块链上，从而提高版权登记的效率。区块链所具备的数据公开透明和不可篡改特性使版权确权变得简洁明了，一旦作品被录入区块链，其版权信息将永久保存，作品权属变得清晰。区块链技术可追踪作品使用情况，有效防止未经授权的复制和传播，版权方运用智能合约可以设定作品使用条件、授权期限与报酬分配等条款。当使用者满足智能合约中的条件时，即可自动完成授权，简化传统版权授权流程。区块链技术保障了版权信息的完整性和真实性，从而防止盗版和侵权行为的发生，通过追踪作品使用情况及时发现并打击侵权行为。

三、5G与物联网技术对学术期刊传播方式的影响

5G与物联网技术可为学术期刊提供更为高效、精准和生动的传播手段，从而提升读者的阅读体验，进一步扩大学术期刊的社会影响力。

（一）5G技术对学术期刊传播方式的影响

5G技术即第五代移动通信技术，是一种具备高速率、低时延和大连接特点的新一代宽带移动通信技术，5G技术并非独立的全新无线接入技术，而是对现有无线接入技术的改进和新增补充性无线接入技术的集成，实现了人与人、人与物以及物与物之间高速、安全和自由联通。5G技术可提升学术期刊传播速度，促进多媒体内容融合，深化国际交流与合作，加强数据安全与隐私保护。随着5G技术的不断完善和普及，学术期刊将拥有更广阔的发展前景，但出版单位也需关注数据所有权、版权保护等问题。

1. 多媒体内容的流畅集成

借助5G技术卓越的高带宽特性，学术期刊中的多媒体素材实现了飞速加载，大幅缩减了用户的等待时间。无论是高清图片、流畅动画还是精细图表，都能在很短时间内完整展现给读者，增强了期刊的视觉效果，复杂的学术研究成果能以更直观的方式呈现给读者。以生物医学领域为例，医学研究常需借助详尽的图表和数据作为支撑，而5G技术使这些多媒体内容迅速加载，为读者提供了更为深入和全面的研究视角。

2. 国际交流合作的深化

随着5G技术的普及，学术期刊得以实现全球无缝接入，消除了作者与读者之间的地理和国界障碍，从而推动了学术交流的全球化进程。5G技术所提供的高速数据传输速度和低延迟特性便利了学者之间的即时互动和讨论，快速传播并实际应用了最新研究成果。目前，亚洲的研究人员能够与欧洲、北美的同行进行实时在线交流，超越地理和文化界限的学术交流共同促进了各学科领域研究的深入发展。5G技术的广泛应用还催生了跨学科研究的兴起，不同学科的专家借助高速网络轻松共享数据和资源，实现了研究领域的互补和融合。例如，运用大数据分析和人工智能技术，生物学家与计算机专家能够协作加速基因组学研究的发展步伐。

3. 数据安全与隐私的坚实保障

5G网络运用先进的加密技术保障数据传输安全，应用复杂加密算法与协议，有效防止未经授权的访问和数据泄露，确保学术期刊数据不被非法获取或篡改。5G网络引入严格的身份认证机制，仅允许授权用户访问网络和数据，并利用多因素认证技术如指纹识别、面部识别等提升用户身份安全。此外，5G网络实施访问控制策略，根据用户身份和权限限制数据访问，敏感数据仅能被合适的用户访问。为提升数据安全性，5G网络采用了数据分割和分散存储技术，将学术期刊数据分散存储在多个服务器和位置，降低了数据泄露风险，数据分割技术使得部分数据即便被窃取或篡改，也不会影响整个数据集的安全性和完整性。5G网络设备和系统也需不断更新升级来应对新的安全威胁和漏洞，网络设备制造商和运营商应定期发布安全固件更新与漏洞修复补丁，保障网络系统安全稳定性。学术期刊可利用这些更新与修复措施，及时保护数据安全和隐私；利用强化网络监管、构建安全合作机制等手段，全方位保障学术期刊数据安全和隐私。

（二）物联网技术对学术期刊传播方式的影响

物联网技术即通过射频识别（RFID）、红外感应器、全球定位系统、激光扫描器等各类信息传感设备，按照预设协议对物品进行信息交换和通信，实现智能化识别、定位、跟踪、监控和管理功能的网络体系，对学术期刊传播方式产生了深远的影响。

1. 精准化与深度融入的阅读经历

利用结合大数据与人工智能算法的物联网技术，学术期刊为读者提供了更加精准化与深度融入的阅读经历。学术期刊可精准捕捉读者的阅读习惯、兴趣偏好和学术需求，实时为读者推荐高度匹配的内容，从而减轻读者在浩如烟海的文献中筛选的负担。读者在闲暇之余，只需轻触界面即可接收到经过智能筛选的、与其研究领域紧密相连的最新学术成果，使每一次阅读都充满期待与新奇。借助增强现实（AR）和虚拟现实（VR）等先进手段，物联网技术以更加生动、直观的方式向读者展示学术内容，让读者仿佛置身于研究现场，深入感受科学的魅力并探索其中的奥秘，深度融入的阅读经历也增强了读者对学术内容的兴趣与理解。

2. 高度互动的内容呈现与动态参与

物联网技术为学术期刊的内容呈现带来了全新的交互与动态体验，传统的学术期刊主要依赖文字和静态图表，在吸引读者注意力方面存在局限。物联网技术的融入，使学术期刊可采用动态图表、交互式视频、音频解说等多种方式，将学术内容以更具吸引力和趣味性的形式展现给读者。读者不再仅仅是信息的被动接收者，而是能够通过简单的点击、滑动等操作与学术期刊的内容进行实时互动。例如，读者在研读一篇关于数据分析的论文时点击动态图表的不同部分，就可以观察详细的数据变化趋势和规律；观看交互式视频，就可以更深入地了解实验过程和研究背景。高度互动的内容呈现与动态参与，提升了学术期刊的吸引力和可读性，助力读者在享受阅读的过程中，更深入地理解和掌握学术内容。

3. 高度发达且周全的版权保障机制

在数字化浪潮中，学术期刊面临着版权保护问题，物联网技术的运用为学术期刊的版权保护提供了坚实后盾。出版单位借助先进的数字水印和加密技术，有效防止了期刊内容遭到非法复制、篡改和散播，数字水印犹如内容的独特"身份证"，能够追溯到原始出处和授权状态，学术内容的合法性与真实性得到了保障。物联网技术还能够构建完善的版权追踪与溯源体系，使学术期刊能够迅速识别和应对侵权行为，一旦发现未经授权的利用或传播行为可迅速采取相应措施，捍卫自身权益和声誉。高度发达且周全的版权保障机制为作者和期刊出版单位提供了强有力的保障，有效维护了整个学术界的诚信与声誉。

4. 全球范围内的学术资源共享与高效协作

随着物联网技术的广泛应用构建出了统一的物联网平台，全球学术资源的共享与协作变得更加便捷，全世界各地区的学术期刊、研究机构、学者与读者能够实现学术资源的无缝对接与协同合作。跨国界的资源共享和协作模式显著提升了学术资源的利用效率，以中国研究者为例，当需要参考美国学术期刊上的论文时，无须再耗费大量时间与精力获取纸质或电子版论文，仅需通过物联网平台便能轻松获取电子版论文，并与作者或其他研究者进行在线交流与讨论。高效的协作模式可推动学术研究进步与发展，促进全球范围内的知识传播与创新。物联网技术可助力学术期刊与其他媒体平台深度合作，以更多元化、生动化的形式呈现学术内容。跨媒体、跨领域的合作模式进一步加强了学术界与社会之间的紧密联系与互动，推动着知识的普及与应用。

四、数字出版技术对学术期刊全方位的影响

数字出版技术是运用计算机技术、通信技术、网络技术、流媒体技术、存储技术和显示技术等数字技术，对内容进行编辑、加工，并利用网络传播数字内容的新型出版方式。数字出版技术的特点在于内容生产、管理过程、产品形态数字化以及传播渠道网络化。数字出版流程涵盖原创作品数字化、编辑加工数字化、印刷复制数字化、发行销售数字化和阅读消

费数字化。随着数字出版的迅速发展，出版形态日趋丰富，如电子书、手机阅读等，并形成了专业的学术期刊数据库群。对于学术期刊而言，数字出版技术的影响深远且全面，改变了期刊的内容生产方式、阅读方式、传播方式，也影响了数据分析和应用方式，推动了学术期刊的数字化转型和升级。

（一）内容生产数字化

学术期刊内容生产数字化发展是由技术推动的创新突破，颠覆了传统的出版模式，为学术期刊提供了更为广泛的传播渠道和多样化的表现形式。在此过程中，学术期刊应坚守专业性和权威性，积极采用新技术，持续寻求更新与突破。例如，内容管理系统（CMS）在学术期刊的广泛应用，大幅度提升了出版工作者的工作效率。内容管理系统（CMS）是一种介于WEB前端（Web服务器）与后端办公系统或流程（内容修改、编辑）之间的软件架构，系统允许内容创作者、编辑、发布者等用户提交、修改、审批和发布各种类型的内容，内容一般包含文件、表格、图片、数据库数据，乃至视频等所有需要发布到Internet、Intranet以及Extranet网站的信息。

1. 技术引领生产流程革新

内容管理系统（CMS）对于学术期刊来说具有多重作用，能够有效提升工作效率并使网站内容具有统一性与美观性，优化用户体验与互动，以及加强数据分析与统计。运用先进的内容管理系统（CMS），编辑团队可更加精确地处理稿件，实现线上协同作业、即时更新与自动化排版等功能，提升内容发布与管理效率，更为便捷地掌控网站整体风格和布局，使学术期刊网站更具一致性和美学标准。此外，CMS还能精准地收集并分析读者的阅读习惯与兴趣偏好等数据，为编辑与出版工作提供有利的数据参考，对网站的流量、访问量等指标进行统计和分析，帮助学术期刊评估自身的影响力和传播效果。简言之，CMS可以简化工作流程，提高工作效率，透明化编辑过程且过程可追溯。

2. 版权与数据保护双重保障策略

学术期刊所刊登的每一篇文章，都是作者的精心创作与智慧结晶，同时也汇聚了期刊编辑团队的辛勤付出，学术期刊肩负着保护这些学术成果版权与数据安全的重大责任。学术期刊通常会在文章的显著位置以清晰、明确的语言，详细阐述版权声明，明确文章版权归属，也详细规定文章的使用权限、授权范围等，为潜在的使用者提供明确的指导和约束，维护期刊的声誉并有效防止文章被非法复制、转载或使用。学术期刊与作者之间签订的授权协议应详细列出作者向期刊转让或授权使用的版权范围、使用方式、授权期限等条款。转让或授权条款为学术期刊提供了合法的使用权，并为作者提供了明确的权益保障，在学术期刊与作者之间建立了互利共赢的合作关系。

除了版权声明和授权协议，出版单位还应采用一系列技术手段对文章进行保护。例如，数字水印技术用于在文章中添加不易察觉的标识信息，以便追踪非法复制或篡改行为；加密技术用于对文章内容进行加密处理，让具备解密密钥的用户访问和阅读文章；版权信息嵌入技术将版权信息直接嵌入到文章的数字格式中，任何对文章的复制或传播都附带这些版权信息。技术手段的应用增强了学术期刊的版权保护力度和效果。对于侵犯学术期刊版权的行为，出版单位可采取法律手段进行维权，如向相关部门投诉、起诉侵权者等，利用法律途径维权，维护自身合法权益。

（二）管理过程数字化

管理过程数字化是借助数字技术与工具优化管理手段、提升管理效率、改进管理流程并推动创新与发展的过程，在信息技术、互联网和大数据等科技的支持下，管理流程、决策、执行等各个环节实现数字化，进而搭建起数字化管理平台，达到数字化管理的目标。学术期刊的管理过程数字化可优化传统的管理流程，提升期刊出版效率和质量，降低出版成本，增强期刊的市场竞争力和影响力。数字化技术的引入使学术期刊在编辑、审稿、出版等各个环节都实现了更高效、透明和便捷的操作。

运用在线投稿和审稿系统，作者可轻松在线提交稿件，无须再通过传统的邮寄方式，为作者提供便利且提高了稿件处理速度，也使编辑和审稿人能够在线进行审稿和管理，大幅减少纸质流程的使用，进而降低出版成本。在线投稿和审稿系统还能提升稿件的透明度和公正性，减少人为因素的干扰，更广泛地传播和应用优秀的科研成果。学术期刊办公电子化是数字化管理的重要组成部分，运用数字化技术，提高工作效率，降低纸质文档的使用和存储成本，学术期刊可实现文档管理、邮件通信、会议组织等方面的电子化。更重要的是，电子化办公能提高信息的安全性和保密性，避免传统纸质文档易丢失、易损坏等问题。建立学术期刊的数据库管理系统，实现了对期刊内容的数字化存储和检索，便于作者对期刊内容进行分类、检索、分析和挖掘，提高期刊内容的利用效率和价值，提供给期刊读者更加便捷、全面的信息获取方式，优化读者的阅读体验。数字化技术为学术期刊的统计分析提供了强大的支持，对读者行为、引文情况、影响力等数据进行统计分析，助力期刊了解读者需求和市场变化，优化期刊的内容和形式，展示期刊自身的优势和特色。

（三）产品形态数字化

产品形态数字化是传统物理实体产品向数字形态转变的过程，随着物联网、大数据、人工智能等新一代信息通信技术的快速发展，越来越多的产品正由传统物质形态向数字形态转变。转变的实现主要依赖物质产品直接以数字化形态呈现，例如图书、杂志、报纸由纸质载体转变为完全数字化形态。在此过程中，数字孪生技术的构建与物理实体产品相对应的虚拟模型即数字镜像，实时反映出物理实体产品的运行状态和性能表现，实现了产品本身的完全数字化，也为产品设计、生产、维护等提供了全新手段和方法。

学术期刊的产品形态数字化是利用技术手段将传统期刊转化为数字形式，赋予期刊数字化出版和传播的特性。在数字化时代背景下，产品形态数字化提升了学术期刊的出版效率和传播范围并增强了互动性和可读性，随着技术的不断进步和应用场景的拓展，数字化学术期刊将呈现更多样化和个性化的发展趋势。在数字化过程中，首要任务是运用高精度扫描和识别技术数字化处理期刊内容，学术论文的文字、图片、表格等元素被精确捕捉和转换，并可保证数字化内容的呈现、格式和排版与纸质内容相一致。经过数字化出版平台的精细编辑和校对，数字化学术期刊在视觉效果、版面设计、内容质量等方面达到了新高度。利用互联网、移动设备等数字化渠道，数字化学术期刊可迅速传播给全球读者，突破地域和时间限制。读者无须等待漫长的印刷和发行过程，即可随时随地在线阅读、下载和分享学术成果，提升了学术期刊的知名度和影响力，也促进了学术研究成果广泛应用和深入发展。通过添加链接、视频、音频等多媒体元素呈现更丰富和立体的内容形态，数字化学术期刊的互动性得到增强，引起了更多读者的兴趣。数字化学术期刊还可设置在线讨论区、评论功能等互动模块，鼓励读者积极参与学术交流、分享观点和经验，从而提高读者的阅读体验和学习效果，并为学术期刊带来更多用户参与和反馈。

（四）传播渠道网络化

传播渠道网络化是指利用互联网和移动网络等数字化媒介进行信息传播和推广，其优势在于迅捷的传播速度、广泛的覆盖范围、增强的互动性和较低的成本。利用网络化渠道，信息能够快速传递到全球各地，触及更广泛的受众，为受众提供更多的互动机会并与信息发布者进行实时交流和反馈。

学术期刊的网络化传播标志着新时代学术研究成果的广泛传播与共享，互联网的普及使学术期刊传播方式的转变成为必然，传统学术期刊受限于纸质出版，速度较慢，地域性强，成本较高。网络传播打破了这些限制，出版单位能迅速上传最新一期内容供全球读者在线浏览和下载，并借助云计算和大数据分析等网络科技手段，开发出高效的管理平台，提高编辑工作效率和质量。与其他媒体合作能进一步拓展传播渠道，提高知名度，网络传播渠道为学术期刊带来很多优势如双向沟通、内容易获取、创新空间等，促进了学术交流活动的多样化。学术期刊传播渠道网络化符合时代潮流的发展，可提升速度和影响范围，满足读者需求并提高编辑效率。随着互联网技术的发展，学术期刊的传播渠道将更多样、便捷和智能化。

第二节　学术期刊数字化转型发展的市场趋势与商业模式

出版单位需顺应学术期刊数字化转型的时代潮流，积极投身于数字化转型的发展中，不断提高自身的竞争力和影响力，不断应对市场的迅速发展与变化。

一、学术期刊数字化转型发展的市场潜力

学术期刊数字化转型发展具有市场前景，转型拓展空间主要来源于读者需求的改变、技术的飞速进步以及出版模式的创新。

（一）现代读者的需求呈现多样化和个性化特点

现代读者的需求日趋多样化和个性化，而传统的学术期刊主要以印刷版为主，难以充分满足读者的个性化阅读需求。随着数字化技术的发展，数字化学术期刊运用人工智能和大数据技术，可以更加精准地分析读者的阅读习惯和兴趣偏好，从而为读者提供更加个性化的阅读体验。高效、便捷的阅读方式吸引了更多读者的关注，也为市场的繁荣发展注入了新的活力，数字化学术期刊在未来将继续发挥重要作用，为读者提供更加优质的阅读服务。

（二）学术期刊数字化技术的运用

随着人工智能技术、大数据、云计算等先进技术的日益成熟与发展，学术期刊数字化实施的技术难度正在逐步降低。出版单位可以充分利用这些高新技术，实现内容的自动化处理、智能推荐以及个性化定制服务，从而推动学术期刊在精准营销、品牌塑造等重要领域的创新发展，显著提升学术期刊的出版效率与质量，有效扩大期刊的社会影响力和读者覆盖范围。

（三）学术期刊出版模式的创新发展

学术期刊的传统出版流程往往消耗大量时间和资源，而数字化出版则显著提升了出版效率并降低了相关成本。以在线出版为例，数字化出版模式能够实现内容的即时更新与快速发布，确保读者第一时间获取到最新的学术研究成果。此外，按需出版通过精准满足读者的个性化需求，实现了出版物的定制化服务。开放获取模式的推广使更多读者可以免费获取学术资源，进一步推动学术知识的普及与传播。新型的出版模式降低了出版成本，也有助于提高期刊的知名度和影响力。

二、学术期刊数字化转型发展的竞争格局

学术期刊数字化转型发展的竞争格局正经历着明显变化，出版单位必须积极应对挑战，把握机遇，推进数字化转型，使期刊在竞争激烈的市场中保持领先地位。

（一）传统期刊与数字化期刊的竞争日趋激烈

经过长期的发展与积累，传统期刊形成了卓越的品牌价值和市场口碑，体现为期刊内容的深度、专业性和权威性，以及与读者之间建立的信任和情感联系，使传统期刊在市场中拥有稳定的受众群体和广告投资商，从而保持竞争力。传统期刊高度重视内容质量和深度，严格的审稿制度和专业的编辑团队精心策划和深度挖掘每一期内容，这种严谨性使传统期刊能为读者提供完整、权威、高质量的信息，满足读者深度阅读和学习的需

求。在长期发展过程中，传统期刊积累了丰富的资源，拥有庞大的作者群体、丰富的稿源、完善的发行渠道等，具有稳定的内容供给和广泛的受众覆盖，历史积淀也使传统期刊在内容策划和编辑方面积累了丰富的经验和智慧，能更好地把握读者需求和市场变化。由于传统期刊拥有稳定的受众群体和高质量内容，读者对期刊忠诚度较高，体现为读者对传统期刊的信任和依赖，以及对期刊品牌的认同和归属感，使传统期刊在市场中具备较强的竞争力和影响力。传统期刊与数字化期刊之间的竞争日趋激烈，这种竞争态势为传统期刊提供了转型与创新的重要契机。面对数字化期刊的挑战，传统期刊需积极适应并利用新技术和市场变化在竞争中保持领先地位并实现稳健发展。

1. 内容展现形式

传统期刊大多依赖纸质媒介，主要通过文字和图片进行内容展现。相较之下，数字化期刊则能够充分利用多媒体技术和交互性设计，为读者带来更加丰富多彩、生动有趣的阅读体验。举例来说，数字化期刊可以融入视频、音频、动画等多媒体元素，同时辅以超链接、交互式图表等交互性组件，使读者能够更深入地理解并体验其所呈现的内容。

2. 传播速率与覆盖广度

传统期刊因其物理条件的制约，如印刷与运输等环节，导致期刊传播速度相对迟缓，并且期刊覆盖范围受到明显的地域性限制。而数字化期刊得益于现代互联网的便捷性特点，能够实现迅速且广泛地传播，覆盖全球各地的读者群体。高效的传播方式赋予了数字化期刊在时效性和影响力上的显著优势，进一步凸显了数字化期刊在现代信息传播领域的重要地位。

3. 商业模式与盈利机制

传统期刊与数字化期刊在商业模式和盈利途径上呈现显著差异，传统期刊主要依赖广告和订阅收入。数字化期刊利用多元化途径实现盈利，涵盖付费阅读、广告收入、数据分析等，这种多元化的盈利方式，赋予数字化期刊在商业模式上以更高的灵活性和创新性。面对这种竞争态势，传统期刊需积极寻求创新与改进，例如，传统期刊可以引入数字化技术和交互性设计，优化内容展示与阅读体验，拓展数字化渠道与平台，扩大传播范围与影响力。利用数字化手段进行数据分析与读者行为研究，更精准地把握读者需求和市场趋势，进而制定更具针对性的营销策略和商业模式。

（二）大型出版集团与小型独立期刊的竞争日趋激烈

大型出版集团与小型独立期刊间的竞争正逐渐加剧，主要源于数字化、网络化和全球化的趋势给出版行业带来的深刻改变。大型出版集团凭借雄厚的资本、丰富的资源和广泛的品牌影响力，在技术研发、市场拓展和品牌建设方面投入巨大。通过实施并购、合作等策略，大型出版集团不断扩大业务范围和市场份额，并利用品牌优势和规模效应吸引更多优秀作者和作品来增强竞争力。而小型独立期刊以其专业性和深度，灵活适应市场变化，注重作者和读者需求，提供个性化、高质量的内容，从而在竞争中占有一席之地。在竞争中，大型出版集团和小型独立期刊同样面临挑战，大型出版集团需保持技术创新和品牌创新能力，关注成本控制和运营效率；而小型独立期刊需扩大影响力，吸引更多读者和作者，保持专业性和独立性。大型出版集团与小型独立期刊间的竞争是出版行业发展的必然结果，推动创新并提升行业整体水平。然而，各方应保持理性和合作的态度，共同促进出版行业的健康发展。

（三）国内期刊与国际期刊的竞争也在加剧

由于全球化和信息化的推进，国内期刊与国际期刊的竞争日趋激烈，期刊市场的竞争领域不断扩展，竞争方式和手段也日趋高级，国内期刊面临着来自国际期刊的强烈挑战。国际期刊在科技发展和全球交流日益密切的情况下，吸引了大量的优质稿件和读者，凭借全球化的视野和丰富的资源，不断提升自身的影响力和竞争力。国际期刊通常有更严格的审稿制度，保证了论文的质量，同时进行广泛的国际合作，积极提升自身的国际化程度。可以说，国际期刊在品牌建设、市场推广、国际化战略等方面都拥有丰富的经验和实力，相较之下，国内期刊在竞争中往往处于相对不利地位。为了应对这种竞争，国内期刊必须提高审稿标准，加强国际合作，提升英文内容的占比、开展国际合作出版、加入国际学术联盟，提高期刊的质量和影响力，吸引更多优质稿源和读者，同时加强自身期刊的学术性、专业性、创新性，努力提升期刊的学术水平和国际影响力。国内期刊还要加强市场推广和品牌建设，提高期刊的知名度和美誉度，通过参加国际会议、举办学术研讨会、开展合作出版等多种方式进行宣传和推广，引入国际先进的出版理念和管理经验，加强与国际出版机构的合作与交流，使国际化战略成为期刊发展的重要趋势。

三、学术期刊数字化转型的国际化发展

学术期刊的数字化转型需以全球视野和战略定位为基础，明确在国际学术界中的定位与目标。为实现国际化发展，期刊单位应建立与国际同行的合作关系，共同策划活动，分享经验与成果。数字化转型的核心在于提升内容质量与传播效率，关注全球学术热点，加强审稿与编辑工作。数字化转型为传播带来了更多可能性，期刊单位可利用数字化技术扩大传播范围，提高国际知名度，优化内容与传播策略。

（一）学术期刊应提高英文内容的占比

随着全球化进程的不断深化，学术交流呈现出日益国际化的趋势。英语作为国际通用语言，在学术交流中发挥着举足轻重的作用。英语现已逐渐成为学术界的主导语言，提高英文内容的占比可以扩大学术期刊的国际影响力，有利于学术期刊获得国际认可，也可考虑聘请国际知名专家担任编委，从而吸引更多的国际作者和读者。英文内容的传播是跨越国界的文化交流与合作，推动着学术创新与发展。学术期刊应合理规划中英文内容的比例，同时提升中文内容质量，积极提高期刊影响力。

(二)学术期刊应积极开展国际合作出版

国际合作出版是指不同国家、地区或机构之间在出版领域进行的合作与交流，涵盖从内容创作、编辑加工、印刷发行到版权贸易等多个环节，共同推动出版业的发展。在国际合作出版中，不同合作伙伴之间通常会共享资源、技术和市场，例如，一些国家可能会联手共同策划、编辑和宣传，推出重要的学术著作或文化项目。我国学术期刊与全球知名机构开展合作可以借鉴著名期刊成功的经验，加速转型进程，提升国际影响力。同时，国际合作出版还能推动内容创新和质量提升，引入高质量的研究成果，促进不同学科交叉融合。然而，文化差异和经济压力也是国际合作过程中需要克服的挑战，必须妥善处理文化差异使沟通顺畅，并对自身实力和资源进行全面评估，以便选择合适的合作伙伴。总体来讲，国际合作出版有助于提高我国学术期刊的地位，拓展发展空间，推动学术成果在全球范围内传播并提升国际影响力。

(三)学术期刊在数字化转型过程中应关注公平性问题

学术期刊在数字化转型过程中应使所有人能够平等地获取和使用学术资源，消除地域差异和数字鸿沟，建立公正、透明和可持续的学术评价体系。在一些经济发达、技术先进的地区，学者和研究人员更容易获取和使用数字化资源；而在一些偏远或经济落后的地区，由于基础设施不完善、网络覆盖不足或技术能力有限，研究人员可能无法充分享受数字化带来的便利。因此，学术期刊在数字化转型过程中，需要关注公平合理分配资源的问题。一些学者和机构可能由于技术能力不足或资金限制，无法有效地参与到数字化发展中，导致在学术竞争中处于不利地位，进而影响到整个学术界的生态平衡。学术期刊应当提供技术支持、培训以及合作，帮助这些学者和机构提升数字化能力。此外，传统的学术评价体系往往依赖纸质出版物和实体图书馆等物理资源，而数字化转型则使得学术评价更加依赖数字化平台和在线资源，这可能导致一些无法适应新模式的学者和机构在评价中受到不公平待遇。因此，学术期刊在数字化转型过程中，需要关注如何建立公正、透明和可持续的学术评价体系，确保所有学者和机构都能够得到公平的评价和认可。同时，为保障学术成果的公平传播和广泛应用，期刊单位应实施降低投稿门槛、优化审稿流程，以及采用开放获取模式等一系列策略。

四、学术期刊数字化转型发展的商业模式创新

学术期刊数字化转型需注重商业模式创新，紧密结合市场需求和技术发展趋势，不断探索实践，推动传统期刊实现数字化转型发展。

（一）订阅模式创新

学术期刊的订阅模式随着时代和技术的发展持续变化，传统的订阅模式主要依赖纸质期刊的邮寄和发行，这种模式已逐渐暴露出局限与不足。随着互联网和数字技术的广泛应用，学术期刊订阅模式也在寻求突破与创新。电子版期刊订阅成为新的趋势，读者通过学术期刊的官方网站、在线数据库或相关平台，即可在线订阅并浏览期刊的电子版，模式方便快捷，大幅降低了印刷和物流成本。同时，电子版期刊借助超链接、多媒体等手段，为读者提供了丰富且互动性更高的阅读体验。部分学术期刊采用会员制订阅模式，读者支付一定的会员费用后，便可享受更全面的期刊内容和服务，如优先阅读、免费下载、专属活动等，这也为学术期刊带来更多的经济收益和品牌影响力。出版单位可推出基于云计算的在线订阅服务，读者能够运用网络平台随时随地访问期刊内容，还可采用动态定价策略，根据读者的访问量、下载量等因素进行定价，以期更好地适应市场需求。

（二）广告模式创新

学术期刊在广告模式的创新上，应从内容深度整合、增强互动体验、运用多媒体技术、个性化定制、品牌合作以及数据驱动优化等多个层面进行考量，用以提升广告的吸引力和投放效果。期刊的广告内容要与期刊主

题深度结合，为读者提供更为专业和精准的信息服务。例如，针对特定领域的读者，提供相关的产品或服务介绍，或与期刊内的研究论文相互呼应，为读者提供进一步的研究工具或资源；增强广告的互动性，如设计互动问答、小游戏或投票等，有效吸引读者的注意力并提升参与度，从而更有效地传达广告信息。利用多媒体技术如视频、音频、图表等使广告更为生动和形象，例如一些复杂的科学实验或产品使用方法利用视频形式进行展示，可以使读者更直观地了解产品或服务的优势。学术期刊可根据读者的兴趣和需求，定制个性化的广告内容，利用数据分析，了解读者的阅读偏好和行为习惯，进而提供符合读者需求的广告，更好地提高广告的转化率和效果。与知名品牌或企业合作，共同推出高质量的广告内容，提升广告的可信度，为期刊带来更多的商业机会和资源。通过收集和分析广告数据，出版单位能更深入地了解读者的需求和喜好，从而优化广告内容和投放策略，例如，根据广告的点击率、浏览时间等数据，调整广告的位置、大小、内容等来提高广告的效果。在数字化转型背景下，学术期刊可创新广告模式来增加收入，如在期刊内容中嵌入广告，或开发专门的广告平台吸引广告商投放广告。然而，在此过程中，需确保广告的内容和形式与期刊的整体风格和内容相协调，不影响读者的阅读体验。

（三）合作模式创新

学术期刊的合作模式创新，必须紧跟科学研究的发展脉络，主动迎接新机遇与挑战，不断优化服务学术研究与社会进步的功能。

1. 跨学科合作模式

学术期刊在推动学科交流与合作方面，展现出两种主要的跨学科合作模式，纵向跨学科合作和横向跨学科合作。传统的学术期刊合作模式主要围绕同一学科的研究者展开，而跨学科合作模式则打破了学科间的界限，促进了不同学科领域的深度交流与协同合作，从而推动科学研究的持续发展和创新。

（1）纵向跨学科合作

纵向跨学科合作是一种基于学科间共性的合作模式，通过引入其他学科的知识和方法，提升特定学科领域的研究水平。例如，在生物学研究领域，纵向跨学科合作模式可能涉及物理、化学等学科的知识应用，或在深入剖析研究原理时采用艺术学、哲学等跨学科的研究方法。纵向跨学科合作模式有助于深化对特定学科领域的理解，还能推动该学科领域的持续发展。

（2）横向跨学科合作

横向跨学科合作模式旨在探索并整合不同学科领域的专业知识，推动综合性研究的发展，通过这种模式，研究者可以在各自的研究领域内寻找合适的合作伙伴，共同开展交融性研究。以生物学和计算机科学为例，二者的结合在可视化序列分析或分子模拟等领域发挥互补优势，共同推动科学进步。同样，医学和音乐等领域的跨学科合作，也可能催生出创新性的融合，如音乐治疗在医学实践中的应用，展现出跨学科合作在解决实际问题中的巨大潜力。

2. 开放科学合作模式

学术期刊的开放科学合作模式是一种新型的科研合作方式，核心在于通过实施开放科学理念与实践，推动科研成果广泛传播与共享。在开放科学合作模式下，学术期刊与科研人员、研究机构、图书馆及相关机构紧密合作，共同致力于科研成果的开放获取与科学数据的共享。学术期刊实施开放获取政策，允许读者免费获取和阅读期刊文章，扩大科研成果的可见性和影响力，促进知识的广泛传播。出版单位应鼓励作者将研究数据公开共享，其他研究者可以重复利用这些数据进行深入研究，从而推动重复性研究与科学发现的验证，提升研究的可靠性与效率。为更好地实践和发展开放科学，出版单位应积极寻求与研究机构、图书馆、数据中心等其他机构合作，合作伙伴可为开放科学提供资金、技术支持、数据存储与共享等支持。出版单位还可采用开放式同行评审方式，允许作者在文章发表前公开共享研究数据和补充材料，便于同行评审专家与其他研究者进行更深入的审查与评估，从而提高科研成果的质量与可信度。随着开放科学的蓬勃发展，学术期刊出版单位正尝试与研究机构、数据平台、开源软件等各类机构展开合作，利用共享数据、代码、研究方法和工具，进一步提高研究的透明度与可重复性。

3. 全球合作模式

全球合作模式是一种推动学术国际化发展的有效策略，旨在促进学术期刊与全球各地的研究机构、学者和期刊出版单位建立紧密的合作关系。采用共同研究项目、成果共享等方式，实现学术期刊出版单位与全球不同国家和地区的研究者、学术机构或学术组织的合作，进而加强全球学术交流和知识共享，巩固各国学术界的联系。合作形式包含共同开展研究项目、共同承担研究任务、经费支持，以及在合作学术期刊上发表研究成果。合作编委会会集了全球各地的学者，负责审稿并作出论文录用决策，吸引全球专家教授参与期刊编辑，从而提升期刊学术质量。学术期刊还可以与其他期刊合作出版，例如联合出版特刊或合作编辑特辑，整合各期刊优势资源，共同发布高质量学术研究成果。然而，全球合作模式在推广过程中也面临着语言和文化差异等挑战，寻求全球合作的出版单位需充分考虑这些因素使得合作顺利进行。

4. 数字化合作策略

学术期刊数字化合作策略具有多样性，每种策略都有独特的优势和适用场景。学术期刊可与中国知网、万方数据等大型期刊数据库建立合作关系，利用这些数据库的技术优势、资源整合能力以及市场覆盖能力，间接实现期刊的数字化。通过签订相关协议，学术期刊能够迅速实现数字化出版与网络传播，有效规避传统期刊在网络技术人才方面的不足，降低网络运营和管理成本。出版单位可主动创建并运营自有网站，实现资源整合和一体化转型发展，例如，中国人民大学书报资料中心的"学者在线"、浙江大学学报网站、新华文摘网、上海大学期刊社网站、上海财经大学经济学期刊网等都是哲学社会科学学术期刊独立建设的网站。此外，可由业内知名品牌期刊牵头，创建同行业专业学术期刊数据库，共同推动学术资源的数字化发展。学术期刊的数字化还可通过社交媒体平台推广、开发移动应用程序等多种方式实现，出版单位应根据自身实际情况和发展目标，综合考虑资源、技术能力和市场需求等因素，选择最适合的数字化合作策略。

五、学术期刊数字化转型发展的盈利模式探索

学术期刊在数字化转型的过程中，衍生出了多种盈利模式，每种模式都具备独特的优势和适用条件。出版单位应基于自身特色与市场环境，选择最合适的盈利路径。

（一）数字化订阅服务方案

学术期刊经过数字化处理后，可依托在线平台向广大读者提供数字化订阅服务。读者仅需支付相应费用，即可获得期刊的在线访问权限，实现文章的阅读、下载与引用。订阅模式可根据访问权限和时长的不同，设定相应的费用标准，确保出版单位能够获得稳定的收入。

（二）广告商业合作

在数字化期刊中，引入广告作为一种盈利手段已经变得日益普遍。学术期刊凭借其深厚的专业底蕴和庞大的读者基础，能够吸引相关行业的广告投放，这类模式的收入与广告的数量及其点击率紧密相关，基于此，出版单位有必要持续增强期刊内容的吸引力和影响力，从而吸引更多的广告投放。

（三）付费阅读模式的应用

针对具备高质量与高影响力的学术文章，出版单位可考虑实施付费阅读模式。在付费阅读模式下，读者需支付一定费用后才可阅读相关文章，从

而为期刊带来额外的经济收益。实施这种模式的前提是，学术期刊必须拥有卓越的内容品质和良好的品牌声誉，吸引读者愿意支付相应费用进行阅读。

（四）开放获取模式

开放获取模式是指出版单位选择将期刊内容免费提供，并利用其他途径获得收入的经营方式。为了实施开放获取，学术期刊需要具备丰富的作者资源和广泛的影响力，吸引到足够的作者和引用者。一种常见的收入获取方式是向作者收取出版费用，另一种则是向引用期刊内容的第三方机构收取版权费用，开放获取模式的实施需要学术期刊具备强大的市场竞争力。

（五）数据服务模式

在数字化浪潮下，数据已然成为一种宝贵的资源。出版单位凭借深厚的数据积淀，拓展出数据分析和数据挖掘等多元化服务，服务的收益与服务水平和精准性紧密相连，基于此，出版单位有必要持续优化期刊数据处理与分析能力，用来满足市场日益增长的需求。

第三节　学术期刊数字化转型发展的政策与法规因素

学术期刊数字化转型发展的政策与法规预计可能呈现出强化监管、激励创新、保障权益等趋势。然而，这仅仅是基于当前趋势和信息的一种可能性预测，实际情况还需根据未来的发展进行持续调整和完善。

一、学术期刊数字化转型发展的政策环境剖析

随着科技的日新月异，学术期刊数字化转型已成为不可逆转的趋势，在这一转变中，政策环境起到了关键作用。在全球范围内，各国政府已普

遍认识到数字化、智能化对学术期刊发展的重要性，各国纷纷出台了一系列相关政策，政策聚焦技术研发与应用，注重知识产权保护、数据安全和隐私保护等。

我国政府也很关注学术期刊数字化转型，截至目前，我国已实施数字出版战略，并制定了鼓励传统出版向数字出版转型的一系列政策措施，积极推进覆盖全行业的数字化重大项目实施，以数字化推动出版现代化，鼓励创造自主知识产权，促进出版传媒技术升级换代。我国政府坚决打击侵权盗版行为，大力保护知识产权，保障了数字出版健康发展。除了政策支持，我国政府还积极推动数字技术的发展，加速技术创新体系建设，增强企业研发能力，并制定了相应的财税政策和金融政策，鼓励企业增加科技投入，为学术期刊数字化转型提供强大的技术支持和资金保障。然而，尽管政策环境看似积极，但仍存在挑战和不确定性，随着技术的发展，政策制定者需不断更新和完善相关政策来适应新的形势和需求。政策的执行和监管同样重要，为确保政策有效实施，政府、企业和学术界需共同努力，加强沟通与合作，形成合力，共同推动学术期刊数字化转型的发展。

二、学术期刊数字化转型发展的法规体系构建

学术期刊在数字化转型的道路上，应确立明确的版权法律框架保障数字化内容的合法利用与传播，版权法律应包括对数字出版物复制、分发、展示和表演等权利的规范。相关法规的制定者必须充分考量数字化技术的迅猛发展对学术期刊产生的影响，并寻求在保障学术诚信、维护知识产权，以及推动学术交流等多个方面构建全面而有效的法规体系。法规体系的构建，必须基于尊重知识产权的基础。数字化时代，学术期刊的内容更易遭到非法复制和传播，制定严格的法规才能防止学术内容的侵权行为，并保障作者的权益不受侵犯，包括数据收集与使用政策的透明度、用户对自身数据的控制权，以及确立清晰的版权归属规定，明确学术期刊的版权所属，制定严厉的版权侵权处罚措施。法规体系也需对学术诚信问题给予

足够关注，数字化技术的发展为学术不端行为，如抄袭、篡改、一稿多投等提供了可乘之机。在此背景下，法规体系中应包含对学术不端行为的明确定义和相应的处罚措施，并设立学术诚信委员会等有效的学术诚信监督机制，对学术期刊进行定期的学术诚信审核。

数字化时代，数据和科学研究的共享变得更为便捷，为推动学术交流，法规体系应鼓励开放科学与数据共享，法规体系应倡导学术期刊开放数据和科学资源，并制定相应的数据共享规范和保护措施来保障数据的安全和合法使用。例如，制定数据安全法规，规定学术期刊在收集、处理、存储和共享数据时必须遵守的规范来保护数据的安全和用户隐私。学术期刊数字化转型发展的法规体系构建，必须从知识产权保护、学术诚信、数据共享、数据安全等多个层面进行综合考虑，需要政府、期刊出版单位、科研机构等多方共同努力。

三、政策与法规对学术期刊数字化转型发展的影响因素

政策与法规在学术期刊数字化转型发展中的潜在趋势可能表现为强化监管、激励创新和保护权益等。政府应承担制定和完善相关法规的重任，出版单位应紧跟政策动态，灵活适应政策变动，培养技术创新人才。

（一）法规的推动作用

随着数字化转型的深入，政府正积极制定与学术期刊相关的法规和政策，这些法规和政策为学术期刊的数字化转型提供了明确的指引。特别是关于数据保护、版权和网络安全等方面的规定，强调了合规性和安全性的重要性，引导学术期刊在数字化转型中更加注重规范操作。学术期刊数字化转型在法规框架下设定了清晰的目标和方向，为整个行业描绘了一个发展蓝图，减少了市场的不确定性，激励相关企业和机构积极参与到数字化转型发展中。法规能规范市场行为，防止不正当竞争，维护公平、有序的市场环境。

在数字化转型过程中，数据安全和隐私保护尤为重要，相关法规应详细规定数据的使用、存储和传输标准，确保用户数据和学术成果的安全，增强公众对数字化产品的信心。法规应鼓励技术创新，推动相关企业和机构加大研发投入，提高数字化产品的质量和效率。法规制定的相关政策和标准能引导资源向学术期刊数字化领域流动，优化资源配置，提高整个行业的数字化水平。与此同时，与国际接轨的法规能助力提升我国学术期刊数字化国际竞争力，吸引更多国内外优秀学术成果在我国期刊上发表，进一步增强我国学术界的国际影响力、促进行业健康发展、提升国际竞争力、优化资源配置。然而，在制定过程中，也应充分考虑行业特点和市场需求，使得法规具有针对性和有效性。

（二）政策的引导作用

政府制定了具体的政策和规划，明确提出学术期刊数字化转型的发展方向，促使学术期刊紧跟数字化、网络化、智能化的新时代发展潮流。政府通过投入资金、提供技术支持、优化发展环境等多种方式，支持学术期刊数字化转型的建设和发展，在此过程中政策起到了引导和规范学术期刊数字化的作用，相关标准和规范引导着学术期刊数字化转型健康有序发展，避免了盲目跟风和无序竞争，也加强了对学术期刊数字化转型的监管和管理，使数字化转型过程更具合规性和合法性。今后，政府可能会通过政策来引导学术期刊数字化转型的发展方向，例如，政府可能会鼓励学术期刊积极采用新技术来提高出版效率和质量，或者推动学术期刊与其他领域相融合，共同实现更广泛的应用。

（三）政策的制约效应

1. 政策约束

在数字化转型过程中，政策要求学术期刊秉持科研诚信，遵循自律和行业规范，确保传播内容真实可靠，防范虚假、抄袭等学术不端行为。政策对学术期刊的版权保护、数据安全要有明确要求，保障用户信息与学术数据安全可靠。数字化转型使学术期刊审核工作更为便捷，但同时也提升了审核难度。政策应要求学术期刊强化审核力度，构建严格的审核标准和流程，保证发表的学术作品具备创新性和实用性。政策对学术期刊数字化转型发展的约束作用涉及多个方面，如内容监管、版权保护、数据安全、审核机制等，这些约束可有力保障学术期刊数字化转型健康、稳定和可持续发展，为学术研究提供优质平台和服务。

2. 审批环节

在数字化转型过程中，学术期刊或遭遇政策模糊现象，由于数字化转型属于相对新兴领域，相关政策尚在不断完善之中，可能导致审批环节存在一定的不确定性。部分情况下，学术期刊数字化转型过程中审批项目流程或显得较为烦琐，需提交很多材料，历经多个部门审核批准，可能延长审批时限，加大转型难度和成本。部分政策对学术期刊数字化转型构成约束，如有些政策要求学术期刊在转型过程中保留一定传统出版形式，或对某些领域数字化发展设限。在数字化转型过程中，学术期刊需关注信息安全问题，政策对学术期刊信息安全要求较高，须采取一系列措施保障转型过程中的信息安全。

3. 经费保障

在实现数字化转型过程中，学术期刊面临大量资金投入的需求，涉及技术升级、设备更新以及人才培训等诸多挑战。政策因素的制约可能对学术期刊的经费来源和使用产生影响，进而阻碍数字化转型的顺利进行。政策规定学术期刊需遵循一定的经费使用规范，如专项资金的使用范围和审批程序等，这些规定可能限制学术期刊在数字化转型上的投入，导致一些具有创新性的项目或技术难以获得充足资金支持。政策可能对学术期刊的经费来源产生限制，如政府可能降低对学术期刊的财政补贴，或对广告收入、发行收入等的来源加以限制，这些限制会使学术期刊面临经费紧张的问题，难以承担数字化转型所需的费用。政策的制约还可能对学术期刊的商业模式和盈利模式产生影响。例如，政策规定学术期刊必须遵守特定的定价原则，或限制与某些第三方机构合作，这些规定可能制约学术期刊在数字化转型过程中的商业模式创新，从而影响盈利能力和经费保障。

4. 监管需求

学术期刊在办刊过程中，必须严格遵守国家相关政策法规所规定的宗旨和专业分工范围，任何擅自改变或超越的行为都是不被允许的，这意味着期刊在选题、内容策划、观点表达等各个方面都需要和政策规定保持高度一致。政策对于学术期刊的出版也有严格的要求，例如实行一刊一号制度，禁止使用同一刊号出版不同的期刊或期刊的不同版本。为了保证出版质量和学术声誉，学术期刊的出版过程必须符合相关出版规范。同时，政策对于学术期刊的学术诚信也有很高的要求，出版单位应坚决抵制和纠正抄袭、剽窃、篡改等学术不端行为，并且建立完善的审稿制度，发表的论文质量和学术价值要达到一定的学术水平。在版权保护方面，政策对于学术期刊也有明确的要求，学术期刊必须尊重他人的知识产权，未经授权不得擅自转载、摘编他人的作品，还要积极保护自己的版权，防止他人未经授权使用期刊内容。

（四）法规的监管职能

随着数字化转型的深入推进，学术期刊领域的监管也在不断加强，特别是针对学术不端行为的打击力度将更加严厉，同时对于出版内容的审核标准也可能进一步提升。在综合考量以上因素后可以预见，政策和法规对于学术期刊数字化转型与发展的影响，或将体现在以下几个方面：

1. 提升数字化转型发展的合规性和安全性

在学术期刊的数字化转型发展过程中，对相关法规和政策的严格遵守，以及对合规性和安全性的高度追求是发展的必要条件。出版单位需构建完善的数据管理与存储策略来保证数据的安全性和完整性；设立严格的保密和隐私保护机制，防止作者和用户的个人信息被不当使用；进行伦理审查，确保涉及人类或动物实验的研究遵循道德和法律规范。此外，为保证数字化转型的顺利进行，出版单位应采取切实有效的措施，强化数据保护、优化版权管理、提升网络安全防护。法规还将提倡学术期刊加强与出版机构、数据库商等合作伙伴之间的沟通与协作，共同推进数字化转型的合规性和安全性。出版单位也应充分认识到合规性和安全性在数字化转型中的重要地位并积极采取措施，推动学术期刊数字化转型的健康、稳定发展。

2. 引导学术期刊数字化转型发展方向

法规的监管职能有助于指引学术期刊数字化转型的路径，而在监管过程中，学术期刊需正视版权保护、信息安全、数据隐私等问题。制定与实施相关法规，可以明确学术期刊在应对这些问题时的行为规范，促使期刊朝着合规且健康的方向发展。例如，数据保护相关法律法规要求学术期刊在收集、处理和运用用户数据时，遵循相关的数据保护原则，增强用户数据的安全性和隐私性。数字化转型或引发新的学术质量问题，如学术不端行为增多、学术评价失真等。法规监管能够推动学术期刊构建更为严格的学术评价体系，加大对学术不端行为的打击力度，从而保障学术质量。同时，知识产权相关法律法规将助力维护学术期刊的原创内容和创新成果，防止发生侵权行为，保障学术期刊合法权益。在数字化转型过程中，学术期刊必须遵循一定的技术标准和操作规范来保证转型质量和效率。法规的制定与实施会助力推动相关标准和规范的建立与完善，促进学术期刊数字化转型的规范化和标准化进程。

3. 限制学术期刊数字化转型的某些行为

在学术期刊数字化转型过程中，法规的监管职能要得以体现，对可能损害公共利益、市场秩序与消费者权益的行为予以限制。在此背景下，学术期刊须在转型过程中严格遵守数据保护和隐私安全原则，例如在处理个人信息时须获得用户明确同意，并采取适当措施确保用户数据安全。法规将要求学术期刊在数字化转型过程中保证内容质量和准确性，包括对论文审核、编辑和出版过程实施严格监管。在版权问题方面，法规对学术期刊数字化转型过程中的相关问题会进行明确规定，例如，未经作者或出版商许可，严禁擅自将学术论文进行数字化复制、传播或利用，坚决保护创作者权益，激发高质量学术作品的创作。法规还会对学术期刊数字化转型过程中的市场行为进行监管，防止发生垄断和不正当竞争行为，如禁止学术期刊利用独家合作、价格歧视等手段限制其他竞争者的市场准入。

4. 加强监管和打击学术不端行为

法规或将明确抄袭、剽窃、篡改、伪造数据、不当引用等学术不端行为的定义和范围，详细阐述学术不端行为的具体表现形式和判定标准，以便相关机构和人员能够准确识别与处理这类行为。在处理学术不端行为方面，法规将明确相应机制，涵盖投诉、调查、认定、处理等环节以及处理机构的职责和权限，使得处理过程公正、透明且及时。法规还将制定严格的处罚措施，对学术不端行为进行严肃处理，包括警告、罚款、撤销论文、吊销学位等。此外，法规需明确学术机构的监管责任，要求学术机构建立健全的学术管理制度和内部控制机制，加强对学术人员的培训和指导，增强学术人员的诚信意识和学术素养，加大对学术机构的监督和检查力度，确保其认真履行监管职责。为进一步加强学术诚信建设，法规应鼓励和支持国内外学术机构和人员之间进行合作与交流，共同打击学术不端行为，加强与国际学术组织的沟通与协作，并制定和执行学术规范和标准，共同提高全球范围内学术活动的质量和水平。

参考文献

一、著作书目

[1] 王润珏.媒介融合的制度安排与政策选择［M］.北京：社会科学文献出版社，2014.

[2] 李宝玲.全媒体时代传统出版业数字化发展研究［M］.北京：企业管理出版社，2016.

[3] 付晓光.互联网思维下的媒体融合［M］.北京：中国传媒大学出版社，2017.

[4] 任仲文.媒体融合发展：学习读本［M］.北京：人民日报出版社，2019.

[5] 华鹰.数字出版版权保护法律制度研究［M］.北京：科学出版社，2019.

[6] 国家新闻出版署出版专业资格考试办公室.数字出版基础［M］.北京：电子工业出版社，2020.

[7] 冀芳.学术期刊媒体融合研究［M］.北京：中国社会科学出版社，2021.

[8] 齐伟，等.数字赋能·媒体融合·业态创新：中国电影产业与文化新论［M］.上海：上海人民出版社，2021.

[9] 许志强，王雪梅.媒体融合转型新阶段与应用型传媒人才培养新逻辑［M］.成都：四川大学出版社，2022.

[10]周伟良.媒介融合与出版转型发展[M].广州：中山大学出版社，2022.

[11]郝丹.学术期刊传播模式的变迁与重构[M].北京：中国社会科学出版社，2022.

[12]徐丽芳，陈铭，赵雨婷.数字出版概论[M].武汉：武汉大学出版社，2022.

[13]孟耀，孟丽莎.学术期刊网络出版问题研究[M].北京：光明日报出版社，2022.

[14]卢迪.原生：媒体融合背景下的5G消息新媒体应用[M].北京：社会科学文献出版社，2023.

[15]赵均.基于大数据分析的学术期刊质量评价体系研究[M].北京：中国国际广播出版社，2024.

二、中文期刊

[1]陈晶晶.期刊数字化转型的内生动力及对策研究[J].现代传播（中国传媒大学学报），2019，41（7）：137-141.

[2]姜红.媒体融合背景下学术期刊发展路径探析[J].科技与出版，2020（8）：68-72.

[3]余筱瑶.开放获取与付费订阅模式竞争中非核心学术期刊面临的冲突与平衡[J].中国编辑，2020（7）：50-53.

[4]陈龙涛.技术革新与品质提升：学术期刊融合出版的路径选择[J].出版广角，2021（22）：74-76.

[5]曹月娟，黄楚新，郭海威.转型升级与深度融合：2021年中国出版融合发展[J].出版发行研究，2021（12）：19-35.

[6]张新新."十四五"教育出版落实文化产业数字化战略思考：基于发展与治理向度[J].出版广角，2021（24）：32-39.

[7]黎丽华.融合发展背景下的数字阅读变迁与数字出版革新[J].出

版科学，2022，30（5）：80-85.

［8］任娇菡，王珏，初景利.学术期刊融合出版的实践与思考：以《图书情报工作》为例［J］.数字图书馆论坛，2022（10）：35-40.

［9］蓝天.浅析知识付费与出版社的融合发展之道［J］.编辑学刊，2022（6）：26-30.

［10］王嵩涛.融合出版视角下的传统高校出版社数字化转型策略探究［J］.出版参考，2023（12）：45.

［11］刘九如，夏诗雨.我国出版业数字化转型发展路径探究［J］.出版广角，2023（22）：23-30.

［12］黄月薪，叶明辉，张玲，等.媒体融合出版环境下科技期刊编辑参与版权保护的路径探讨［J］.学报编辑论丛，2023（0）：541-546.

［13］程秦豫.大模型时代下教育融合出版产品发展展望［J］.出版广角，2023（21）：72-75.

［14］冯宏声，王枢.变革与重塑：出版业与人工智能共创未来［J］.数字出版研究，2023，2（4）：1-6.

［15］武怡华.技术赋能：试论出版融合新趋势［J］.中国出版，2023（21）：32-35.

［16］谷建亚,赵呈.地方出版社融合出版发展路径探析［J］.中国出版，2023（19）：51-55.

［17］赵宏源.融合出版视角的出版资源整合探索：以上海世纪出版集团为例［J］.出版与印刷，2023（4）：50-56.

［18］仇伟.传统出版与新兴出版深度融合要点分析［J］.中国报业，2023（15）：57.

［19］陈洁，郑梦琦.融合出版理论定位及发展路径再考察［J］.出版发行研究，2023（8）：5-11.

［20］鲁晓双.元宇宙时代的融合出版：机遇、挑战及发展路径［J］.

科技与出版，2023（6）：66-72.

[21] 潘飞.出版融合背景下学术型编辑的职业素养与成长管理[J].全媒体探索，2023（5）：103-105.

[22] 李士振，周昇亮.融合出版背景下加强版权保护的对策与措施[J].出版参考，2023（1）：60-63.

[23] 王静，黄鸿辉.媒体融合视域中的专业学术期刊数字化转型之路：以《当代修辞学》为例[J].编辑学刊，2023（5）：71-77.

[24] 王文湛.高质量发展视域下的融合出版路径探析[J].中国报业，2024（2）：150-151.

[25] 谈幼敏，张瀚洋.融合出版时代长视频产业版权合同利益考察（英文）[J].科技与法律（中英文），2024（2）：139-147.

[26] 刘利健.传统出版向数字出版转型及创新路径研究[J].采写编，2024（2）：139-141.

[27] 徐志武.海外初创教育出版企业融合发展方式研究[J].数字出版研究，2024，3（1）：93-103.

[28] 余人，袁玲.中国式现代化理论对中国数字出版的战略指导与推动[J].编辑学刊，2024（2）：13-17.

图书在版编目（CIP）数据

融合出版背景下学术期刊数字化转型发展研究/李照月著. --北京：中国国际广播出版社，2025.1.
ISBN 978-7-5078-5735-1

I. G237.5-39

中国国家版本馆CIP数据核字第202552D1U9号

融合出版背景下学术期刊数字化转型发展研究

著　　者	李照月
责任编辑	张　玥
校　　对	张　娜
版式设计	陈学兰
封面设计	李修权

出版发行	中国国际广播出版社有限公司［010-89508207（传真）］
社　　址	北京市丰台区榴乡路88号石榴中心1号楼2001
	邮编：100079
印　　刷	环球东方（北京）印务有限公司

开　　本	710×1000　1/16
字　　数	280千字
印　　张	18.5
版　　次	2025年1月 北京第一版
印　　次	2025年1月 第一次印刷
定　　价	48.00元

版权所有　盗版必究